W0228551

SÖNKE ALBERS
MICHEL CLEMENT
KAY PETERS
BERND SKIERA HG.

eCommerce

SÖNKE ALBERS

MICHEL CLEMENT

KAY PETERS

BERND SKIERA HG.

eCommerce

**Einstieg, Strategie
und Umsetzung
im Unternehmen.**

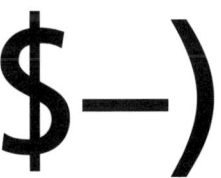

F.A.Z.-INSTITUT

FÜR MANAGEMENT-, MARKT- UND MEDIENINFORMATIONEN GMBH

Die Deutsche Bibliothek – CIP-Einheitsaufnahme

Sönke Albers, Michel Clement, Kay Peters, Bernd Skiera, Hg.

eCommerce

Einstieg, Strategie und Umsetzung im Unternehmen.

F.A.Z.-Institut für Management-,
Markt- und Medieninformationen GmbH

3. Auflage –
Frankfurt am Main: 2001

ISBN 3-927282-82-0

Liebe Leser und Leserinnen,

wußten Sie schon, daß es sich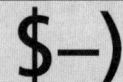

hierbei um ein EMOTICON handelt? Ein Emoticon ist ein stilisiertes Gesicht, das bei der Kommunikation via Internet non-verbale Inhalte vermittelt.
Drehen Sie das Buch nach rechts um 90 Grad. Mit etwas Phantasie erraten Sie die Bedeutung.

Der Tip: Wenn Sie das Buch zu Ende gelesen haben, könnten Sie ähnlich aussehen.

Lösung:

„Es handelt sich um einen erfolgreichen „eCommerce-Händler".

Copyright 1999, 2000 F.A.Z.-Institut für Management-, Markt-
und Medieninformationen GmbH
Mainzer Landstraße 195
60326 Frankfurt am Main

Umschlaggestaltung xplicit Gesellschaft für visuelle Kommunikation,
Frankfurt am Main
Satz F.A.Z.-Institut für Management-, Markt-
und Medieninformationen GmbH
Druck Union Druck Halle GmbH, Halle

Alle Rechte, auch des auszugsweisen Nachdrucks, vorbehalten.

Printed in Germany

Vorwort

„Im Jahre 2000 kauft AOL Time Warner". Spätestens diese Meldung zeigt, daß Internet-Firmen durch ihre gewaltigen Börsenwerte nach und nach Substanz kaufen und den Erwartungen des Kapitalmarktes gerecht werden. Neue Firmen wie about.com erzielen Börsenkapitalisierungen von 1,4 Milliarden US$ nur durch ein Anreizsystem für nutzergenerierten Content.

Diese Beispiele zeigen, daß es gewaltige Erfolgspotentiale für Geschäfte im Internet gibt, die als Electronic Commerce oder kurz eCommerce bezeichnet werden. In beiden Beispielen sind es Außenseiter, die angestammten Unternehmen Marktanteile streitig machen. Insofern richtet sich dieses Buch sowohl an Leser, die neue Geschäftsideen im Internet verfolgen wollen, als auch an solche, die mit ihren Unternehmen an diesem wachsenden Markt partizipieren oder sich gegen neue Wettbewerber wappnen wollen.

Die Lektüre dieses Buches verdeutlicht, daß jedes Produkt oder jede Leistung über das Internet vermarktet und verkauft werden kann, wenn damit ein Kundennutzen verbunden ist. Insofern bietet eCommerce breiten Raum für die Umsetzung von Geschäftsideen. Allerdings vollzieht sich eCommerce nach eigenen Gesetzen und ist nicht einfach profitabel umzusetzen. Ernten wird vor allem derjenige, der früh einsteigt und sich bereits heute mit diesem Bereich intensiv beschäftigt. Zu diesem Zweck werden in diesem Buch alle wichtigen Aspekte des eCommerce angesprochen. Nach den strategischen Fragen der Konzeption einer erfolgreichen Geschäftsidee wird dargestellt, wie man in das Internet kommt und sich dort bekannt macht. Ebenso wird darauf eingegangen, wie eine Organisation effizient auszurichten ist. Besondere Bedeutung wird im Buch der Kundengewinnung und -bindung beigemessen. Aber auch rechtliche Aspekte und Steuerprobleme werden angesprochen. Trotz der umfassenden und leicht verständlichen Beschreibung von wichtigen Aspekten des eCommerce ist dies kein Rezeptbuch. Es zeigt dem Leser vielmehr auf, welche Probleme entstehen, worüber man besonders intensiv nachdenken muß und welche Lösungen es bereits gibt. Wer mehr über professionelles Marketing im Internet erfahren will, sei auf das Buch „Marketing mit Interaktiven Medien" derselben Herausgebergruppe hingewiesen, das ebenfalls im F.A.Z.-Institut (www.go-for-it.de) erschienen ist.

Dies Buch ist eine Gemeinschaftsarbeit von Wissenschaftlern der Universität Kiel, die bereits seit langem hierzu forschen und von denen einer inzwischen den ersten deutschsprachigen Lehrstuhl für Electronic Commerce an der Universität Frankfurt am Main übernommen hat, und Praktikern aus bekannten Unternehmen im Gebiet des eCommerce. Der Leser profitiert deshalb gleichermaßen von der Kompetenz der Wissenschaft und der Erfahrung von Praktikern.

Bei der Erstellung dieses Werkes sind wir vielfältig unterstützt worden. Wir danken allen Autoren für die exzellente und zügige Zusammenarbeit. Zudem gilt unser Dank zahlreichen Gesprächspartnern auf in- und ausländischen Konferenzen. Vor allem von den Diskussionen mit den Professoren Sunil Gupta (University of Michigan, Ann Arbor), Gary L. Lilien und Arvind Rangaswamy (Penn State University, Philadelphia) konnten wir erheblich profitieren. Frau Dr. Eibl und Frau Hahnebach vom F.A.Z.-Institut haben uns erneut sehr geholfen – beiden danken wir herzlich für die erneute exzellente Zusammenarbeit. Wir freuen uns über die hervorragende Resonanz des Buches im Markt, die zu einer frühen 2. Auflage des Buches führte.

Um einer zu schnellen Veralterung des Inhaltes dieses Buchs entgegen zu wirken, haben wir unter www.ecommerce-buch.de eine Web-Site eingerichtet, die auf Neuerungen hinweist. Dort finden Sie auch Links zu den Autoren und Herausgebern. Nicht zuletzt möchten wir darauf aufmerksam machen, daß wir uns über Feedback sehr freuen. Bitte richten Sie Ihre Anregungen und Kritik an feedback@ecommerce-buch.de.

Wir wünschen Ihnen viel Spaß bei der Lektüre.

Kiel, Gütersloh, Hamburg und Frankfurt im Mai 2000

Sönke Albers, Michel Clement, Kay Peters und Bernd Skiera

Inhalt

I Strategische Entscheidungskriterien

1 Warum ins Internet? – Erlösmodelle für einen neuen Kommunikations- und Distributionskanal

Sönke Albers   *– Universität Kiel*
Michel Clement   *– Bertelsmann mediaSystems*
Kay Peters   *– Decision Warehouse DWH*
Bernd Skiera   *– Universität Frankfurt am Main*

Überblick

* Das Internet ist ein neuer Kommunikations- und Distributionskanal, über den man Produkte darstellen und verkaufen kann. Dem Medium angepaßt können insbesondere Informationen gegen Entgelt angeboten werden.

* Informationen können sich an Produkt-, Personal- und Finanzmärkte richten, auf denen sowohl Beschaffer als auch Anbieter nachfragen.

* Direkte Erlöse entstehen über Umsätze oder Transaktionsgebühren für die Nutzung von Informationen in Form von einmaligen Bereitstellungsgebühren, zeitlichen Abonnementgebühren und mengenmäßigen Nutzungsentgelten.

* Indirekt kann sich ein Unternehmen durch Werbeeinnahmen, Provisionen aus vermitteltem Geschäft und für andere Unternehmen aufbereitete Informationen finanzieren.

1   Was ist eCommerce?

eCommerce ist eines der in jüngster Zeit am häufigsten eingesetzten Schlagworte, mit dem mitunter sehr unterschiedliche Sachverhalte bezeichnet werden. Clement, Peters und Preiß (1999, S. 12) bezeichnen eCommerce beispielsweise als „die digitale Anbahnung, Aushandlung und/oder Abwicklung von Transaktionen zwischen Wirtschaftssubjekten", während Picot, Reichwald und Wigand (1999) unter eCommerce „jede Art wirtschaftlicher Tätigkeit auf der Basis elektronischer Verbindungen" subsumieren.

Eine einheitliche Definition liegt folglich nicht vor und ist wegen der unterschiedlichen Einsatzmöglichkeiten des eCommerce (Abb. 1) auch schwierig.

Nachfrager der Leistung

		Consumer	Business	Administration
Anbieter der Leistung	**Consumer**	**Consumer-to-Consumer** z.B. Internet-Kleinanzeigenmarkt	**Consumer-to-Business** z.B. Jobbörsen mit Anzeigen von Arbeitssuchenden	**Consumer-to-Administration** z.B. Steuerabwicklung von Privatpersonen (Einkommenssteuer etc.)
	Business	**Business-to-Consumer** z.B. Bestellung eines Kunden in einer Internet-Shopping-Mall	**Business-to-Business** z.B. Bestellung eines Unternehmens bei einem Zulieferer per EDI	**Business-to-Administration** z.B. Steuerabwicklung von Unternehmen (Umsatzsteuer, Körperschaftssteuer etc.)
	Administration	**Administration-to-Consumer** z.B. Abwicklung von Unterstützungsleistungen (Sozialhilfe, Arbeitslosenhilfe etc.)	**Administration-to-Business** z.B. Beschaffungsmaßnahmen öffentlicher Institutionen im Internet	**Administration-to-Administration** z.B. Transaktionen zwischen öffentlichen Institutionen im In- und Ausland

Abb. 1:   Einsatzmöglichkeiten des eCommerce (Hermanns und Sauter 1999, S. 23)

Hermanns und Sauter (1999, S. 23) unterscheiden nach drei Typen von möglichen Anbietern und Nachfragern einer Leistung: den Konsumenten (Consumer), den Unternehmen (Business) und der Verwaltung (Administration). Das Gegenüberstellen dieser drei unterschiedlichen Akteure verdeutlicht dann schnell die unterschiedlichen Einsatzmöglichkeiten des eCommerce. Wir sind davon überzeugt, daß allen neun Einsatzmöglichkeiten eine große

Zukunft bevorsteht. Da sich aber die Probleme in den verschiedenen Einsatzmöglichkeiten erheblich unterscheiden, konzentrieren wir uns auf die Möglichkeiten des eCommerce im Bereich des **Business-to-Consumer**. Es stehen folglich die Probleme der Kommunikation und des Verkaufs der von Unternehmen angebotenen Produkte an den Konsumenten im Vordergrund.

2   Warum ins Internet gehen?

Das Internet stellt sowohl einen weiteren Kommunikations- als auch einen neuen Distributionskanal dar. Wenn es nur neuartige Kommunikationsmöglichkeiten böte, dann stellte das Internet nur eine andere Form der Produktwerbung dar. Aufgrund eines Rückkanals ist aber eine zwei- oder mehrseitige Kommunikation möglich, die Verkäufern den Empfang von Kaufordern ermöglicht. Damit wird das Internet zu einem Distributionskanal und eCommerce für alle sonst in der realen Welt angebotenen Produkte möglich.

Mit dem Auftritt im Internet kann ein Unternehmen prinzipiell zwei Zielsetzungen verfolgen. Zum einen können mit Hilfe des Internet kommunikative Aspekte unterstützt werden. Dies kann beispielsweise die Darstellung des Unternehmens (z.B. www.bertelsmann.de) oder die vom Unternehmen angebotenen Produkte betreffen (z.B. www.bmw.de). Zum anderen können mit Hilfe des Internet auch alle Produkte verkauft und entweder online oder offline distribuiert werden (Abb. 2).

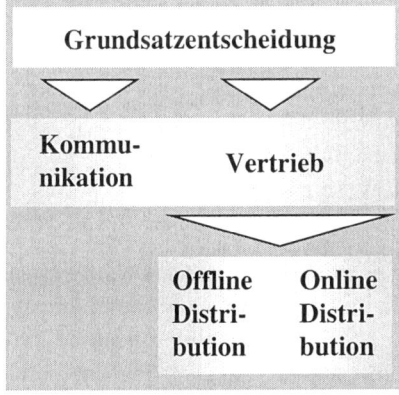

Abb. 2:   Zielsetzungen eines Online-Auftritts

Der Einsatz des Internet als Kommunikationsmedium hat vor allem den Charme, daß es aufgrund der Interaktivität und der damit einfachen mehrseitigen Kommunikation Kostensenkungspotentiale aufweist (Kap. II.2 und 3). So werden enorme Einsparungen erzielt, wenn ein Unternehmen Informationen über sich ins Netz stellt und aufgrund dessen weitaus weniger Geschäftsberichte per Post versenden muß.

Beim Vertrieb eines Produkts über das Internet werden zwar auch Kosteneinsparungen erzielt, z.b. indem ein digitales Produkt direkt über das Netz zugestellt wird. Der Fokus muß hierbei jedoch im wesentlichen auf den Kundennutzen gerichtet sein. Nur so lassen sich Erlöse erzielen. Erlöse ergeben sich dabei aus der Multiplikation von

- verkaufter Menge eines Gutes und

- dem dafür erzielten Preis.

Wie aber lassen sich Erlöse im eCommerce erzielen?

3 Erlösmodelle

Erlöse lassen sich durch den Verkauf von Produkten auf einem Markt erzielen. Auf dem (realen oder digitalen) Markt treffen sich Anbieter und Nachfrager, um eine Transaktion durchzuführen. Bevor es zu einer Transaktion auf dem Markt kommt, ist es für Anbieter und Nachfrager erforderlich, Informationen über den jeweils anderen Marktpartner und das genaue Angebot zu erhalten. Diese Informationen können von Informationsmittlern aus der realen und der digitalen Welt entstammen (Abb. 3).

Aufgrund der zweiseitigen Kommunikationsmöglichkeiten sind über das Internet grundsätzlich alle Produkte handelbar, die auch in der realen Welt über andere Kanäle vertrieben werden. Produkte stehen im Internet aber nicht unbedingt physisch zur Verfügung, sondern zumeist nur die Information, daß Produkte mit bestimmten Eigenschaften und Preisen verkauft werden.

Das Internet bietet eigentlich nichts anderes als Informationen. Es bildet damit gleichzeitig einen großen Informationsmarkt. Grundsätzlich kann die Information an existierende und potentielle Kunden, Mitarbeiter und Geldgeber gerichtet werden. Damit sind der Produkt-, Personal- und Finanzmarkt adressiert.

12

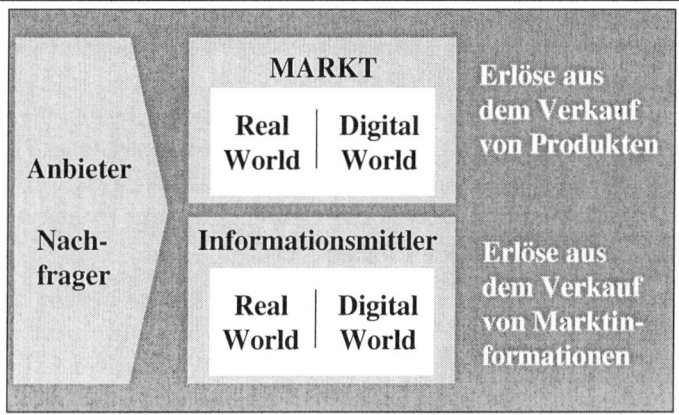

	MARKT		Erlöse aus dem Verkauf von Produkten
Anbieter	Real World	Digital World	
Nach-frager	Informationsmittler		Erlöse aus dem Verkauf von Marktin-formationen
	Real World	Digital World	

Abb. 3:   Erlösmodelle

Bei allen Märkten gibt es Akteure, die etwas beschaffen, und andere, die etwas verkaufen wollen. Schließlich gibt es Akteure, die diese Markttransaktionen vermitteln oder dabei helfen wollen. Wenn ein Produkt verkauft werden soll, so stellt der Anbieter Informationen über die Eigenschaften des Produkts bereit. Der Nachfrager sucht seinerseits nach einem Produkt und vergleicht dabei die Eigenschaften (z.b. den Preis). Dabei kann er auf die Information des Verkäufers, der Wettbewerber und von Dritten (z.B. einer Community) zurückgreifen. Der Nachfrager ist somit zunächst auf der Suche nach Marktinformationen.

Grundsätzlich können zwei Wege bestritten werden, auf denen Erlöse zu erzielen sind: Zum einen kann aus dem reinen Verkauf des vom Nachfrager gesuchten Produkts ein Erlös erzielt werden. Zum anderen können Erlöse aus der Bereitstellung von Marktinformationen erreicht werden.

Der erste Fall, nämlich der Verkauf des vom Nachfrager gesuchten Produkts, wird in Kap. I.2 dargestellt. Das Erzielen von Erlösen besteht aus dem simplen Verkauf des Produkts. Dieses Produkt kann ein Haus, eine CD, eine Pizza oder auch eine Information (z.B. wie beim Handelsblatt Interaktiv www.handelsblatt.de) sein. Somit können im eCommerce genauso Erlöse aus Umsätzen mit Produkten erzielt werden wie in der realen Welt.

Für den Erfolg eines Anbieters eines Produkts ist die Verfügbarkeit von Marktinformationen, die von Informationsmittlern bereitgestellt wird, entscheidend. Das Interessante im eCommerce ist, daß prinzipiell jeder diese Informationen bereitstellen kann – und über Transaktionsgebühren möglicherweise Erlöse erzielt. Da das Internet als ein nicht-kommerzielles Netz gestartet ist, war es üblich, Informationen zum freien Gebrauch einzustellen. Insofern ist zu fragen, mit welchem Erlösmodell eCommerce profitabel für Informationsmittler betrieben werden kann.

Erlöse sind möglich, indem man als Kommissionär Geschäfte vermittelt und Provisionen dafür einfordert. Man kann seinen Internet-Auftritt auch als eine Plattform für Werbung ausgestalten und sich über Werbeerlöse finanzieren, so wie es heute für die meisten Medien üblich ist (z.B. Spiegel Online: www.spiegel.de). Diese Erlösform stellt bisher die wichtigste dar. Schließlich kann man spezifische Informationen sammeln und anderen Unternehmen anbieten, die diese als Absatzhilfe benutzen können. Dies sind z.B. Suchmaschinen wie beispielsweise Excite (www.excite.de). In der Praxis werden häufig vielfältige Kombinationsformen auftreten.

- Über das Internet können Erlöse aus Umsätzen mit Produkten und Leistungen erzielt werden wie in der realen Welt.
- Ansonsten wird im Internet Information (auch Werbung) angeboten und gehandelt.
- Das Unternehmen kann als Kommissionär Geschäfte vermitteln und eine Transaktionsgebühr verlangen.

Box 1:   Wofür kann man Erlöse erzielen?

Plattformen wie AOL (www.aol.com) oder Intermediäre (www.evenbetter.de) können Provisionen für ein vermitteltes Geschäft kassieren. JAXX Lottokiosk (www.jaxx.de) ist beispielsweise Kommissionär bei der Vermittlung von Lottoscheinen an das staatliche Lotto und bietet seinerseits Partnern an, Lotto auf deren Web-Site gegen Provision zu vermarkten (Kap. VI.1). Reisebüros stellen ebenfalls klassische Vermittler dar.

Übernimmt der Vermittler auch noch Recherche-Arbeiten, z.B. wenn er nach bestmöglichen Beschaffungsmöglichkeiten sucht, so ist er als *Makler* tätig und kann dafür ebenfalls eine Provision kassieren. Preisagenturen wie www.preis.de arbeiten eher nach dem Modell, eine fixe Suchgebühr zu erheben und dann das gesuchte Produkt zu einem attraktiven Preis anzubieten, wobei die Spanne zwischen diesem Preis und dem Händlerangebot an die Preisagentur geht.

- Angebote können sich an existierende und potentielle Akteure auf dem Produkt-, Personal- und Finanzmarkt richten und zwar jeweils als Beschaffer oder Verkäufer.
- Man kann auch als Marktmittler, z.b. Händler oder Personalvermittler, oder Makler, z.b. Preisagentur, sowie als Informationsveredler tätig werden.

Box 2:   Marktposition im Internet

Erlöse können auch durch Informationsveredelung erzielt werden. So bietet beispielsweise der Travel-Channel (www.travelchannel.de) ein solches Angebot an. Das Sammeln, Bereitstellen, Auswerten und Individualisieren von Information kann gut durch sogenannte unabhängige Dritte wie z.b. der Stiftung Warentest (www.stiftung-warentest.de) vorgenommen werden, die dafür auch Geld verlangen können. Ähnliches ist bei Banken mit Aktienkursen denkbar, die z.b. mit Prognosen untermauert werden können.

- Für Informationen kann man einmalige Bereitstellungsgebühren, Abonnementgebühren pro Zeitraum und Nutzungsentgelte pro Mengeneinheit berechnen.
- Aufgrund der mangelnden Akzeptanz von Nutzungsgebühren für Informationen sollte man nach Möglichkeiten indirekter Erlöse suchen.
- Indirekte Erlöse ergeben sich aus werbefinanzierten Informationsangeboten, Provisionen für die Vermittlung von Geschäften und die Auswertung von Informationen aus Transaktionen im Internet.

Box 3:   Vielfältige Erlösarten im Internet

4   Ihr Einstieg in den eCommerce

Der Ausgangspunkt für den Einstieg in das elektronische Medium Internet ist die Entwicklung der individuellen Strategie für das eigene Unternehmen. Wesentliche Eckdaten dieser Strategie sind zuvor bereits erläutert worden und werden im zweiten Beitrag dieses Kapitels vertieft (Kap. I.2). Folgende Punkte sind dabei zu klären:

- Nutzung als Kommunikations- und/oder Distributionskanal?

- Welches konkrete Angebot steht im Mittelpunkt meiner Aktivität?

- Welches (neuartige) Erlösmodell wähle ich für mein Angebot?

Der Einstieg in den eCommerce sollte in jedem Unternehmen anderen wichtigen strategischen Grundsatzentscheidungen gleichgestellt werden. Dies bedeutet, daß auch der Einstieg in den eCommerce organisatorisch und finanziell sorgsam geplant und kalkuliert werden muß. Als Beispiel wird der Einstieg in den eCommerce oft mit der Eröffnung einer Filiale verglichen, nur mit dem Unterschied, daß Kunden aus aller Welt unmittelbaren Zugang zu dem Unternehmensangebot haben. Da auch die direkten Wettbewerber in diesem internationalen elektronischen Markt vertreten sind, betritt das Unternehmen im eCommerce von Beginn an einen der härtesten Marktplätze, in dem Fehler nur selten verziehen werden.

Es gibt wohl kaum ein professionelles Management, das Entscheidungen über einen derartigen Filialaufbau in der realen Welt ernsthaft an eine untergeordnete Ebene delegieren würde. Entsprechend konsequent sollte sich die Unternehmensführung in das Projekt eCommerce einbringen und die Steuerung übernehmen. Eine effektive Projektführung setzt allerdings voraus, daß man sich mit den wesentlichen Herausforderungen und den besten bekannten Lösungsansätzen vertraut macht.

Der strategischen Entscheidung über das „Was" und „Wann" schließt sich naturgemäß die Fragestellung über das „Wie" in dem neuen Medium an. Oftmals fehlt aufgrund der Neuheit die Erfahrung, welche konkreten Schritte zum Aufbau des eCommerce-Geschäfts vorzunehmen sind. Deshalb wird im zweiten Abschnitt dieses Buchs von erfahrenen Praktikern auf die drei wesentlichen Aspekte der Entwicklung des Internet-Auftritts eingegangen:

- Wie komme ich ins Internet?

- Wie muß mein Auftritt aussehen?

- Wie wird mein Online-Angebot bekannt?

In einem ersten Schritt wird geklärt, welche Partner Sie für die Infrastruktur des Going Online benötigen und welche Aspekte Sie bei der Auswahl dieser Partner berücksichtigen sollten (Kap. II.1). Zugleich muß der Auftritt inhaltlich gestaltet werden. Die Funktionalität des Angebots, die Seitengestaltung oder auch die Navigation für die verschiedenen Zielgruppen ist sicherzustellen. Dazu werden jeweils verschiedene Fähigkeiten benötigt (Kap. II.2). Nach der Erstellung des Auftritts müssen die Zielgruppen individuell an die neue Präsenz herangeführt werden. Auch hier haben sich verschiedene Techniken bewährt (Kap. II.3).

Neben der beschriebenen kommunikativen Ausrichtung erfordert der Einsatz des Internet als Distributionskanal weitere Überlegungen:

- Wie sollen die Produkte vertrieben werden?

- Wie soll der Preis von Angeboten gestaltet werden?

- Wie kann ich mein Angebot personalisieren?

- Wie baue ich Virtuelle Communities auf?

- Wie binde ich Kunden langfristig an mein Angebot?

Diese Fragestellungen sind insofern von hoher Bedeutung, als daß der neue Distributionskanal nicht nur neue Kundensegmente erschließen, sondern natürlich auch bestehende Kanäle kannibalisieren kann. Da man den Kanal Internet am liebsten zur Ausweitung des eigenen Geschäfts einsetzen möchte, müssen das „Wie" der Distribution (Kap. III.1) und auch die preisliche Gestaltung (Kap. III.2) des Angebots *jeweils* genau auf *neue* und *bestehende* Kundenbeziehungen ausgerichtet werden. Aufgrund des hohen und vor allem schnellen Wettbewerbs im Internet muß dabei immer die langfristige Bindung des Kunden im Vordergrund stehen. Diese erreicht man am besten über die Personalisierung des Produkts (Kap. III.3), die Bildung Virtueller Communities (Kap. III.4) und ausgefeilte Kundenbindungsprogramme (Kap. III.5).

Analog zu anderen strategischen Investitionen ist auch die Konzeption immer nur so gut wie die praktische Umsetzung. Deshalb wird in Kapitel IV explizit auf die wichtigsten Aspekte der Realisierung des eCommerce in Unternehmen eingegangen:

- Wie schließe ich den Auftritt an die bestehenden EDV-Systeme an?

- Wie bekomme ich mein Geld?

- Wie binde ich eCommerce in das Unternehmen ein?

Die erste wichtige Fragestellung läßt sich wieder aus dem Beispiel einer Filialeröffnung ableiten. Dabei sind beispielsweise bestehende Warenwirtschafts-, Workflow- oder Vertriebssysteme von herausragender Bedeutung, zumal sich die neue „Filiale" in einer ausschließlich digitalen Welt befindet. Oft resultieren die größten eCommerce-Investitionen aus der Anpassung oder Neugestaltung der bestehenden Systeme (Kap. IV.1). Auch der zentrale Aspekt der technischen Realisierung von Erlösen ist eine unbedingte Voraussetzung für den Erfolg im eCommerce (Kap. IV.2). Dabei sind jedoch verschiedene neue Rahmenbedingungen zu beachten. Schließlich reflektiert der Aufbau dieser virtuellen „Filiale" mit teilweise neuen Kommunikationsstrukturen, neuen internen EDV-Systemen und neuen Erlösmodellen in vielen Fällen in die bestehende Unternehmensstruktur zurück: Es werden nicht nur zusätzliche neue Prozesse eingerichtet, sondern oftmals alte Prozesse durch die neuen Prozesse aus Effizienz- und Qualitätsaspekten heraus sogar ersetzt. In diesem Bewußtsein muß die interne Organisation an die neuen Herausforderungen angepaßt werden (Kap. IV.3).

Weitere Facetten der faktischen Umsetzung und Realisierung betreffen - im digitalen Cyberspace wie im täglichen „realen" Leben - das Thema Recht und Steuern: Wenn ich denn nun Kunden in aller Welt anspreche und mit Ihnen Geschäfte mache, so muß eine rechtlich sinnvolle Grundlage geschaffen und die sich bietenden steuerlichen Möglichkeiten Beachtung geschenkt werden:

- Wie setze ich weltweit Verträge durch?

- Welche Steuern muß ich wo zahlen?

Diese Fragen müssen von einem professionellen Management im voraus geklärt werden. Denn nicht einzutreibende Forderungen oder ein Produkthaftungsanspruch aus den USA können schnell zu einem ernsthaften Problem für jedes Unternehmen werden, ob klein oder groß (Kap. V.1). Auch der Fiskus kennt bekanntlich keinen Pardon und kann bei einer falschen Leistung der Steuerschuld unangenehm zusetzen (Kap. V.2). Das Buch schließt mit der Darstellung der Angebote von JAXX, ricardo.de und BOL.

Literatur

Clement, M., K. Peters und F.J. Preiß (1999): Electronic Commerce, in: S. Albers, M. Clement und K. Peters (Hrsg.): *Marketing mit Interaktiven Medien – Strategien zum Markterfolg*, 2. Auflage, Frankfurt am Main, 49-64.

Hermanns, A. und M. Sauter (1999): Electronic Commerce - Grundlagen, Potentiale, Marktteilnehmer und Transaktionen, in: Hermanns, A. und M. Sauter (Hrsg.): *Management-Handbuch Electronic Commerce*, München, 13-30.

Picot, A., R. Reichwald und R.T. Wigand (1999): *Die grenzenlose Unternehmung: Information, Organisation und Management*, 3. Auflage, Wiesbaden.

I Strategische Entscheidungskriterien

2 Was verkauft sich im Internet? – Produkte und Leistungen

Sönke Albers – Universität Kiel

Überblick

- Das Internet stellt einen neuen Distributions- und Kommunikationskanal dar, über den man Produkte und Leistungen verkaufen kann.

- Nicht die Produkteigenschaften entscheiden darüber, ob ein Produkt oder eine Leistung erfolgreich im Internet vertrieben werden kann, sondern der dem Kunden gebotene Nutzen (Added Value).

- Als Kundennutzen können niedrigere Preise, mehr Bequemlichkeit bei der Distribution und bessere Informationen bei der Auswahl angeboten werden.

- Außerdem können im Internet Produkte und Leistungen angeboten werden, die individuell auf die Bedürfnisse jedes einzelnen Kunden zugeschnitten sind, was offline aus Kostengründen nicht möglich ist.

1 Einleitung

Umfragen darüber, welche Art von Produkten oder Leistungen (beides im folgenden unter Produkte subsumiert) besonders gut über das Internet verkauft werden, liefern auf den ersten Positionen immer Bücher, CDs sowie Computer und Software. Aber auch Kleidung, Schuhe, Haushaltsartikel, Lebensmittel und Kosmetik werden über das Internet verkauft. Zudem nehmen Buchungen von Reisen und Veranstaltungen einen nennenswerten Anteil ein (Focus 1999, S. 28). Außerdem stellt – und das bereits seit den Zeiten proprietärer (d.h. einem Eigentümer zurechenbarer) Netze wie BTX/Datex-J/jetzt T-Online – das Online-Banking einen wichtigen Faktor für die Entwicklung des Internet dar. Kann man daraus bereits schließen, welche Produkte besonders gut über das Internet verkauft werden können? In einigen Beiträgen wird danach unterschieden, ob die Produkte digitalisierbar sind (Schwartz 1997, Albers et al. 1999), weil diese direkt über das Netz verfügbar sind. Allerdings beobachtet man, daß Bücher und CDs in physischer Form viel häufiger über das Internet vertrieben werden. Es ist also nicht unbedingt der Charakter der Digitalisierbarkeit, der über die Eignung für den Vertrieb über das Internet entscheidet. Vielmehr ist der Vertrieb eines Produktes über das Internet dann wettbewerbsfähig, wenn damit ein besonderer Kundennutzen verbunden wird. Wir wollen deshalb im folgenden die möglichen Kundennutzen erfassen, systematisieren sowie schließlich fragen, welche Produkte am ehesten in der Lage sind, solche Kundennutzen zu stiften.

2 Empirische Belege

Noch steckt der Verkauf von Produkten über das Internet in den sprichwörtlichen Kinderschuhen. Nach einer Studie von Forrester Research (zitiert nach Focus 1999, S. 27) wurde der entsprechende Online-Umsatz in Deutschland auf 234 Mio. US$ geschätzt. Er soll sich allerdings bis zum Jahre 2001 auf 16.090 Mio. DM verfünfzigfachen. Gemäß den Erhebungen des GfK-Online-Monitors verteilen sich die Einkäufe auf die Produktgruppen wie in Abbildung 1.

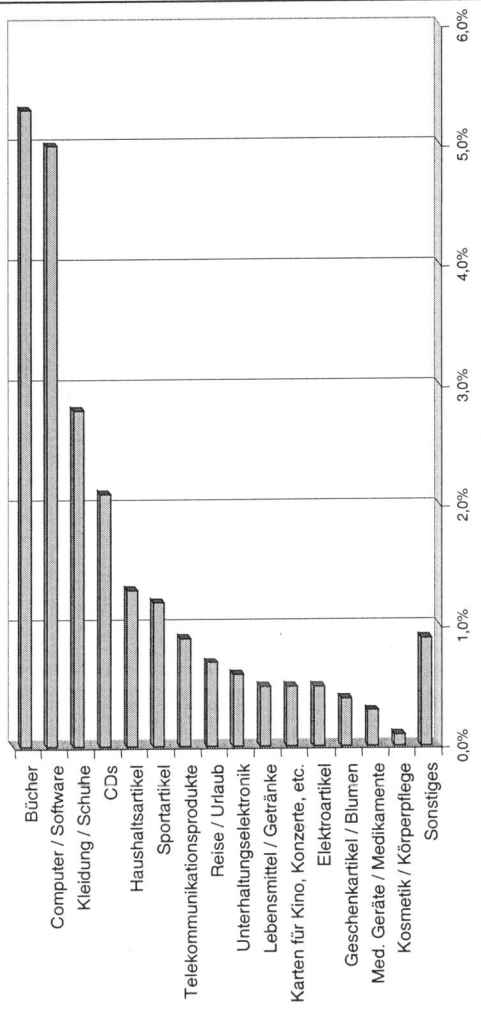

*Abb. 1:   Online-Einkäufe nach Produkten (EMS-Analyse der 2. Welle des GfK-Online-
Monitors 1998 zitiert nach Focus 1999, S. 28)*

In dieser Statistik liegen Bücher ganz oben, obwohl sie nicht als digitales Produkt vertrieben werden. Digitalität wäre bei Software erfüllt, wenn sie online herunterladbar ist; allerdings wird selbst bei Software ein großer Teil nach der Online-Bestellung physisch zugeschickt (das gilt auch für Open-Source-Programme wie Linux). Digital sind die reinen Informationsangebote wie beispielsweise der Zugang zu Online-Veranstaltungen, die aber noch einen kleinen Anteil ausmachen. Offenbar sind es andere Gründe, die über den Erfolg von Produkten und Leistungen im Internet entscheiden. Aufschlußreich sind hierbei die Ergebnisse einer Befragung von Infratest Burke, in der nach Gründen für einen Online-Einkauf gefragt worden ist. Diese sind nach ihrer Häufigkeit in Abbildung 2 in eine Rangfolge gebracht.

Nach Abbildung 2 kauft der Kunde dann online, wenn er eine schnelle und unkomplizierte Bestellmöglichkeit vorfindet, die Zeit zum Aufsuchen eines Ladens sparen möchte, die Ware zu einem Zeitpunkt kaufen will, zu dem die Läden nicht geöffnet haben, und vor allem wenn ihm eine größere Auswahl und bessere Information geboten wird. Produkte, die nur online erhältlich sind, spielen dagegen keine Rolle. Daraus folgt, daß nicht zu fragen ist, welche Eigenschaften der Produkte wünschenswert wären, die über das Internet vertrieben werden sollen. Vielmehr entscheidet in der virtuellen Welt des Internet ebenso wie in der realen Welt über den Erfolg von Angeboten, inwieweit der Anbieter einen besonderen Kundennutzen vermitteln kann.

3 Kundennutzen

Das Internet stellt einen besonderen Kommunikationskanal dar, der aufgrund seines Rückkanals auch als Distributionskanal einsetzbar ist. Insofern können grundsätzlich alle Produkte, die in der realen Welt verkauft werden, auch über das Internet vertrieben werden. Dann tritt das Internet allerdings in Konkurrenz zu den bisherigen Kanälen und muß den Kunden etwas Besonderes bieten. Am leichtesten ist es sicherlich, wenn das Produkt über das Internet billiger vertrieben werden kann.

Bei Anbietern mit Gewinnerzielungsabsicht wird das langfristig nur möglich sein, wenn auch die Kosten geringer sind. Dann interessiert vor allem, in welchen Situationen dies der Fall sein wird. Allerdings muß man sich aus Anbietersicht auch damit beschäftigen, daß bei billigeren Angeboten im Internet in Konkurrenz zu den bisher verwendeten Absatzkanälen Konflikte auftreten können (Kap. III.1).

Wenn nicht der Preis günstiger ist, dann ist es vor allem Bequemlichkeit bei der Distribution, welche Konsumenten zum Kauf anregt. Man spart Zeit und

Kosten für Wege in die Läden und kann einkaufen, selbst wenn der reale Handel geschlossen hat. Schließlich wird angeliefert, so daß man die Ware bequem erhält. Allerdings wird diese Bequemlichkeit in der Regel nur gegen einen Aufpreis angeboten.

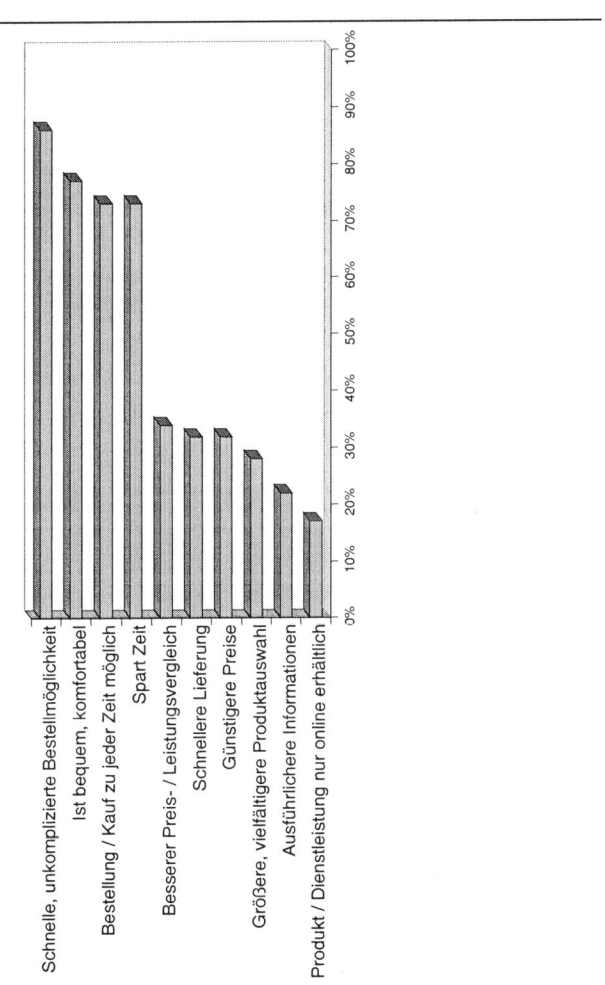

Abb. 2: Gründe für den Online-Einkauf (Infratest-Burke InCom Studie ‚E-Commerce‘, November 1998, zitiert nach Focus 1999, S. 28)

25

Selbst wenn man die Bequemlichkeit nicht so hoch bewertet, kann es doch attraktiv sein, im Internet einzukaufen. Das Internet als Kommunikationsmedium erlaubt nämlich vielfältige Informationsnutzen. So können im Internet riesige Sortimente angeboten werden, wie es real nicht möglich ist. Damit erhält der Nachfrager eine größere Auswahl. Wird diese auch noch durch vielfältige Möglichkeiten der Informationsverarbeitung unterstützt, z.B. durch gute Suchmöglichkeiten, detaillierte Produktinformationen und leichte Eigenschaftsvergleiche, erlaubt dies ein besseres Shopping.

Die bisherige Diskussion bezog sich auf bereits real existierende Produkte. Geeignet für den Vertrieb über das Internet können jedoch auch Produkte sein, die real nicht oder nur zu unverhältnismäßig hohen Kosten angeboten werden können. Zum einen zählen dazu alle Formen von Produkt-on-demand. So bietet z.B. Video-on-demand, bei dem sich der Nutzer einen Film aus dem Netz laden kann, den Vorteil, daß man nicht alle Produkte physisch besitzen muß, wenn man sie konsumieren will. Außerdem zählen dazu alle Formen von personalisierten Produkten, z.B. personalisierte Zeitungen, in denen alle Artikel gesammelt werden, deren Gebiete einen individuellen Nachfrager interessieren.

In der Regel treten die hier aufgeführten Kundennutzen kombiniert auf. Je vielfältiger und höher die gebotenen Kundennutzen ausgeprägt sind, desto besser eignen sich die entsprechenden Produkte für einen Vertrieb über das Internet. Im folgenden soll deshalb die Analyse von Kundennutzen vertieft werden, um dann die Frage zu beantworten, welche Art von Angeboten bestimmte Kundennutzen besonders gut offerieren. Dies wird mit entsprechenden Anwendungsbeispielen belegt.

• Bei der Beurteilung der Eignung von Produkten und Leistungen für den Vertrieb über das Internet kommt es nicht auf deren Eigenschaften, sondern auf den mit dem Internet-Vertrieb verbundenen Kundennutzen an.

• Als Kundennutzen kommen in Frage: Geringere Preise, bequemere Distribution, Informationsnutzen und neue in der realen Welt nicht verfügbare Eigenschaftsbündel wie z.B. Produkt-on-demand oder personalisierte Angebote.

Box 1: Kundennutzen beim Vertrieb von Produkten über das Internet

4 Geringerer Preis als Kundennutzen

Wenn ein Produkt billiger als woanders angeboten werden kann, dann ist es immer absetzbar, unabhängig vom Distributionskanal. Dies gilt natürlich auch für das Internet. Geringere Preise sind allerdings, eine Gewinnerzielungsabsicht vorausgesetzt, nur möglich, wenn der Absatz oder andere Vorstufen des Wertschöpfungsprozesses mit geringeren Kosten verbunden sind. Für unsere Fragestellung interessiert deshalb, bei welchen Produkten mit solchen Kosteneinsparungen zu rechnen ist.

Bei einem Absatz über das Internet können in der Regel deutliche Effizienzsteigerungen realisiert werden. Dies wird am deutlichsten bei Software, die digital über das Internet verschickt werden kann. Dazu ist lediglich die zu vertreibende Software auf einem Server zum Herunterladen vorzuhalten und Shop-Software zu beschaffen (z.B. von www.intershop.de), die die Kauftransaktionen einschließlich des Inkasso ermöglicht. Damit sind im wesentlichen nur fixe Bereitstellungskosten verbunden, während die variablen Kosten für den Verkauf der Software gegen Null tendieren. In ähnlicher Weise sparen direkte Hotel- oder Flugbuchungen Personal in Reisebüros ein, aber auch bei den betroffenen Hotels und Airlines. Durch das Online-Banking können die relativ hohen Kosten für die Entgegennahme und Eingabe von Überweisungsträgern bei Banken von etwa 2 DM pro handschriftlicher Überweisung auf ca. 0,02 DM online gesenkt werden (Booz Allen & Hamilton 1997).

Bei einem Online-Vertrieb braucht man im Gegensatz zu einem realen Handelsgeschäft nicht unbedingt ein Lager zu unterhalten. Vielmehr kann man das Geschäft so aufbauen, daß Bestellungen sofort an die jeweiligen Lieferanten weitergeleitet werden und der Versand dann dort vorgenommen wird. Dies praktiziert z.B. der Internet-Buchhändler www.buecher.de, der alle Bestellungen über den Großhändler Libri abwickelt. Die Hersteller Dell (www.dell.com) (Hill 1997) und Transtec (www.transtec.de) wenden dieses Prinzip auch auf Computer an, die erst nach Bestellung durch den Kunden aus Teilen zusammengebaut werden, welche wiederum von Lieferanten just-in-time geliefert werden. Damit können Lager- und Logistikkosten in erheblichem Umfang eingespart werden.

Man sollte die Absatzchancen im Internet aber nicht nur unter dem Gesichtspunkt der Kostengünstigkeit sehen. Vielmehr ist zu fragen, ob bereits existierende Unternehmen nicht durch die zusätzliche Nutzung des Absatzkanals

Internet ihren bisher über andere Kanäle erzielten Absatz kannibalisieren und eventuell dabei schlechtere Deckungsbeitragssätze erzielen. Arbeitet das Unternehmen mit unabhängigen Händlern oder Agenten zusammen, so ist zusätzlich zu fragen, ob diese dann nicht mit Boykott drohen. So manche Hotelkette bietet eine direkte Online-Buchung an, nimmt dafür aber den gleichen Preis wie Reiseveranstalter, die diese Hotelkette in ihrem Pauschalreise-Angebot haben. Autos kann man direkt im Internet mieten, erzielt allerdings vielfach einen noch günstigeren Preis über Reisebüros mit Sonderverträgen. Ob solche Verhaltensweisen langfristig klug sind, muß bezweifelt werden. So lautet denn auch die Empfehlung: „Kannibalisiere Dich selbst, bevor es andere für Dich tun!" (Zerdick et al. 1999). Die amerikanische Buchhandelskette Barnes&Nobles blieb zunächst weiter beim Büchervertrieb über ihre angestammten Läden, weil es dort bessere Margen realisierte. Der Markt wurde jedoch von dem nur im Internet tätigen Buchanbieter www.amazon.com aufgerollt, der keine Rücksicht auf vorhandene Distributionsstrukturen zu nehmen brauchte. Nachdem Amazon deutliche Marktanteile im Buchmarkt gewonnen hatte, mußte Barnes&Nobles mit erheblichen Investitionen nachziehen (www.barnesandnobles.com).

- Auch im Internet können Produkte nur dann langfristig billiger angeboten werden, wenn Produktion und/oder Vertrieb kostengünstiger erfolgen können.

- Online-Transaktionen kann man automatisieren, so daß wesentlich weniger Personalkosten anfallen.

- Internet-Unternehmen brauchen meist kein Lager, da sie ihre Produkte erst nach Bestelleingang produzieren oder als Händler Bestellungen zur Auslieferung an den Hersteller oder Großhändler weiterleiten.

- Bei gleichzeitigem Vertrieb über klassische Absatzkanäle und dem Internet können Kannibalisierungsprobleme auftreten.

- Allerdings gilt: Kannibalisiere Dich selbst, sonst wird es ein anderer für Dich tun!

Box 2:   *Kosteneinsparungs-Potentiale beim Internet-Vertrieb*

5 Bequemere Distribution als Kundennutzen

Während für einige Menschen das Einkaufen noch ein Erlebnis vermittelt, empfinden andere das reale Einkaufen schlicht als lästig. Dies ist auch in den Antworten der Infratest-Burke-Studie (siehe Abschnitt 2 des Aufsatzes) zum Ausdruck gekommen. Dort haben Befragte offenbar Online-Einkäufe getätigt, selbst wenn diese teurer als reale Einläufe waren, weil Online-Einkäufe bequem und komfortabel sind, Zeit sparen, zu jeder Zeit möglich sind und häufig eine schnellere Lieferung bieten. Insofern bedarf es einer genauen Analyse, inwieweit für bestimmte Produkte die Online-Bestellung und direkte Anlieferung einen Kundennutzen verspricht.

Mit einer Online-Bestellung vermeidet man den Besuch bei einem realen Händler. Auf der einen Seite spart damit der Konsument Zeit sowie Benzin- und Parkkosten. Auf der anderen Seite verliert er aber auch die Möglichkeit, Produkte in Augenschein zu nehmen und auszuprobieren sowie persönlich beraten zu werden. Hinzu kommt wiederum der Vorteil, daß die Ware angeliefert wird und damit kein unbequemer Transport anfällt. Allerdings kostet dies in der Regel etwas und man muß Vorkehrungen treffen, daß die Ware auch zu einer bestimmten Zeit angeliefert werden kann. Letztendlich muß man abwägen, bei welchen Produkten die aufgeführten Nachteile des Online-Einkaufs geringer als die aufgeführten Vorteile sind. Dabei sollte man bedenken, daß dies nicht für alle Nachfrager gleichzeitig zutreffen muß. Vielmehr braucht man wenigstens ein nennenswertes Segment, das die Vorteile höher einschätzt als die Nachteile.

Produkte, die man nicht in Augenschein zu nehmen oder auszuprobieren braucht, sind solche, die entweder hinlänglich bekannt sind oder deren Qualität man über die verwendeten Komponenten abschätzen kann. Ersteres trifft auf Convenience-Produkte zu, die in der realen Welt ein bestimmtes Qualitätsimage aufgebaut haben, z.B. bekannte Marken im Lebensmittel- und Körperpflegebereich. Insofern ist es grundsätzlich möglich, Lebensmittel über das Internet zu verkaufen. Allerdings zeigen die bisherigen Beispiele www.peapod.com oder www.migros.ch, daß dies nicht unbedingt zu geringeren Preisen möglich ist. Insbesondere die physische Anlieferung verursacht hohe Kosten. Unter diesen Umständen muß man sich fragen, ob es eine genügend große Zielgruppe gibt, die einen solchen Service in Anspruch nehmen wird. In Frage kommen vor allem berufstätige Personen, die nicht über die Zeit verfügen, während der normalen Ladenöffnungszeiten einkaufen zu gehen und bei denen der Anteil der Lebensmittelkosten am Budget keine große Rolle spielt. Zur Reduktion der Auslieferungskosten könnte es aber Sinn machen, wie bei Migros einen Service anzubieten, bei dem zwar Privatpersonen beliefert werden, aber die Ware gebündelt an die Arbeitsstätten ausgeliefert wird. Dies bietet gleichzeitig den Vorteil, daß die Besteller ihre Ware erhalten, ohne zu Hause bereits anwesend sein zu müssen. In Frage kommen auch Personen, die einen ständig wiederkehrenden Bedarf an Grundbedarfsartikeln haben, so z.B. an Getränkekästen, Tiefkühlkost, Windeln, etc. In der realen Welt bieten dies bereits einige Getränkefachhändler oder Tiefkühlkost-Heimdienste wie Bofrost oder Eismann an. Dies müßte über das Internet noch besser funktionieren und wird in den USA bereits von www.streamline.com angeboten. An diesen Ausführungen sieht man aber auch gleichzeitig, welchen hohen Wert Marken im Internet haben. Denn gerade im Internet wird man nur solche Produkte kaufen, zu deren Qualität man Vertrauen hat.

Ähnlich sieht es bei Produkten aus, deren Qualität man über die verwendeten Komponenten beurteilen kann. Dies ist besonders gut bei Computer-Hardware-Lieferanten wie www.dell.com oder www.transtec.de zu sehen, bei denen man sich Computer komponentenweise zusammenstellt. Dabei überprüft ein Konfigurator, ob das Produkt sinnvoll konfiguriert ist. Zusätzlich wird immer der Preis ausgegeben, der für die Summe der gewünschten Komponenten gilt, wobei sich dieser nicht unbedingt linear ergeben muß. Ein solcher Vertrieb ist möglich, weil die Kunden in der Regel bereits Vorkenntnisse über die Komponenten aus Fachzeitschriften erworben haben. In ähnlicher Weise können auch viele Produkte aus den Bereichen Telekommunikation, Unterhaltungselektronik und Elektroartikel angeboten werden. Hier gilt allerdings, daß je höher der Einzelwert ist, desto stärker ist auch das Involvement des Kunden und damit auch sein Bedürfnis, das Sortiment gut zu recherchieren und die Alternative mit dem besten Preis-Leistungs-Verhältnis zu realisieren.

- Selbst wenn Online-Einkäufe teurer sind, werden sie akzeptiert, wenn sie komfortabel sind, Zeit sparen, zu jeder Zeit möglich sind oder eine schnellere Lieferung bieten, aber es nicht auf das Einkaufserlebnis ankommt.

- Bequemlichkeit dürfte insbesondere bei Produkten der Grundversorgung und transportunbequemen Nachorder-Produkten gewünscht sein (z.b. Getränkekisten und Tiefkühlkost).

- Als Zielgruppe kommen Berufstätige in Frage, die keine Zeit zum Einkaufen haben, oder Einkaufsabteilungen, die die zu bestellenden Komponenten kennen.

- Im Internet bieten bekannte Marken Vertrauen und sind von hohem Wert.

Box 3:   Bequemere Distribution

6   Bessere Information als Kundennutzen

Nur allein billigere Produkte und bequemere Bestellmöglichkeiten können den Boom im Internet nicht ausgelöst haben, denn sonst hätte dies im Versandhandel in den letzten Jahrzehnten auch geschehen müssen. Vielmehr geht die Faszination des Internets von den Möglichkeiten besserer Informationsnutzung und –verarbeitung gegenüber allen anderen Medien aus. So findet man im Internet viel mehr Information, als man gedruckt in Form von Prospekten haben könnte. Dies betrifft die Anzahl alternativer Angebote genauso wie die Tiefe und Darstellungsform der Produktinformationen. Um durch das gewaltige Informationsangebot nicht überfordert zu werden, werden vielfältige Software-Agenten (Clement und Runte 1999) angeboten, mit denen man nach relevanter Information suchen kann. Damit sind z.B. Suchmaschinen gemeint, die vergleichbare Angebote heraussuchen und nach dem Preis sortieren. Unter diesen Umständen eignen sich für den Vertrieb über das Internet vor allem Produktkategorien, deren einzelne Angebote in einer Fülle von kaum noch überschaubaren Ausprägungen vorliegen.

Die Eigenschaft der Unüberschaubarkeit trifft z.B. auf Bücher und CDs zu. Amazon.de behauptet, man hätte eine Auswahl unter 2,5 Mio. Titeln. Eine solche Vielzahl kann keine reale Buchhandlung vorrätig halten. Dies muß nicht unbedingt einen Nachteil darstellen, wenn die Produkte nur gekauft werden, wenn man sie vorher physisch inspizieren konnte. Dies ist aber bei Büchern nicht unbedingt notwendig. Über das Internet bekommt man nämlich für jedes Buch eine mehr oder weniger ausführliche Produktbeschreibung und kann es auch bei Nichtgefallen zurückgeben. Zusätzlich bieten manche virtuelle Buchhandlungen die Möglichkeit von Leseproben an. Daneben erhält man Rezensionen von anderen Käufern und kann sich in angegliederten Chat-Foren über die einzelnen Werke austauschen bzw. vorab auf Eindrücke anderer Leser verlassen. Diese kommunikativen Elemente schaffen Communities, deren Mehrwert Kunden längerfristig an Anbieter binden kann (Kap. III 5). Da in Deutschland Bücher der Preisbindung unterliegen, werden auch keine Versandkosten berechnet, so daß virtuelle Buchhandlungen ein sehr hohes Absatzpotential besitzen.

Das breite und nicht überschaubare Angebot gilt auch für Flüge, Hotels und Reisen. Dort ermöglicht das Internet, mit Hilfe von Suchmaschinen das interessierende Angebot herauszufiltern. Dabei können als Kriterien sowohl der Preis wie auch die Urlaubsgegend herangezogen werden. In der Regel gibt es Anbieter, die vergleichbare Angebote gemeinsam auflisten, so daß man eine wirkliche Auswahl hat. Weitere Beratung braucht man nicht, da es sich um weitgehend standardisierte Leistungen handelt. Im übrigen offerieren die Anbieter viel mehr Informationen als im Katalog. So bietet der Hotel-Reservierungs-Service (www.hrs.de) für jede Stadt eine Liste von verfügbaren und online buchbaren Hotels nebst Preisen an. Für jedes Hotel bekommt man noch Informationen über die genaue Lage und Ausstattung. Zusätzlich kann man sich das Hotel auf verschiedenen Bildern ansehen. Mitunter kann man sich sogar die Zimmer von allen Seiten ansehen.

Erstaunlicherweise waren unter den bisher im Internet gut verkauften Produkten keine Automobile und Häuser. Bei neuen Automobilen ist das nicht weiter verwunderlich, ist doch das Angebot überschaubar und will doch der Käufer das Produkt üblicherweise in Augenschein nehmen. Hier nutzen die Hersteller das Internet als reinen Kommunikationskanal und bieten viel detailliertere Informationen über ihre Produkte an, als dies ihre Händler können. Manche Eindrücke, z.B. Fahrsimulationen im Grenzbereich oder einfacher die multimediale Betrachtung in der gewünschten Farbe und Ausstattung, können selbst bei einer persönlichen Inspektion im Autohaus nicht geboten werden. Der eigentliche Verkauf findet dann aber offline statt. Allerdings müßte der Gebrauchtwagenmarkt gut über das Internet funktionieren. Hier ist das Angebot unübersehbar breit und mit Suchmaschinen könnte man das Relevante gut herausfiltern. Inzwischen verzeichnet www.auto-by-tel.com in den USA erste Erfolge. In Deutschland haben sich www.faircar.de oder www.autoscout24.de etabliert. Ähnliches gilt für den Immobilienmarkt.

• Das Internet ist besonders bei Produkt- und Leistungskategorien vorteilhaft, bei denen ein unüberschaubares Angebot gegeben ist (z.b. bei Büchern, CDs, Reisen, Gebrauchtwagen und Immobilien).

• Das Internet bietet dem Käufer in solchen Kategorien die Hilfe von Software-Agenten.

• Damit kann der Käufer relevante Angebote herausfiltern sowie die Angebote nach Merkmalen vergleichen und sortieren.

Box 4:   *Informationsnutzen*

7   Bessere Produkte als Kundennutzen

Bisher war die Frage gestellt worden, welche Produkte der realen Welt sich besonders für den Vertrieb über das Internet eignen. Hier soll nun dargestellt werden, welche Produkte es gibt, die nur durch die Vertriebsmöglichkeit des Internet existieren. Dies sind in der Regel auf die individuellen Wünsche des Nutzers angepaßte Produkte, die in der realen Welt zu hohe Kosten der Identifizierung individueller Wünsche und Anpassung verursachen. In der virtuellen Welt bestehen dagegen meist hohe Fixkosten, aber nur geringe marginale Kosten. Deshalb ist es im Internet besser möglich, die Option der Personalisierung zu verfolgen.

Erste Formen von personalisierten Produkten stellen Produkte-on-demand dar. Dies können Videos-on-demand sein, die man sich online ansehen oder herunterladen kann. In ähnlicher Weise haben sich bereits Anbieter von Music-on-demand im Internet herausgebildet. Bertelsmann arbeitet zur Zeit daran, Books-on-demand herauszubringen. Hier ist die Vorstellung, daß man bestimmte Bücher digital aus dem Internet in ein elektronisches Buch lädt, welches mit Beleuchtung und Batteriebetrieb in der Größe eines normalen Buches das Lesen im Bett wie auch am Strand ermöglicht und gleichzeitig viele zusätzliche Funktionen erlaubt. Hier wie bei allen diesen On-demand-Diensten besteht die Vorstellung darin, daß man dadurch in Zukunft nicht mehr alle Bücher, CDs und Videos physisch besitzen muß, sondern jederzeit bei Bedarf von einem großen Server laden kann.

In der realen Welt können Produkte oder Dienste häufig deshalb nicht personalisiert werden, weil aufgrund von economies of scale (Skaleneffekte) nur eine begrenzte Anzahl verschiedener Produkte als Komponenten-Bündel angeboten werden können. Bei digitalen Produkten ist dagegen eine beliebig tiefe Entbündelung in einzelne Komponenten möglich, die dann wieder individuell nach den Bedürfnissen einzelner Käufer zusammengefaßt werden können.

Dies ist besonders gut bei Soft- und Hardware, Informationsdiensten wie Zeitungen oder Zeitschriften sowie Reise- und Bankdiensten möglich. Wie das Beispiel von Dell zeigt, kann Hardware in viele einzelne Komponenten zerlegt werden und individuell assembliert werden. Bei Informationsdiensten besteht häufig das Problem, das man gar nicht alle, sondern nur einen kleinen Ausschnitt der angebotenen Informationen will. Zeitungen bieten deshalb an, daß man sich nur Nachrichten über bestimmte Themen zusammenstellen lassen kann (www.paperball.de).

Bei der Entbündelung besteht aber auch die Gefahr, daß der Käufer die Komponenten bei unterschiedlichen Anbietern erwirbt und somit die Treue zu einem Anbieter untergraben wird. Es wird deshalb in Zukunft darauf ankommen, daß die Anbieter bei der letztendlichen Bündelung einen Mehrwert in Form von Preisreduktionen und Kompetenz bieten. Die Studie von Brynjolfsson und Bakos (1998) zeigt zumindest, daß es im Internet profitabler sein kann, so viele Angebote wie möglich zu bündeln.

- In der virtuellen Welt bieten sich bei informationsbasierten Produkten alle Formen von Produkten-on-demand an, z.B. Video-on-demand oder Books-on-demand, die man dann nicht physisch besitzen muß, sondern nach Bedarf lädt.
- Digitale Produkte können entbündelt werden und nach individuellen Bedürfnissen neu zusammengestellt werden.

Box 4:   Virtuelle Produkte

---

8 Schlußfolgerung

Das Internet stellt einen neuen Distributionskanal mit neuen Formen der interaktiven Kommunikation dar. Bisherige Ergebnisse über die Verbreitung von Online-Umsätzen in einzelnen Produktkategorien zeigen, daß insbesondere Bücher, Computer-Hardware und Software, Kleidung und CDs über das Internet gekauft werden. Dabei handelt es sich sowohl um digitale als auch nicht-digitalisierbare Produkte. Man sollte deshalb nicht nach den Eigenschaften von Produkten fragen, die für einen Vertrieb über das Internet geeignet sind. Vielmehr können alle Produkte angeboten werden, deren Vertrieb über das Internet mit einem bestimmten Kundennutzen verbunden ist.

Als Kundennutzen sind geringere Preise, bequemere Distribution, bessere Information und offline nicht erhältliche Produkten denkbar. Geringere Preise sind nur denkbar, wenn der Vertrieb über das Internet zu deutlichen Kosteneinsparungen führt. Hier ist zu prüfen, inwieweit das Internet zu unerwünschten Kannibalisierungseffekten mit existierenden Absatzkanälen führt. Der Internet-Vertrieb setzt voraus, daß die Produkte den Nachfragern grundsätzlich bekannt sind und ihr Einkauf kein Erlebnis vermittelt. Genau dann sind starke Marken im Internet besonders viel wert. Das Internet erlaubt zusätzlich vielfältige Informationsnutzen. Man findet im Internet viel mehr Alternativen als in der realen Welt. Die Angebote können leichter verglichen werden. Außerdem kann für jedes Produkt beliebig tiefgehende Produktinformation geboten werden. Bei der Auswahl können Software-Agenten den Käufer unterstützen. Schließlich gibt es im Internet bessere, offline nicht erhältliche Produkte. Dazu zählen alle Formen von Produkten-on-demand, wie z.B. bald das Buch-on-demand. Außerdem können reale Produkte wie Zeitungen entbündelt individuell wieder neu zusammengestellt werden.

Literatur

Albers, S., C. Bachem, M. Clement und K. Peters (1999): Produkte und Inhalte, in: Albers, S., M. Clement und K. Peters (Hrsg.): *Marketing mit Interaktiven Medien. Strategien zum Markterfolg*, 2. Auflage, Frankfurt, 267-282.

Booz Allen & Hamilton (1997): *Telekommunikation in der Welt von morgen. Marktstrategien, Konzepte und Kompetenzen für das 21.Jahrhundert*, Frankfurt am Main.

Brynjolfsson, E. und Y. Bakos (1998). "Pricing and Distribution of Information Goods: Aggregation and Disaggregation Strategies". *Marketing Science and The Internet*, INFORMS Mini Conference, MIT Sloan School of Management.

Clement, M. und M. Runte (1999): *Intelligente Software-Agenten. Implikationen für das Marketing im eCommerce*, Manuskripte aus den Instituten für Betriebswirtschaftslehre der Universität Kiel, Nr. 498, Kiel, erscheint demnächst in: Der Markt.

Focus (Hrsg.) (1999), *Der Markt der Online-Kommunikation - Zukunftsmarkt Internet*, München.

Hill, K. (1997): The Dell Computer Experience, in: Peterson, R. A. (Hrsg.): *Electronic Marketing and the Consumer*, Thousand Oaks (Calif.) et al., 89-99.

Schwartz, E.I. (1997): *Webonomics: Nine Essential Principles for Growing your Business on the World Wide Web*, New York.

Zerdick, A., A. Picot, K. Schrape, A. Artopé, K. Goldhammer, U.T. Lange, E. Vierkant, E. López-Escobar und R. Silverstone (1999): *Die Internet-Ökonomie: Strategien für die digitale Wirtschaft / European Communication Council*, Berlin et al.

II Entwicklung des Internet-Auftritts

1 Wie komme ich ins Internet? – Going online

Heiko Schick – e-trend Media Consulting

Überblick

- Der Auftritt im Internet muß eine klare Zielsetzung haben.

- Eine gute und vorausschauende Planung ist wichtiger als schnelles zielloses „Going online".

- Die Auswahl der richtigen Partner für den Aufbau und Betrieb des Angebotes ist ein Eckpfeiler für den Erfolg im Internet.

- Nur wer Communities schafft, wird erfolgreich sein.

- Eine regelmäßige Aktualisierung der Web-Site ist Pflicht.

1 Entscheidung

Bei vielen Unternehmen reift in letzter Zeit die Entscheidung, online zu gehen. Dabei sprechen für einen Auftritt im Internet verschiedene Gründe. So kann einerseits die Kommunikation und andererseits die Distribution im Vordergrund stehen. Je nachdem treten dann Fun & Community-Aspekte, Informationsangebote oder Verkaufsanstrengungen stärker in den Vordergrund.

Der erste Auftritt muß einen genau umrissenen Rahmen haben, ohne weitere Entwicklungen zu beschneiden. Denn heute reicht es nicht mehr, *nur* im Internet präsent zu sein. Der Mehrwert für den Kunden muß klar und deutlich heraus gearbeitet werden. Welche Motivation sollte der Kunde sonst haben, die Site im Internet zu besuchen? Welchen Zusatznutzen erhält er? Diese Fragen gilt es bei der Konzeption des Web-Auftritts vorrangig zu beantworten.

Nachdem die Zielsetzungen im Unternehmen festgelegt wurden, gilt es die richtigen Partner für den Aufbau und den Betrieb der Web-Site zu finden.

2 Projekt „Going online"

Für einen attraktiven und gewinnbringenden Internet-Auftritt ist es unabdingbar, daß das Projekt „Going online" mit der gebotenen Priorität verfolgt wird. So ist es wenig sinnvoll, daß Freiwillige nach Feierabend eine Online-Präsenz konzipieren und implementieren. Eine eCommerce-Plattform ist als eine zusätzliche Filiale zu sehen, nur daß diese *weltweit* erreichbar ist. Dies scheint nur den wenigsten Entscheidungsträgern bewußt zu sein. Wie in anderen Projekten auch ist es nötig, einen Projektleiter mit dem Projekt zu beauftragen und der nötigen Entscheidungskompetenz auszustatten (Kap. IV.3). Lange Entscheidungswege sind im Medium Internet, das sich täglich verändert, extrem kritisch zu sehen. Reaktionen auf Wettbewerber sind tagesaktuell zu treffen, denn dem User stehen *alle* Wettbewerbsangebote zur Verfügung, nicht nur, wie im herkömmlichen Handel, regional begrenzte.

Das Projektteam „eCommerce" sollte sich aus Mitarbeitern aus den unterschiedlichen Bereichen des Unternehmens zusammensetzen, da wie bei einer Filiale sämtliche Unternehmensfunktionen betroffen sind.

Im Projektteam werden die existierenden Vorgaben unter Berücksichtigung der vorhandenen Rahmenbedingungen weiter verfeinert. So sollten die vorhandenen Datenquellen und Schnittstellen zu EDV-Systemen beschrieben sein, bevor externe Partner hinzukommen. Spätestens in der Anfangsphase des Projekts sollten Studien über erwartete Absatzmengen und Kontakte sowie ein Businessplan erstellt werden. Insgesamt ist zu empfehlen, die groben Eckpunkte des Projektplanes (Zeithorizont, interne Ressourcen) abzustecken.

3 Teilprojekte und die richtigen Partner

Das Projekt „Going online" zerfällt in mehrere Teilbereiche. So sind z.B. Anbindungen an bereits bestehende EDV-Systeme zu leisten, Marketing und Design zu klären und nicht zuletzt die technische Umsetzung zu initiieren. Welche Unternehmensbereiche bei der Planung des „Going online" zu berücksichtigen sind, hängt sehr stark von der Struktur und Größe des Unternehmens ab. Allgemeingültige Aussagen sind daher schwer zu treffen; erste Maßnahmen leiten sich aus den Gesprächen mit Vertretern der einzelnen Fachabteilungen ab.

3.1 Internet-Service-Provider

Um eine solide und innovative technische Basis zu schaffen, ist es wichtig, daß ein kompetenter Partner zur Verfügung steht. Kriterien zur Auswahl ei nes Internet-Service-Providers (Anbieter von Zugängen und anderen Dienstleistungen rund ums Internet) sind:

- *Schnelle Anbindung des Netzwerkes an einen Backbone*
  Dabei wird mit Backbone die Leitung bezeichnet, die einzelne Provider gemeinsam nutzen, um Rechner zu erreichen, die wiederum bei anderen Providern stehen. Die Anbindung an den Backbone ist mit ausschlaggebend, wie schnell die eigene Präsenz von Usern, die ihren Zugang über andere Internet-Service-Provider erhalten, erreicht werden kann.

- *Überwachung des Netzwerks an 365 Tagen / 24 Stunden*
  Damit gegebenenfalls schnelle Gegenmaßnahmen und Optimierungen eingeleitet werden, sollte der Provider ständig überwachen, ob Störungen (Ausfall von Leitungen und anderen Komponenten) oder eine zu hohe Last (Durchsatz, parallele Nutzung) vorliegen.

- *Hohe Verfügbarkeit der Anbindung*
  Sollte es zu Leitungsausfällen kommen, so sollte der Provider in der Lage sein, diese entweder durch den Aufbau seines Netzes (Topologie) oder durch die schnelle Hinzunahme von Ausweichleitungen zu kompensieren.

- *Serverhosting in Rechenzentrumsqualität*
  Die Rechner, auf denen sich die Präsenz befindet, sollten 24 Stunden am Tag und 7 Tage in der Woche überwacht werden, damit Fehler sofort bemerkt werden und deren Behebung sofort eingeleitet wird. Außerdem müssen regelmäßig automatische Bandsicherungen stattfinden, wobei die Bänder in getrennten Räumen aufbewahrt werden. Wird dies beachtet, so ist eine Restaurierung von Daten nach einem Feuer verhältnismäßig einfach möglich. Mit Server werden dabei Rechner im Netz bezeichnet, die anderen Computern Dienste wie E-Mail oder WWW anbieten. Hosting beschreibt, daß der Rechner beim Provider „untergestellt" ist und dort überwacht wird.

- *Durchführung von Domain-Registrierungen*
  Damit Präsenzen im Internet unter einprägsamen Namen erreicht werden können, gibt es den Domain Name Service (DNS). Dieser Dienst setzt Namen wie z.B. www.telemedia.de in IP-Adressen (Internet-Protokoll-Adressen) um. Domain-Namen können nicht frei benutzt werden, sondern werden in Deutschland mit der Endung „.de" vom DE-NIC (Deutsches Network Information Center, www.nic.de) vergeben. Die Vergabe kann *nicht* vom Interessenten direkt beim DE-NIC beantragt werden, sondern muß über den Internet-Service-Provider erfolgen. Wichtig ist, daß als „Administrativer Kontakt" (Admin-C) der Auftraggeber (juristischer Vertreter der Gesellschaft) eingetragen wird. Ihm allein gehört die Domain und nur er kann Änderungen wie z.B. einen Providerwechsel veranlassen. Generell sollte der gewählte Domain-Name entweder möglichst selbsterklärend sein oder an bestehende bekannte Namen anknüpfen. So bietet es sich aus Marketing-Gesichtspunkten an, den bestehenden Firmen- oder Markennamen für die Internet-Präsenz zu übernehmen. Soll hingegen der innovative Charakter des Internetauftritts betont werden, kann es sinnvoll sein, eine eigene Marke zu definieren und diese zu vermarkten. Gute Beispiele bieten www.sport1.de oder www.cityweb.de.

Damit beispielsweise der Name cityweb als eine eigene Marke neu ausgerichtet werden konnte, wurde von www.cww.de (cityweb WAZ) auf
www.cityweb.de umgestellt. Im Bereich des Fernsehens ist sowohl eine
Aufsplittung als auch eine Zusammenfassung von Internetaktivitäten zu
beobachten. Einerseits bieten Sender wie RTL unter www.rtl.de,
www.rtlnews.de und www.rtlmm.de unterschiedlichste Inhalte an, anderseits bündeln SAT1 und DSF unter www.sport1.de zusammen mit
Sportbild ihre Angebote für den Bereich Sport.

- *Kundenbetreuung (Hotline)*
  Der Kunde muß die Möglichkeit haben, einen kompetenten Ansprechpartner schnell telefonisch oder per E-Mail zu erreichen (Hotline). Dies
  betrifft sowohl die technischen als auch die kaufmännischen Bereiche
  beim Internet-Service-Provider.

- *Reaktionszeiten bei Störungen*
  Sollte ein Fehler im System auftreten, so muß der Internet-Service-
  Provider innerhalb einer festgelegten Frist mit der Problembehebung beginnen. Da Internet-Service-Provider oft auf andere Dienstleister wie
  z.B. die Telekom angewiesen sind, liegen solche Fristen in der Regel
  zwischen 2 und 4 Stunden. Zu beachten ist, daß Fehler im Bereich
  eCommerce unternehmenskritisch sein können und daher möglichst früh
  erkannt werden müssen. Die Vorstellung, daß zum Beispiel ein Waren-
  haus am Samstag vor Weihnachten plötzlich 4 Stunden schließt, kann in
  Anbetracht der hohen Vorweihnachtsumsätze sehr schmerzlich sein.
  Dieses Beispiel lässt sich direkt auf eine eCommerce-Site übertragen.

- *Peering mit möglichst vielen anderen Providern*
  Mit Peering wird der direkte Zusammenschluß von Netzwerken bezeichnet. Dabei gehen die Datenpakete aus dem Netz eines Providers direkt
  über den sogenannten Peering-Point in das Netz des anderen Providers,
  so daß weitere Zwischenpunkte nicht nötig sind. Der Vorteil ist ein deutlich schnellerer Zugriff, sofern die sonstige Infrastruktur, z.B. Backbones
  und Server, schnell genug ist. Der Provider sollte mindestens am zentralen deutschen Peering Point DE-CIX (www.de-cix.de) in Frankfurt mit
  einer ausreichend dimensionierten Leitung angeschlossen sein. Ansonsten ist es möglich, daß Zugriffe auf deutsche Web-Sites erst erfolgen,
  nachdem die Daten einmal über den Atlantik und wieder zurück übertra-

gen wurden, weil der Peering-Point des verwendeten Internet Service Providers in den USA ist.

- *Lieferung von aussagekräftigen Statistiken*
  Aus den vom Internet-Service-Provider gelieferten Statistiken sollte klar erkennbar sein, zu welchen Zeiten die meisten Zugriffe auf die Präsenz erfolgen, von welchem Provider die User kommen und welche Inhalte am meisten abgerufen werden. Basierend auf diesen Informationen läßt sich die Präsenz zielgerichteter aktualisieren und ausbauen.

3.2 Design

Bei der Designerstellung ist zu beachten, an welche Zielgruppe sich die Präsenz richtet und mit welcher Anmutung der Auftritt erfolgen soll.

- *Welche Streuweite wird gewünscht?*
  Breite Massen zu erreichen, bedeutet niedrige technische Standards zu benutzen. So kann z.b. nicht unbedingt davon ausgegangen werden, daß alle User immer die neuesten Versionen der Browser verwenden. Dem kann auf unterschiedlichen Wegen Rechnung getragen werden. Es ist möglich, zwei verschiedene Versionen des Webauftritts zu entwickeln; eine „light"-Version für User mit älterer Software und eine Version für „High-end"-User. Durch entsprechende Programmierung kann automatisch erkannt werden, welchen Browser der User verwendet. Eine automatische Umleitung auf die „richtige" Version ist somit möglich.

- *Soll an die bestehende Corporate Identity angeknüpft werden?*
  Bei vielen Firmen gibt es bereits Vorgaben, wie sich das Unternehmen nach außen präsentiert. So mag es Firmenfarben, Firmenschriftarten und Vorschriften für die Gestaltung von Printmaterialien geben. Diese direkt für den Auftritt im WWW umzusetzen, wird meist nicht einfach sein. So kann es bei bestimmten Farbkombinationen zu fehlerhaften Darstellungen auf dem Bildschirm des Users kommen, da dieser eine geringere Farbtiefe als benötigt benutzt. Bei der Verwendung von unterschiedlichen Schriftarten kann nur davon ausgegangen werden, daß die bereits mit dem Betriebssystem gelieferten Schriftarten beim User installiert sind. Bei der Erstellung des Layout kann bedingt durch die Möglichkeiten und Einschränkungen der zu verwendenden Hypertext Markup Lan-

guage (HTML) nur sehr beschränkt Einfluß genommen werden, wie z.B. der Text läuft und wo er umbricht.

- *Welches Ambiente und welche Anmutung sollen erzeugt werden?*
Neben dem reinen Informationsangebot der Präsenz ist es wichtig, daß die Möglichkeiten des Mediums Internet genutzt werden und die Zielgruppe der Internet-User angesprochen wird. So sollte die Präsenz eines Consulting-Unternehmens durchaus einen seriösen Charakter haben, da Business-Kunden angesprochen werden. Ein eCommerce-Unternehmen, daß z.b. Sports- und Streetwear über das Internet verkauft, kann sich ruhig „schräg" oder „trendy" präsentieren. Ein gutes Beispiel bietet hier www.boo.com.

- *Wie sollen Community-Bereiche integriert werden?*
Neben reinen Informationen oder Kaufmöglichkeiten muß für den User der Anreiz bestehen, immer wieder auf die Präsenz zurückzukehren. Dies läßt sich z.b. mit Gewinnspielen erreichen. Eine andere Möglichkeit ist das Angebot von sogenannten Chat-Räumen, in denen sich User zeitgleich per Tastatur „unterhalten" („chatten") können. Da es im Internet bereits sehr viele Chat-Angebote gibt, muß auch hier ein Differenzierungsmerkmal geschaffen werden. Dazu stehen z.B. moderierte Experten-Chats zu bestimmten Themen (z.B. Lösung eines Spiels; Linux) zur Verfügung. Generell sollte sich der User einer Art Gemeinschaft zugehörig fühlen (Kap. III.5). Ein Beispiel für die Wichtigkeit von Community-Elementen gibt der Online Dienst AOL, dessen Mitglieder die meiste Zeit in AOL-eigenen Chat-Foren verbringen.

- *Wie sollen die Interaktionselemente aussehen?*
Das Internet bietet zahlreiche Interaktionsmöglichkeiten, die andere Medien wie Print, Radio und Fernsehen nicht bieten. Die einfache Umsetzung eines Firmenprospektes als Präsenz kann daher nie direkt zum Erfolg führen. Der User muß Möglichkeiten haben, mit dem Hersteller *direkt* in Kontakt zu treten, wie es zum Beispiel über E-Mail geschehen kann. Im Gegensatz zu E-Mail oder Diskussionsforen bieten Chat oder Internet-Telefonie die Möglichkeit zur Kommunikation in Echtzeit. So kann der User, die entsprechende Ausstattung vorausgesetzt, direkt von seinem PC aus mit dem Mitarbeiter des Anbieters telefonieren. Neben der reinen User-User-Kommunikation muß es für den Betreiber der

Web-Site Ziel sein, einen Ansprechpartner zur Verfügung zu stellen, der auf die Fragen der User schnellstmöglich antwortet. Dies ist einer der wichtigsten Faktoren für die Kundenbindung, der im Moment leider viel zu wenig beachtet wird. Keine Antwort auf E-Mail-Anfragen oder Anfragen, die länger als 24 Stunden unbeantwortet bleiben, werden von den Usern in den seltensten Fällen toleriert. Ein Beispiel für guten Service ist unter www.elsa.de zu finden.

- *Wie soll die Benutzerführung aussehen?*
  Bei der Gestaltung des Layout ist die Benutzerführung ein wichtiger Punkt. So ist abzustimmen, ob sie sich an bereits gelernte Metaphern, z.B. den von Microsoft-Office-Produkten vorgegebenen, anlehnt oder ob völlig neue Elemente geschaffen werden. Der User muß die Möglichkeit haben, von einer Stelle zu einer anderen auf der Seite zu kommen, ohne daß er sich durch lange Menübäume und Verzweigungen klicken muß.

Neben den rein ästhetischen Fragen ist bei der Erstellung des Design auch der schnelle Seitenaufbau auf dem PC des Users zu berücksichtigen. So sollte mit aufwendigen Grafiken und anderen Zusätzen wie Tönen oder Animationen äußerst sparsam umgegangen werden. Nutzer von mobilen Internetzugangsgeräten (z.B. dem Nokia Communicator) oder von Verbindungen über Mobilfunk, profitieren besonders von „schlanken" Seiten. Selbst schlechter HTML-Code, wie ihn einige Programme erzeugen (z.B. Microsoft Frontpage), kann negative Auswirkungen auf den Seitenaufbau beim User haben.

Das Thema Design und Layout ist ein komplexes Thema und sollte nur gemeinsam mit einem erfahrenen Dienstleister angegangen werden. Meist sind mehrere Iterationen und Workshops zwischen Dienstleister und Kunden nötig, bis ein Konsens gefunden wird. Der zeitliche Vorlauf ist bei der Erstellung des Projektplans zu berücksichtigen (Kap. II.2).

3.3 Anbindung an bestehende Systeme

Neben der losgelösten Erstellung einer Präsenz von bereits vorhandener Infrastruktur ist es in vielen Fällen nötig, vorhandene EDV-Systeme anzubinden. Dies gilt insbesondere dann, wenn der Vertrieb über das Internet das Ziel des „Going online" ist. Um vorhandene Infrastruktur zu nutzen und eingespielte Arbeitsabläufe bei der Distribution von Waren zu integrieren, gilt es, das bereits vorhandene Umfeld zu beleuchten (Kap. IV.3).

- *Welche Systeme sind bereits vorhanden?*
  Neben der reinen technischen Beschreibung im Sinne eines Benutzerhandbuches muß für eine erfolgreiche Anbindung der Arbeitsablauf (Workflow) innerhalb und außerhalb der bereits bestehenden Systeme bekannt und dokumentiert sein. Damit spezielle Restriktionen für den Bereich eCommerce auch in alten Systemen abgebildet werden können (z.b. keine Versandkosten, Abrechnung nur über Kreditkarte möglich) kann es nötig sein, entsprechende Änderungen und Erweiterungen an den Altsystemen vorzunehmen.

- *Welche Schnittstellen gibt es?*
  Damit Daten von einem System in das andere überstellt werden können, ist eine genaue Beschreibung der vorhandenen Schnittstellen und Datenübergabeformate des Altsystems nötig. Das neue eCommerce-System kann darauf basierend ausgewählt oder aufgebaut werden. Möglicherweise müssen Filter erstellt werden, die Daten eines Formats in das andere umwandeln.

- *Wie ist die Qualität des Datenbestands?*
  Die Anbindung eines neuen Systems bietet vielfach die Gelegenheit, den Altdatenbestand auf eventuelle Doubletten oder „Karteileichen" zu überprüfen. Selbst wenn das Vorhandensein im Altsystem keine Probleme bereitete, sollte das neue System auf einer bereinigten Datenbasis aufsetzen. Dies ist insbesondere bei Mass-Customization-Strategien wichtig. Die Frage, ob es eine gemeinsame Datenbasis gibt, hängt einerseits mit der Performance des verwendeten Altsystems und der Anbindung zwischen den Systemen zusammen. Andererseits ist eine redundante Datenhaltung wegen erhöhter Fehleranfälligkeit ebenfalls als kritisch zu bezeichnen. In der Praxis ist es häufig schwierig, selbst bei den heute verfügbaren objektrelationalen Datenbanken wie Oracle 8i oder Informix Dynamic Server, Replikationsmechanismen für komplexe Datenstrukturen aufzusetzen und zu überwachen.

- *Wie schnell müssen die Daten aktualisiert werden?*
Für viele Betreiber von eCommerce-Plattformen sind die Aktualisierung von Daten und die damit verbundenen weitergehenden Aktionen in Echtzeit Pflicht. So können z.b. Liefertermine innerhalb von 24 Stunden nur beim rechtzeitigen Eintreffen des Bestelldatensatzes gehalten werden, da Tätigkeiten wie Kommissionierung und Versand in der Regel zeitkritisch sind. Umgekehrt sind z.b. Preislisten in vielen Branchen keinem dauernden Wechsel unterworfen. Die Aktualisierung dieser Daten ist somit periodisch möglich.

Die Integration ist in vielen Fällen der Bereich, in denen die höchsten Kosten entstehen. Ein kompletter Umstieg von einem Altsystem wird aus Zeit- und somit Kostengründen meistens nicht möglich sein. Dieser Weg kann oft sogar kontraproduktiv sein, da Akzeptanzprobleme bei Mitarbeitern auftreten werden. Schulungen sind unumgänglich und müssen bei der Erstellung des Business- und Projektplans berücksichtigt werden.

3.4   Integration von Technik und Design

Sollten mehrere Dienstleister für die Bereiche Technik und Design eingesetzt werden, so ist detailliert zu klären, welche Teilkomponenten von wem geliefert werden und wie die Informationsflüsse gestaltet sind. Ein regelmäßiger Review des Projekts durch ein Control Board hat sich dabei bewährt. Oft spielt auch die räumliche Entfernung der einzelnen Projektpartner eine Rolle. Obwohl Kommunikationsformen wie E-Mail die Überstellung von Teilprodukten erleichtern, sollten wichtige Entscheidungen zusammen mit dem Projektverantwortlichen in einem persönlichen Meeting getroffen und protokolliert werden. Sollten die Partner noch nie zusammengearbeitet haben, so sind gewisse „Reibungsverluste" und ein erhöhter Kommunikationsaufwand im Projektplan zu berücksichtigen. Erfolgt die Kooperation hingegen mit einem Dienstleister, der ein eingespieltes Team für alle Bereiche zur Verfügung stellt, so macht sich dies positiv in der Dauer und im Ergebnis des Projektes bemerkbar.

3.5   Test

Das Projekt „Going online" ist *nicht* damit abgeschlossen, daß die ersten HTML-Seiten im Internet abrufbar sind. Gerne wird aus zeitlichen Gründen ein nur sehr kurzer Beta-Test (intensiver Test einer Software durch ausgewählte User) durch die Auftraggeber bevorzugt. Es sollte jedoch klar sein, daß der Kunde heute hohe Ansprüche an Dienste im Internet stellt. Ein tagelang ausgefallener Server, Sicherheitsprobleme, verspätete oder falsche Lieferungen und falsche Abrechnungen können schon fast ein K.O.-Kriterium sein. Der Kunde wird zu einem anderen Anbieter „surfen" und kommt wahrscheinlich nicht mehr zurück. Im Beta-Test sollten die ausgewählten Tester aktiv betreut werden und ihr Feedback gegebenenfalls in die Entwicklung einfließen. Neben den Ergebnissen des öffentlichen Beta-Tests müssen intern mindestens folgende Punkte geklärt werden:

- Sind alle spezifizierten Funktionen vollständig implementiert?

- Wie verhält sich das System unter (simulierter) Last?

- Liefern die angebundenen Systeme den spezifizierten Output?

- Sind die Zugriffszeiten auf das System akzeptabel?

- Hierzu bieten sich Tests über verschiedene Provider und Browser mit unterschiedlichen Zugängen (Modem, ISDN) an.

- Sind die Antwortzeiten des Systems akzeptabel?

Am Ende des Beta-Tests steht die Abnahme des Systems durch den Auftraggeber. Die Abnahme oder eventuelle Vorbehalte und damit verbundene Terminzusagen sind schriftlich festzuhalten.

4 Aktualisierung und Pflege

Schon beim ersten Schritt in Richtung Internet sollte das weitere Vorgehen bedacht werden. Attraktiv wird die Seite für den User nur sein, wenn eine regelmäßige Aktualisierung des Angebots stattfindet. Dabei ist zu klären, wer diese Aufgabe wahrnimmt.

- *Beauftragung eines externen Dienstleisters*
  Neben laufend anfallenden Kosten kommen in diesem Fall meistens erhöhter Kommunikationsbedarf und eventuelle lange Vorlaufzeiten zum Tragen. Ein Vorteil ist jedoch, daß kaum eigenes Know-how aufgebaut werden muß.

- *Aktualisierung durch einen geführten Pflegedialog*
  Der Unterschied zur vorherigen Möglichkeit besteht darin, daß keine umfangreichen Kenntnisse erworben werden müssen, da nur einzelne, zumeist technisch anspruchslose Teile der Präsenz (z.B. Textpassagen) ausgetauscht werden können. Über definierte Fälle hinausgehende Veränderungen sind aber nicht möglich.

- *Automatische Aktualisierung*
  Durch die Anbindung an bestehende EDV-Systeme kann eine Aktualisierung aus einer Datenquelle erfolgen. Vorteilhaft ist hier die Verwendung eines Content-Management-Systems, das mittels medienneutraler Datenhaltung in der Lage ist, verschiedene Output-Ströme zu bedienen.

- *Pflege durch eigene Mitarbeiter*
  Dies setzt voraus, daß Schulungsmaßnahmen im Bereich Design und HTML-Seitenerstellung durchgeführt und die entsprechenden Kapazitäten zur Verfügung stehen. Leider werden in diesem Bereich immer noch die größten Fehler gemacht. Nicht ausreichend qualifizierte Personen werden neben der täglichen Arbeit zusätzlich mit der Pflege und Weiterentwicklung der Web-Präsenz betraut, sofern sich überhaupt jemand um den Internet-Auftritt kümmert. Meistens kommt daher nur eine der genannten anderen Möglichkeiten in Frage.

5   Preis des Erfolges

In vielen Gesprächen ist immer noch die von der Werbung suggerierte Botschaft „Internet ist einfach und billig" zu hören. Daß dies nicht der Fall ist, wird dem Interessenten meistens erst klar, nachdem ein seriöser Dienstleister den Bedarf und die Wünsche analysiert hat. Wer heute einen Schnellschuß in Sachen Internet wagt, wird ohne Zweifel in einer „Online-Sackgasse" landen. Nicht immer ist das, was technisch möglich ist, auch sinnvoll. Nicht immer erweist sich das vermeintlich günstige Angebot einer „Garagenfirma" auf lange Sicht als die richtige Wahl. Die Entwicklung innerhalb eines Jahres im Internet entspricht üblicherweise der Entwicklung von 3-4 Jahren auf realen Märkten. Wer also heute anfängt, muß nicht nur Schritt halten, sondern ein Vielfaches aufholen. Nur kompetente und erfahrende Partner, welche die Bereiche Business, Medium und Technologie zu kombinieren wissen, können den Erfolg des „Going online" sichern.

II Entwicklung des Internet-Auftritts

2 Wie muß mein Auftritt aussehen? – Online Präsentation

Kay Peters   – *Decision Warehouse DWH*
Peter Kabel   – *Kabel New Media*

Überblick

- Der Umfang des Online-Angebots hängt von den Zielen des Unternehmens ab. Definieren Sie Zielgruppen und den Mehrwert, den Sie Ihren Zielgruppen über das neue Medium zur Verfügung stellen möchten.

- Stellen Sie jeder Zielgruppe für die jeweiligen Zwecke einen geeigneten zentralen Einstieg zur Verfügung und entwickeln Sie individuelle Navigationspfade.

- Nutzen Sie für jede Zielgruppe konsequent die Eigenschaften des neuen Mediums (Interaktivität, Aktualität, Multimedialität) zur Schaffung eines Mehrwerts gegenüber traditionellen Kommunikationskanälen.

- Die Errichtung einer professionellen Web-Präsenz geht je nach Ambition weit über die Navigation und Seitenerstellung hinaus. Sie erfordert ebenso Fähigkeiten der Software- bzw. Datenbank-Entwicklung, der System-Integration sowie die Anpassung interner Organisationsstrukturen des Unternehmens. Diese Tätigkeiten sind von einem zentralen Projekt-Management zu koordinieren.

1   Ziele eines Online-Auftritts

Vor der Umsetzung einer Internet-Präsenz steht die Definition konkreter Ziele, die mit dieser Präsenz erreicht werden sollen. Der Umfang der gesteckten Ziele bestimmt gleichzeitig die Anforderungen an das Projektmanagement und die Budgethöhe. Dabei kann die Umsetzung der Web-Präsenz je nach Zielfestlegung in einigen Web-Seiten oder einer komplexen Web-Site mit mehreren hundert Seiten resultieren. Dieser Beitrag zeigt anhand von Beispielen umfangreicher Web-Sites auf, wie diese professionell erstellt und geführt werden können.

Grundsätzlich lassen sich die Ziele des Internet-Auftritts mehreren Bereichen zuordnen. Im Marketing sind dies insbesondere die Kommunikation und die Distribution. Während beim ersten die Verbreitung von Informationen sowie die Interaktion mit dem Kunden über die Angebote des Unternehmens im Vordergrund stehen, ist dies im Bereich der Distribution der Absatz des eigenen Angebots. Zugleich treten mit diesen Zielsetzungen Wünsche auf, die aus der vielfältigen potentiellen Nutzung der Eigenschaften des Internet resultieren. Dies kann z.B. mittelbare Ziele wie den Aufbau einer Kundendatenbank auf der Basis umfassender Profile der Nutzer des eigenen Internet-Angebots oder die automatische Update-Möglichkeit für Kunden hinsichtlich ihrer Adressen umfassen. Da die Ressourcen für einen adäquaten Internet-Auftritt oft begrenzt sind, ist eine klare Prioritätensetzung für die sukzessive Entwicklung einer Web-Site über die Zeit hinweg unbedingt erforderlich.

Die Ziel- und Prioritätensetzung des Unternehmens sollte sich dabei vor allem an der Kundensicht orientieren. Dabei stehen zwei wesentliche Fragestellungen im Vordergrund:

- Was will der Kunde auf der Web-Site?

- Wie kann er sein Ziel möglichst schnell und komfortabel erreichen?

Entsprechend der ersten Frage muß sich ein Anbieter darüber Gedanken machen, welchen Mehrwert er mit dem neuen Medium für seine bisherigen und potentiellen Kunden gegenüber der traditionellen Ansprache bewußt schaffen will. Die Bereiche mit dem höchsten Mehrwert sollten in jedem Falle zuerst angegangen werden, da diese den Kunden mit der höchsten Wahrscheinlichkeit an seine Präsenz binden können. Der Mehrwert kann in traditioneller

50

Hinsicht aus einem niedrigeren Preis, einem höheren Servicegehalt, mehr Convenience oder auch höherer Auswahl bestehen. Nutzt man die herausragenden Eigenschaften des Internet, so sollte jedoch die „Aufladung" des eigenen Angebots mit Information und Emotionen (z.b. über die Interaktivität) im Vordergrund stehen (Kap. I.2). Die Entscheidung des Unternehmens über diese Aspekte gibt den Rahmen für die Entwicklung und Umsetzung des Online-Auftritts vor, beispielsweise für die Anlage der Seitenstruktur, die Abfolge von Inhalten in der Nutzer-Navigation oder auch den Umfang der multimedialen Ausgestaltung der Präsenz.

Abb. 1:   Homepage der BMW AG (www.bmw.com)

An die Zielsetzung müssen sich die Überlegungen anschließen, wie der Kunde seine Ziele möglichst schnell und komfortabel erreichen kann. Als Ausgangspunkt dieser Überlegungen stehen aus Kundensicht zwei gegensätzliche Szenarien:

- Der Kunde weiß genau, was er will bzw. sucht.

- Der Kunde sucht Information bzw. Beratung.

Für beide Szenarien sind ausgehend von der Eingangsseite zwei Nutzungswege individuell für jedes Ziel der Präsenz zu entwerfen und umzusetzen. Die Navigation muß einfach sowie die Darstellung klar und übersichtlich gehalten werden (Abb. 1).

Diese oben angeführten Aspekte sind aufgrund der bisherigen Erfahrung bei der Gestaltung von Online-Auftritten von zentraler Bedeutung. Denn ohne diese Rahmenvorgaben sind anspruchsvolle Web-Sites aufgrund ihrer hohen Komplexität und hohen Integration mit anderen operativen Unternehmensprozessen kaum sinnvoll umzusetzen.

2   Design als Kommunikations- und Distributionskanal

Ein Unternehmen hat viele Kommunikationspartner mit sehr divergierenden Ansprüchen, für die jeweils im Web ein kommunikativer Mehrwert geschaffen werden muß. Die detaillierte inhaltliche Ausgestaltung, die Struktur und das Web-Design sind hier zunächst nachgelagerte Aufgabenbereiche.

Anhand der Beispiele der BMW AG (www.bmw.com), der o.tel.o communications GmbH & Co. (www.o-tel-o.de) und der Lufthansa AG (www.lufthansa.de) lassen sich potentielle Zielgruppen eines Unternehmens ermitteln. So versucht die BMW AG neben *bestehenden Kunden* (z.B. durch den exklusiven 7er DriverCircle bzw. Netzwerk der Servicestellen) auch *neue Kunden* anzusprechen, indem die Produkte und Services im Detail vorgestellt werden. *Investoren* und *Aktionäre* werden durch die bereitgestellten Unternehmensdaten angesprochen (Abb. 1). Ein identisches Bild zeigt sich bei der Lufthansa AG (Abb. 4). Bei der o.tel.o werden auch die *Vertriebspartner, Jobsuchenden* sowie die *Presse* direkt angesprochen und erhalten jeweils einen eigenen Bereich auf der Web-Site (Abb. 2). Allen Web-Sites ist gemein, daß sie für den bestimmte Information suchenden als für auch den ohne konkrete Ziele „vorbeisurfenden" Nutzer Anschlußpunkte zur Kommunikation bieten. Dem ersten Nutzertyp werden oft Sitemaps und Suchmaschinen bereitgestellt, dem anderen werden emotionale Markenaspekte oder aktuelle Events als Einstieg in die Site angeboten, z.B. in Form der BMW Rubrik „Faszination" oder bei Lufthansa unter „Doppelte Mitnahmen". Darüber hinaus kann man bei einer näheren Analyse dieser Web-Sites feststellen, daß jeder Zielgruppe in der Tat spezifische Mehrwerte geboten werden. So können sich Vertreter der Presse in sämtlichen veröffentlichten Unternehmensmitteilungen umsehen und meist direkt mit der PR-Abteilung in Kontakt treten. Interessierte Investoren können sich die aktuellen Unternehmensdaten und -berichte ansehen, direkt mit der Investor Relations Abteilung kommunizieren oder teilweise E-Mail-Newsletter abonnieren.

Abb. 2:   Homepage der o.tel.o communications (www.o-tel-o.de)

Diese intensive Kommunikation mit den Zielgruppen unter konsequenter Nutzung der Aktualität und Interaktivität des Mediums Internet setzt jedoch die professionelle Verankerung der notwendigen Prozesse in den Unternehmensstrukturen voraus. So können der Newsticker auf der Lufthansa-Homepage oder ein exklusiver BMW-7er DriverCircle nur erfolgreich sein, wenn im Unternehmen klare Zuständigkeiten und regelmäßige Update-Prozesse eingerichtet worden sind. Auch die interaktive Kommunikation über E-Mail sollte nicht nur „outbound" als Newsletter, sondern auch „inbound" strukturiert und in die Kommunikationskultur des Unternehmens integriert werden. Die BMW AG (Abb. 3) weist eine durchdachte „inbound"-Steuerung auf. So werden alle E-Mail-Anfragen bereits bei der Erstellung der Anfrage durch den Nutzer kategorisiert und automatisch an die zuständige Stelle zur Beantwortung weitergeleitet.

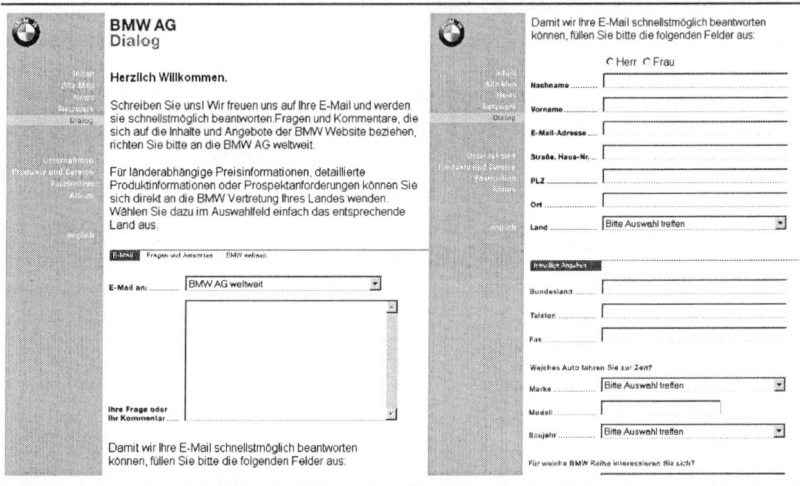

Abb. 3:   *Web-Dialog der BMW AG (www.bmw.com)*

- Definieren Sie ihre Zielgruppen und analysieren Sie deren spezifische Kommunikationsbedürfnisse.

- Legen Sie bewußt die Schnittstellen und Web-Bereiche fest, an denen Sie die Zielgruppen-Kommunikation aufnehmen und umsetzen wollen.

- Nutzen Sie dabei konsequent die Vorteile des Internet (Aktualität, Interaktivität, Multimedialität) für Ihre Kommunikation.

- Binden Sie die Kommunikation aktiv in Ihre Unternehmensstruktur und -prozesse ein.

- Holen Sie Ihre Zielgruppen ab und führen Sie diese aktiv durch Ihre Web-Site.

Box 1:   *Wichtigste Aspekte des Einsatzes als Kommunikationskanal*

Analog zum Kommunikationsdesign müssen auch bei einer Nutzung des Web als Distributionskanal in einem ersten Schritt die Ziele und Mehrwerte im Rahmen des Kaufprozesses detailliert geplant werden. Dazu zerlegt man den Kaufprozeß aus der jeweiligen Sicht der Zielgruppe in die Einzelschritte und prüft, welche Inhalte und Funktionalitäten benötigt werden (Kap. III.1). Oft resultiert aus dieser Analyse, daß für das Angebot attraktiver Funktionalitäten (z.B. Tracking einer Bestellung) bestehende interne Unternehmenssysteme mit dem Web-Auftritt verbunden werden müssen. Dafür sind diese Systeme jedoch oft nicht ausgelegt, so daß entsprechende Ergänzungen und Schnittstellen geschaffen werden müssen (Kap. IV.1 und 2).

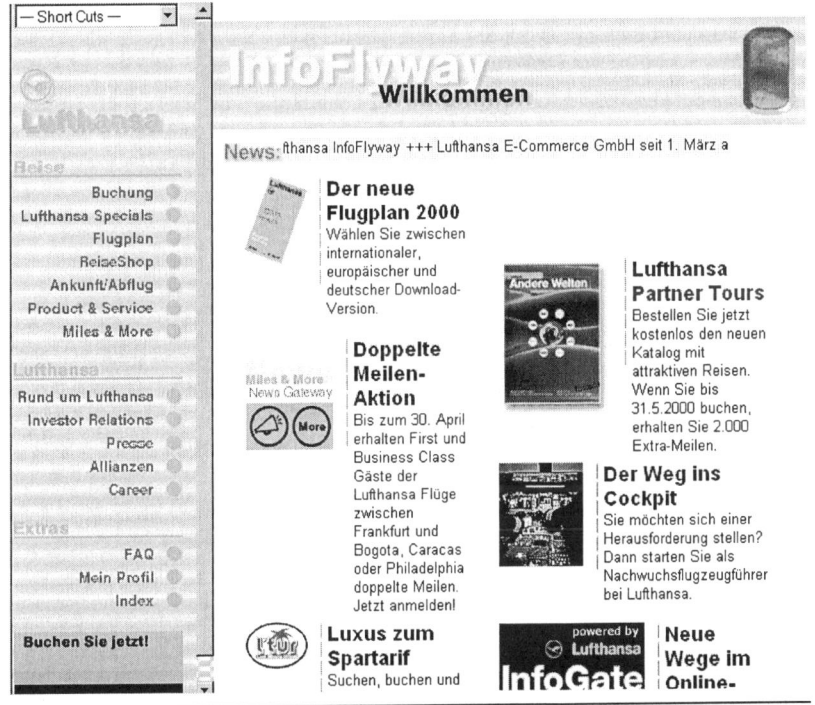

Abb. 4: *Homepage der Lufthansa AG (www.lufthansa.de)*

Das Beispiel der Lufthansa AG (Abb. 5) zeigt, wie der an den „Specials" interessierte Nutzer im Vorfeld des Kaufakts sich auf der gleichen Seite entweder zielgerichtet durch den Suchprozeß oder sich spontan von der Rio-Werbung zu einem Angebot führen lassen kann. Die Lufthansa bietet auf diese Weise sowohl dem zielgerichteten Shopper als auch dem spontanen „Schaufenster-Bummler" (z.B. Boston ab DM 559) den jeweiligen Einstieg. Anhand des Beispiels läßt sich ebenso aufzeigen, wie wichtig die Prozeßanalyse für die gute nutzerspezifische Web-Site-Navigation und den Anschluß unternehmensinterner Systeme ist. So werden auf dieser Seite alle für das interne System (Flugdatenbank Specials) notwendigen Informationen übersichtlich abgefragt, wobei je nach Flugziel des Nutzers unterschiedlich genaue Angaben verarbeitet werden können. Die vom System jeweils bereitgestellte Auswahlliste (Pull-down-Menüs) stellt dabei sicher, daß keine unzulässigen Angaben gemacht werden können. Dies erfordert ebenso wie die nachfolgend abrufbaren Informationen zu Flugdaten und Verfügbarkeit entsprechende Realtime-Schnittstellen zum zentralen Flugdatenserver der Lufthansa. Ohne ein professionelles Schnittstellen- und Projekt-Management ist diese Aufgabe nicht zu bewältigen.

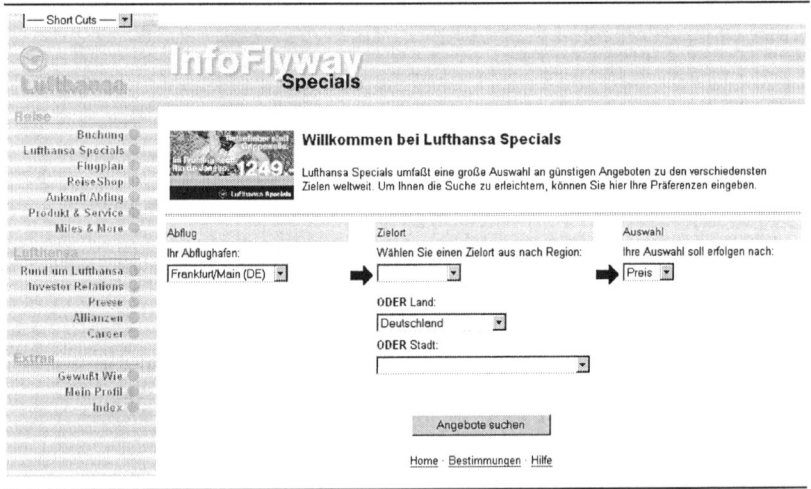

Abb. 5:   Schritte der Flugsuche bei der Lufthansa AG (www.lufthansa.de)

3 Management der Web-Site-Entwicklung und -Pflege

Ein wenig ansprechend gestalteter und schlecht funktionierender Auftritt kann aufgrund der hohen Reichweite des Internets schnell zu einem Risiko für das Unternehmens- und Produktimage bei wichtigen Zielgruppen führen. Deshalb ist je nach der Ambition des Unternehmens für den Web-Auftritt zu prüfen, in welchem Umfang ein professionelles Projekt-Management einzusetzen ist. Generell läßt sich die Entwicklung und Umsetzung einer Web-Site in verschiedene Tätigkeitsfelder unterteilen, die in der Folge kurz vorgestellt werden.

- *Content-Design (Inhaltliche Gestaltung)*
  Das Content-Design beinhaltet die inhaltliche Gestaltung einer Web-Site. Ausgehend von der Definition der Zielgruppen und den spezifischen Zielen werden die Inhalte und Funktionen strukturiert, die von der Web-Site erfüllt bzw. unterstützt werden sollen. Die Inhalte und Funktionen werden in eine Web-Site-Struktur umgesetzt. Zugleich werden zwischen den Inhalten und Funktionen der verschiedenen Web-Site-Profile für die jeweiligen Zielgruppen Synergien gesucht, um den Erstellungs- und späteren Pflegeaufwand zu minimieren. Jeder Inhalt und jede Funktion sollte nur einmal an zentraler Stelle vorgehalten und gepflegt werden (Lynch und Horton 1999; Siegel 1997; Spool et al. 1998).

- *Navigationsdesign (Flow)*
  Im Gegensatz zum Content-Design werden hier die Navigationswege zwischen den hierarchisch strukturierten Inhalten und Funktionen für die jeweiligen Zielgruppen festgelegt. So werden ausgehend von jeder potentiellen Kontaktstelle mit einer Zielgruppe entsprechende Links zu anderen verwandten oder sinnvoll ergänzenden Inhalten der eigenen oder einer fremden Web-Site gesetzt (Fleming und Koman 1998).

- *Screen-Design (Oberfläche: Web-Pages, Animierte Grafiken)*
  Stehen Inhalte und die Verknüpfungen einer Seite der Web-Site fest, so kann mit dem Design der eigentlichen Web-Page begonnen werden. Die Vorgaben müssen in HTML oder verwandten Sprachen umgesetzt und miteinander sinnvoll verknüpft werden. Ebenso sind für bestimmte Anwendungen auf dem Nutzerrechner lauffähige Java-Scripts (z.B. zum Offline-Ausfüllen eines Formblatts) zu schreiben und einzubinden. Dabei sind einige grundsätzliche Punkte zu berücksichtigen. So sollte der

Nutzer jederzeit die Möglichkeit haben, auf übergeordnete Themenbereiche der Web-Site zu springen. Deshalb findet man – meist innerhalb von Frames – an fester Stelle angebrachte Navigationselemente bzw. -leisten auf der linken oder oberen Hälfte der Web-Page (Abb. 1 und 4). Zudem sollte darauf geachtet werden, daß überwiegend nur die erste Bildschirmansicht benötigt wird (z.b. Abb. 2) und nur in wenigen Fällen ein Scrollen zum Erfassen des Inhalts notwendig ist. Die Nutzung multimedialer Darstellungsformen sollte dem Ziel angemessen sein, um längere Wartezeiten und Kosten für die Nutzer zu vermeiden. Auch die Gestaltung der Seiten mit relativ neuen Features oder Sprachen sind spezifisch für jede Zielgruppe einzusetzen (Flanders und Willis 1998).

- *Software-Entwicklung (Programmierung, Business Logik)*
  Die Software-Entwicklung nimmt einen großen Raum bei der Web-Site-Erstellung und -Pflege ein. Den Schwerpunkt bilden die für den Nutzer nicht sichtbaren Systeme. Diese lassen sich zum einen den Web-Site-internen Systemen zuordnen, z.b. der Installation und Pflege von Firewall-Software zum Schutz vor unbefugtem Eindringen in die Zentralrechner. Zum anderen sind die unternehmensinternen Systeme zu nennen, die mit der Web-Site für bestimmte Funktionen verbunden sind. Dies kann beispielsweise das Logistiksystem sein, mit dem der Nutzer wie bei FedEx (www.fedex.com) den Status seiner Bestellung nachvollzieht. Alternativ können dies auch die Abrechnungs- und Buchhaltungssysteme sein, mit denen Kunden ihr Konto einsehen oder über dieses Zahlungen abwickeln. All diese Schnittstellen müssen entwickelt, implementiert und gepflegt werden. Je nach Umfang der gewünschten Funktionalität der Web-Site wird hier wiederum deutlich, daß der Aufbau einer professionellen Web-Präsenz schnell die zentralen Unternehmensysteme berühren und entsprechenden Aufwand verursachen kann.

- *Datenbank-Design (Datenstruktur etc.)*
  Auch wenn die Software-Entwicklung als Applikations-Entwicklung derzeit vor allem im Web-Bereich immer stärker mit Datenbanken verschmilzt, soll an dieser Stelle noch einmal explizit auf die Bedeutung der Datenbank-Technologie hingewiesen werden. Darüber hinaus soll hier unter dem Datenbank-Design insbesondere die Konzeption und Umsetzung der Datenverwaltung hervorgehoben werden. Denn zum einen werden über die Web-Präsenz hauptsächlich bestehende Daten aus verschie-

denen Systemen abgerufen und zum anderen – z.B. je nach Umfang des Webtrackings je Nutzer – sehr große Datenmengen generiert. In beiden Fällen müssen diese erheblichen Datenmengen verwaltet und eventuell für spätere Analysen systematisch aufbereitet und abgelegt werden. Deshalb ist der Einsatz professioneller Datenbank-Entwickler bei größeren Web-Sites unerläßlich (Rosenfield und Morville 1998).

- *System-Integration & Schnittstellen-Design*
  Der Aufbau einer Web-Präsenz führt in vielen Unternehmen zu einer Integration bzw. Verknüpfung bislang dezentral geführter Datenbanken und Applikationen. So ist es vielfach üblich, daß Vertrieb und Marketing getrennte Datenbanken für das Kundenmanagement haben oder Buchhaltungs- und Logistiksysteme bisher nur über provisorische Schnittstellen verfügen. Sobald jedoch auf der Web-Site dem Kunden sowohl das Tracking seiner Bestellung, die Führung seines Kunden accounts (Adresse, Kontostand und Zahlungsweise) und Serviceleistungen verfügbar gemacht werden, berührt dies gleichzeitig die bisher dezentral geführten Systeme im Unternehmen (Kap. IV.1). Daher ist die Einrichtung eines expliziten Schnittstellen-Management sehr empfehlenswert, das neben den technischen Abstimmungen auch die notwendigen organisatorischen Umstellungen betreut (Rosenfield und Morville 1998; Sano 1996).

- *Web-Site-Administration (Updates, Bestand, etc.)*
  Neben den automatisch gepflegten Datenbank-Zugriffen über die Web-Präsenz sind vor allem auch die kommunikativen Elemente (z.B. Newsticker, Messageboards, Chats, etc.) ständig zu pflegen. Hierzu sind entsprechende Prozesse einzurichten und im Unternehmen zu verankern, um die Qualität und Attraktivität der Web-Site zu gewährleisten. Doch nicht nur die Outbound-Kommunikation muß aktiv gestaltet werden, sondern ebenso die hereinkommende Kommunikation. Im zweiten Abschnitt wurde hierzu bereits das Beispiel der BMW AG angeführt, die die E-Mails vom Kunden themenspezifisch intern an die richtigen Ansprechpartner weiterleitet (Sano 1996; Rosenfield und Morville 1998).

- *Projekt-Management*
  Das Projekt-Management umfaßt die Koordination für den Web-Auftritt. Analog zum – oft gezogenen – Vergleich einer Web-Site mit dem Auf-

bau einer Filiale mit weltweitem Kundenzugang müssen die verschiedenen mit der Planung, Umsetzung und Pflege des Systems betrauten Partner und Mitarbeiter des Unternehmens von einer zentralen Stelle geführt
werden. Analog zum Umfang dieses Projekts ist diese Stelle mit entsprechender Kompetenz, einem adäquaten Budget sowie einem Projekt-
Controlling auszustatten und mit kompetenten Ressourcen zu besetzen
(Sano 1996).

- *Text:* Vermeiden Sie lange Textpassagen, zuviele Links im Text und zuviele verschiedene Schriftgrößen und -farben. Es stört die Konzentration,
  lenkt vom Wesentlichen ab und ermüdet den Nutzer.
- *Grafiken:* Lockern bzw. gliedern Sie den Text und geben Sie Zusatzin-
  formationen. Es ist auch bezüglich der verwendeten grafischen Elemente
  auf ein grundsätzlich einheitliches Design der Seiten zu achten. Setzen
  Sie Grafiken auch als Navigationshilfe ein.
- *Seitengestaltung:* Achten Sie auf eine klare Gliederung, eine deutliche
  Lesbarkeit und die Aktualität von Links, insbesondere Verweise auf an-
  dere Web-Sites. Eine geringe Seitengröße (Speicherumfang) reduziert
  Lade- und somit Wartezeiten. Sie können Ihre grafischen Elemente im
  Speicherumfang reduzieren, indem Sie die Farbenzahl, die Farbtiefe und
  die Bildgröße so niedrig wie nötig wählen.
- *User-Ausstattung:* Beachten Sie bei der Erstellung von Web-Seiten, daß
  unterschiedliche Hardware (Apple, Monitor-Auflösungen) und Software
  (Browser) ihre Seiten in Anordnung, Größe und farblicher Ausgestaltung
  jeweils anders erscheinen läßt. Entscheiden Sie sich bewußt für die Optimierung bestimmter Hard- und Software-Konstellationen.
- *Corporate Design und Multimedia:* Orientieren Sie sich in der Farbge-
  bung und Gestaltung an Ihrem Corporate Design. Setzen Sie die multimedialen und interaktiven Möglichkeiten des Internets bewußt ein, um
  Ziele der Kommunikation oder Distribution zu erreichen.
- *Navigation:* Ermöglichen Sie dem Nutzer, von jeder Web-Seite zu anderen übergeordneten Themen bzw. zur Homepage zurückzukehren. Nutzen Sie hierzu die Frame-Technologie, so daß die Seiten zugleich ein-
  heitlich im Corporate Design erscheinen.

Box 2:   Wichtigste Aspekte des Screen-Designs

Abschließend muß beim Aufbau der Web-Präsenz berücksichtigt werden, daß es sich um die Installation eines fortwährend bestehenden Systems handelt – an 365 Tagen im Jahr. Somit fallen die oben angeführten Tätigkeiten in zeitlich und inhaltlich variierendem Umfang kontinuierlich an und verursachen einen entsprechenden Aufwand.

4 Zusammenfassung

Der Aufbau einer professionellen Web-Präsenz muß gemäß dem Anspruch und den Vorstellungen des Unternehmens einem adäquaten Projekt-Management unterworfen werden. In einem ersten Schritt sind konkrete Zielgruppen und ihre Mehrwerte durch die Nutzung der Präsenz zu definieren. Die abgeleiteten Inhalte und Funktionen sind zu strukturieren, in zielgruppenspezifische Navigationspfade umzusetzen und gegebenenfalls mit den korrespondierenden Unternehmenssystemen zu verknüpfen. Diese Tätigkeiten gehen über das oft mit der Erstellung einer Web-Präsenz verbundene Screen-Design weit hinaus.

Das Internet als Kommunikations- und Distributionskanal zu nutzen bedeutet, daß die professionelle Implementierung und Umsetzung eines Internet-Angebots je nach Umfang und Funktionalität ein erhebliches Spektrum an strukturellen und prozeßorientierten Fähigkeiten erfordert. Ebenso ist zu bedenken, daß mit der Errichtung der Web-Präsenz ein System installiert wird, das kontinuierlich und intensiv gepflegt werden muß.

Literatur

Flanders, V. und M. Willis (1998): *Web Pages that Suck: Learn Good Design by looking at bad Design*, Sybex.

Fleming, J. und R. Koman (1998): *Web Navigation: Designing the User Experience*, Boston.

Lynch, P.J. und S. Horton (1999): *Web-Style Guide: Basic Design Principles for Creating Web Sites*, Yale University Press.

Rosenfield, L. und P. Morville (1998): *Information Architecture for the World Wide Web*, Boston.

Sano, D. (1996): *Designing Large-Scale Web Sites: A Visual Design Methodology*, New York.

Siegel, D. (1997): *Creating Killer Web Sites*, 2nd edition, Los Angeles.

Spool, J.M. et al. (1998): *Web Site Usability: A Designer's Guide*, Morgan Kaufman Publishers.

II Entwicklung des Internet-Auftritts

3 Wie wird mein Online-Angebot bekannt? – Maßnahmen zur Steigerung des Bekanntheitsgrades

Horst Wagner – *Elephant Seven*
Ulrich Schleith – *Elephant Seven*

Überblick

- Der Bekanntheitsgrad eines Online-Angebots hängt neben der strategischen Planung einer Werbekampagne von der Entwicklung eines erstklassigen Online-Auftritts ab. Dabei sollten die höchsten Anforderungen an die visuelle Darstellung unter Berücksichtigung geringster Datenmengen bei gleichzeitiger Nutzerfreundlichkeit und informativer Vielfalt erfüllt werden.

- Jedes Unternehmen, das in Online-Kommunikation investieren will, sollte zunächst klären, welche Ziele es in diesen Medien erreichen will. Erst wenn alle Ziele definiert und die Wege und Maßnahmen bestimmt sind, geht es an die Realisation des Online-Angebots.

- Online-Werbung verfolgt die gleiche Zielsetzung wie klassische Werbung: Sie soll den Bekanntheitsgrad von Marken, Unternehmen, Institutionen bzw. von Produkten und Dienstleistungen steigern. Dieses Ziel erreicht sie mit einem deutlich geringeren Werbeeinsatz als klassische Werbung über die globale, elektronische Informationsinfrastruktur.

1 Erfolgreich durch Online-Werbung

Das World Wide Web wächst rasant. Nach Angaben des Online Computer Library Center (OCLC) gibt es zur Zeit rund 300 Millionen Web-Sites, und ein Ende dieses Wachstums ist noch lange nicht in Sicht. Somit stellt sich die Gretchenfrage, wie sich ein einziges Online-Angebot aus diesem Daten-Dschungel so hervorheben kann, daß es auffällig ist und außer einer hohen Anzahl von Besuchern auch noch erfolgreich Umsätze generiert. Damit ein Online-Angebot überhaupt bekannt wird, hat neben der strategischen Planung einer Werbekampagne die Entwicklung eines erstklassigen Online-Angebots erste Priorität. Denn die Qualität des Online-Angebots bestimmt die fortlaufende Frequenz der Nutzer nach dem ersten Besuch.

2 Ziele, Wege und Maßnahmen

Auch in der Online-Kommunikation haben die Götter den Fleiß vor die Freude gesetzt. Jedes Unternehmen, das in Online-Kommunikation investieren will, muß wissen, was es in diesen Medien eigentlich erreichen will. Mögliche Ziele sind Image-Werbung, Optimierung der Kommunikation intern und extern, Verbesserung des Dienstleistungsangebots, Öffnung eines zusätzlichen Vertriebskanals oder der Verkauf an vorderster „Kundenfront".

Erst wenn die Ziele, Wege und Maßnahmen definiert sind, geht es an die Realisation des Online-Angebots. Daß hier die höchsten Anforderungen an die visuelle Darstellung unter Berücksichtigung geringster Datenmengen bei gleichzeitiger Nutzerfreundlichkeit und informativer Vielfalt gestellt werden sollten, versteht sich von selbst. Denn selbst eine optimal entwickelte Online-Kampagne zur Unterstützung eines Online-Auftritts kann schwache Inhalte dieses Auftritts nur bis zum Erstbesuch kompensieren.

3 Kommunikationsstrategie

Wie in der klassischen Werbung wird mit einem Internet-Auftritt eine Kommunikationsstrategie entwickelt, die sich idealerweise nicht nur an Online-Werbung orientiert, sondern alle Möglichkeiten der Cross-Media-Strategie beinhaltet. So kommt es darauf an, welche Inhalte beworben werden sollen. Ist es lediglich ein Online-Auftritt zur Image-Werbung oder tatsächlich ein neuer Vertriebskanal, der den Direktabsatz von Produkten zuläßt? Nach der Positionierung und der daraus abgeleiteten Strategie des zu bewerbenden

Auftritts wird in der Regel das Werbebudget festgelegt. Die Höhe des Budgets richtet sich nach unterschiedlichen Kriterien, die für die Intensität des Werbeauftritts verantwortlich sind. Zwei mögliche Fragestellungen lauten:

- Will das Unternehmen eine möglichst breite Zielgruppenansprache, um ein neues Unternehmensstandbein zu gründen?

- Will das Unternehmen eine möglichst spitze Zielgruppenansprache, um über den Online-Auftritt in diesem Medium aus Image-Gründen einen Platz zu besetzen?

Im ersten Fall bietet es sich an, eine Werbestrategie zu wählen, die über Massenmedien wie Fernsehen und Printanzeigen eine möglichst breite Zielgruppenansprache erlaubt, die gleichzeitig über eine breite Online-Werbeansprache die Interessenten bündelt und diese dann auf den Auftritt lockt (vgl. zum Beispiel die Kampagnen der Deutschen Telekom AG, der Daimler Chrysler Vertriebsorganisation Deutschland, von SCHOTT GLAS und der BfG Bank AG). Zu bedenken ist dabei, daß klassische Medien für eine wahrnehmbare Präsenz ein Budget in Millionenhöhe verlangen. Das Budget sollte sich deshalb nach den wirtschaftlichen Erwartungen und den Return-of-Investment-Plänen der Online-Präsenz richten.

Im zweiten Fall ist es durchaus zu empfehlen, sich nur im Bereich des wirtschaftlich günstigeren Umfelds der Online-Werbung aufzuhalten, da sich hier eine Bewertung der Wirtschaftlichkeit überaus schwierig gestalten wird. Zu bedenken ist hierbei, daß ein hoher Anteil an Werbeausgaben, der sich im Return-of-Investment nicht niederschlagen wird, eher zur Enttäuschung des Werbungtreibenden als zu einer aufgeschlossenen Einstellung zu den Online-Medien beitragen wird.

Dies sind natürlich nur zwei Beispiele einer eher pauschalen Zielrichtung zur Bestimmung eines Werbebudgets. Die Facetten und Möglichkeiten einer optimalen strategischen Werbeplanung sind so vielseitig, daß für jede Online-Präsenz eine individuelle strategische Werbeplanung entwickelt werden muß. Allerdings sollte bei allen unterschiedlichen Möglichkeiten immer eines im Focus des Werbungtreibenden stehen: „Lege realisierbare Ziele fest und achte darauf, daß die Kommunikationsstrategie 100%ig auf die Zielgruppe zugeschnitten ist". Wird dieser Grundsatz nicht berücksichtigt, ist jeder Euro zuviel investiert.

Abb. 1:   Optimale Abstimmung der Werbemittel: Print-Kampagne (oben) und Vorschaltseite des Internet-Auftritts (unten) von SCHOTT GLAS (www.schott.de).

4   Internationalisierung des Wettbewerbs

Breite und spitze Zielgruppenansprachen lassen sich am besten mit der Schaltung von Online-Werbemitteln in General-Interest- bzw. Special-Interest-Angeboten (wie zum Beispiel FOCUS Online, W&V Online bzw. HORIZONT.NET) sowie Suchmaschinen (etwa AltaVista, Fast Search) und

66

Portal Sites (Netscape Netcenter, Microsoft MSN.com) erreichen. Darüber hinaus schalten nahezu alle Unternehmen zusätzliche Werbung für ihr Internet-Angebot in Printmedien (Cross Media Promotion). Die Ausnutzung der Überschneidungen zwischen beiden Medien führt zu beachtlichen Synergie-Effekten für die Werbungtreibenden. Daher waren in 1998 für 77 Prozent der Firmen parallele Anzeigenschaltungen in Print- und Online-Medien von großem Interesse. Und die Unternehmen gaben durchschnittlich 200.000 DM im Jahr für Online-Werbung aus, rund 50.000 DM mehr als in 1997.

Die Rasanz dieser Entwicklung entspricht in etwa der in den USA, unter Berücksichtigung eines Zeitverzugs von rund 18 Monaten. Dort betragen die Online-Werbeausgaben bereits deutlich über eine Milliarde Mark. Nach Schätzung der Association of National Advertisers investieren die führenden amerikanischen Werbungtreibenden derzeit im Schnitt rund 700.000 US$ in Online-Werbung, Tendenz steigend. Deshalb ist in den kommenden Jahren eine enorme Verschiebung des Anteils der Ausgaben für Online-Werbung an den Gesamtwerbeaufwendungen der Unternehmen zu erwarten. So beabsichtigt beispielsweise Procter & Gamble in den nächsten fünf Jahren bis zu 80 Prozent seines gesamten Werbeetats von derzeit drei Milliarden US$ zu einem großen Teil in interaktive, digitale Medien fließen zu lassen. Nach einer Studie von Forrester Research werden Konsumgüterhersteller im Jahr 2000 rund zehn Prozent ihrer Gesamtwerbeaufwendungen in Online-Werbung investieren. Im Jahr 2004 belaufen sich die weltweiten Ausgaben für Online-Werbung laut Forrester auf rund 33 Milliarden US$, auf Deutschland entfallen dabei 1,8 Milliaren US$. Bei Investitionsgüterherstellern ist im gleichen Zeitraum ein Anstieg von zehn auf 25 Prozent zu erwarten.

Die Prognosen hinsichtlich der globalen Online-Aktivitäten der Unternehmen verdeutlichen, daß das Marketing-Umfeld durch eine immer stärkere Internationalisierung des Wettbewerbs gekennzeichnet sein wird. Hinzu kommen das erhöhte Interesse und die steigende Sachkenntnis der Online-Kunden, die zu einer anspruchsvolleren Nachfrage sowie zu einer Leistungssensibilität gegenüber den Internet-Auftritten führen.

5   Varianten der Online-Werbung

Die Kommunikations- bzw. Kampagnenziele, die mit Online-Werbung verfolgt werden, orientieren sich an den Marketing-Zielen der werbungtreibenden Unternehmen. Die wichtigsten Ziele sind zumeist die Erhöhung des Traffic auf der Web-Site, die Adressen- bzw. Dialoggenerierung im Rahmen eines Online-Gewinnspiels bzw. einer Online-Auktion oder die Steigerung der Umsatzzahlen eines eCommerce-Angebots. Analog zu diesen Kampagnenzielen variieren die Formen und Gestaltungsmöglichkeiten der eingesetzten Online-Werbemittel.

Die Gewinnung von Kundendaten über das Internet als Kampagnenziel ist besonders hervorzuheben, denn es ermöglicht eine direkte Response ohne Medienbruch. Durch geschickte Konzeption und Programmierung können effektive Feedback- und Dialogoptionen implementiert werden, die minimale Personalkosten verursachen. Die Analyse der Server-Logfile-Protokolle erlaubt zudem, das Informations- und Dialogverhalten der User einer Web-Site detailliert zu erfassen. Daraus lassen sich nutzerindividuelle Präferenzen für bestimmte Informations-, Produkt- und Dienstleistungsangebote ableiten.

Ein weiterer Vorteil der Datengewinnung via Internet besteht darin, daß die online generierten Informationen in digitaler Form vorliegen und in Datenbanken weiterverarbeitet werden können. In diesem Zusammenhang ist darauf hinzuweisen, daß gegen die Speicherung personenbezogener Daten, die nicht im Rahmen einer konkreten Geschäftsbeziehung erfaßt werden (wie etwa bei Data Minig-Verfahren), sowie gegen die Beobachtung und Erfassung des individuellen Nutzungsverhaltens (Click-Stream-Analysen) datenschutzrechtliche Vorbehalte bestehen. Diese Vorbehalte können jedoch in der Regel dadurch ausgeräumt werden, daß der Kunde der Speicherung seiner Daten vorher zustimmt, da er daraus einen höheren Nutzen des Online-Angebots erzielt. So bietet zum Beispiel die Unternehmensberatung McKinsey die Benutzung seiner Suchmaschine Qualitysearch nach einmaliger Registrierung kostenlos an – mit dem Hinweis, daß der User mit dem Übermitteln seiner Daten vielleicht den ersten Grundstein für seine Karriere legt (www.mckinsey.de).

Voraussetzung für das Auffinden eines Auftritts und seines Bekanntheitsgrades im World Wide Web ist die systematische Registrierung bei nationalen und internationalen Suchmaschinen (Fireball, AltaVista etc.) und Verzeichnissen (Web.de, Yahoo! etc.). Dafür eignet sich zum Beispiel das Software-Tool IOK PromoWare® 99 (www.submit-promoware.com). Bei der manuellen Registrierung ist zu berücksichtigen, daß vom Zeitpunkt der Anmeldung bis zur redaktionellen Bearbeitung bzw. bis zum vollständigen Eintrag erfahrungsgemäß bis zu zwei Monate vergehen können.

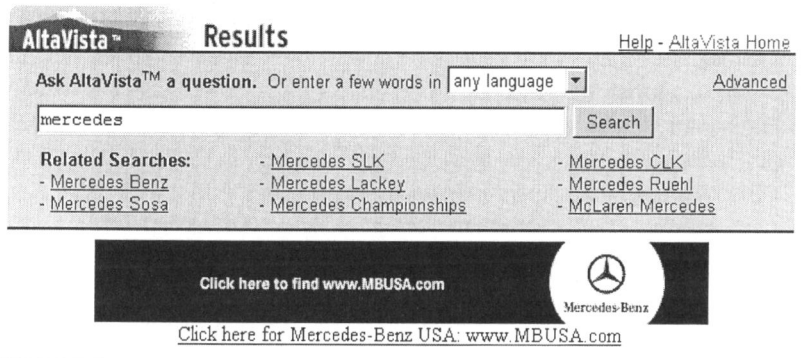

Abb. 2   Besser geht's nicht: Bannerschaltung von Mercedes-Benz in AltaVista inkl. Verweis auf ausgewählte Bereiche des Werbungtreibenden.

Maßnahmen zur Überbrückung dieses Zeitraums und zur Steigerung des Bekanntheitsgrades eines Online-Angebots sind Bannerschaltungen, denn jeder dritte Internet-Nutzer nimmt nach der EMS/MediaTransfer-Banner-Studie von 1999 die auf Web-Sites exponierten Werbebanner wahr. Etabliert haben sich Bannergrößen in den Formaten 468 x 60, 234 x 60 und 156 x 60 Pixel.

Abb. 3:   Animierter Banner für die „Hunger" Online-Kampagne der Hilfsorganisation World Vision Deutschland e.V. (www.worldvision.de/hunger).

Wenig verbreitet sind kurzzeitige, bildschirmfüllende und vom Anwender nicht steuerbare Einblendungen von Werbebotschaften (Interstitials). Interstitials entstanden in Anlehnung an TV-Spots, sie werden in das bereits geöffnete Browser-Fenster eingeblendet – exakt dort, wo der Nutzer nach einem Link die nächste gewünschte HTML-Seite erwartet. Die Navigation durch einen Internet-Auftritt wird damit unterbrochen. Erst durch einen Klick auf das Interstitial, oder automatisch nach Ablauf einer definierten Zeit verschwindet die Werbung und die ursprünglich angeforderte Seite wird aufgerufen. Ein deutlicher Mehrwert wird durch die redaktionelle Betreuung von bestimmten Bereichen einer Web-Site durch einen Werbungtreibenden erzielt (Sponsoring), wie zum Beispiel das Angebot kostenloser Realtime-Kurse im Internet-Auftritt des manager magazin. Solch ein auf eine bestimmte Zielgruppe maßgeschneidertes Sponsoring kann die Kundenzufriedenheit erheblich steigern, zu einer langfristigen Kundenbindung und im Zusammenspiel mit anderen Online-Aktivitäten des Werbungtreibenden zum Erfolg seines Auftritts führen. Beliebt, aber noch wenig verbreitet ist ferner die Ausgestaltung einer Online-Kampagne zu einem befristeten und nur im World Wide Web stattfindenden Event (z.B. Jahreshauptversammlung der Deutschen Telekom AG, ADC-Medaillenverleihung). Weitere Möglichkeiten sind in Banner integrierte Fenster (Pop-up Advertisment) und Rich-Media-Banner, um Quick-Time-Videos, Audio und 3D-Welten auf Banner-Format zu ermöglichen.

Abb. 4   Net-Event: Teaser-Seite für die UNIVERSUM Box-Promotion (www.boxing.de)

Pop-up Ads und Rich-Media-Banner sollten jedoch nur mit Vorbehalt eingesetzt werden, da rund 20 Prozent der Anwender gegenwärtig nicht über die dafür notwendige Software (Plug-ins) verfügt oder die Unterstützung von JavaScript in ihren Browsern bewußt nicht zuläßt. Eine letzte Variante sind Nanosites, die man als Mini-Web-Sites auf der Größe eines Banners bezeichnen kann. Hier wird auf der Werbefläche eine komplett funktionsfähige Web-Site eingeblendet, d.h. es können beliebig viele und komplexe Bereiche der Web-Site dargestellt werden. Der neu aufgerufene Bereich wird aber nicht in einem weiteren Fenster, sondern ebenfalls auf dem Werbeplatz angezeigt. Dies erlaubt es dem Werbungtreibenden, komplette Mini-Shops mit allen Funktionalitäten auf einem Banner anzubieten, ohne daß der Anwender die aufgerufene Web-Site, auf der der Banner plaziert ist, verlassen muß.

Abb. 5: Pop-up Advertisement auf der Homepage der SinnLeffers AG (www.sinnleffers.de)

6   Entwicklung einer Kampagnenstrategie

Die skizzierten Varianten der Online-Werbung verdeutlichen, daß interaktive Werbung im Gegensatz zur klassischen Werbung drei Wirkungsebenen umfaßt, die ohne Medienbruch aufeinander aufbauen: die Kommunikation (Wahrnehmung) und die Interaktion (Click) mit dem Werbemittel sowie das Engagement des Anwenders auf der Zielseite. Das Meßkriterium für die Kommunikationsleistung des Werbemittels ist die PageImpression. Der Begriff bezeichnet die Anzahl der Sichtkontakte beliebiger Benutzer mit einer potentiell werbeführenden HTML-Seite. Diese Größe zur Messung der Werbeträgerleistung liefert ein Maß für die Nutzung einzelner Seiten eines Angebotes. Bei der Interaktionsleistung des Werbemittels steht das Nutzenversprechen im Mittelpunkt, das zu einem Seitenaufruf führt. Damit bekundet der Anwender sein Interesse an der Werbebotschaft bzw. dem ausgelobten

Produkt. Das Meßkriterium ist hier der AdClick. Auf der Zielseite, auf die er gelangt, sollte er dann sein Interesse durch die Nutzung von Informations- oder Kommunikationsangeboten konkretisieren können. Die Meßkriterien für den Grad des Involvement sind von den auf der Zielseite angelegten Funktionen abhängig und reichen von der Anzahl von Seitenabrufen über die Dialogtiefe bis hin zu den getätigten Transaktionen.

Erfolgreiche Online-Werbung basiert immer auf der Entwicklung einer Kampagnenstrategie, die mit den Marketing- und Kommunikationszielen eines Werbungtreibenden in Einklang steht. Der erste Schritt zur Entwicklung der Kampagnenstrategie ist die Beschreibung des zu bewerbenden Produkts, seine Positionierung, die Analyse des Wettbewerbsumfelds sowie die Umsetzung der klassischen Marketing- und Kommunikationsmaßnahmen in das Online-Umfeld. Danach werden die zu adressierenden Zielgruppen nach quantitativen und qualitativen Kriterien analysiert. Das Ergebnis dieser strategischen Überlegungen ist die Formulierung der konkreten Kampagnenziele. In Abstimmung mit der Kampagnenstrategie wird dann die Mediastrategie entwickelt, die die Auswahl der Werbeformen und Werbeträger sowie das zur Verfügung stehende Budget definiert.

Bei der Entwicklung der Mediastrategie sind grundsätzlich zwei Planungsansätze zu unterscheiden: die Generierung von Reichweite durch eine breite Zielgruppenansprache beziehungsweise die Schaltung der Banner auf unterschiedlichen Sites mit hohen Zugriffszahlen oder die Generierung von Mehrfachkontakten durch eine tiefe Zielgruppenansprache beziehungsweise die Konzentration auf ausgesuchte Sites mit hoher Affinität. Der erste Planungsansatz verfolgt die Zielsetzung, das Image einer Marke, eines Online-Angebots oder eines Unternehmens zu unterstützen und seine Bekanntheit auszubauen. Der zweite Planungsansatz generiert in erster Linie Zielgruppenadressen und fördert damit den Abverkauf von Produkten und Dienstleistungen. Grundsätzlich ist es wichtig, Online-Werbung in den bestehenden Kommunikations-Mix zu integrieren, so daß zum Beispiel in jeder Print-Anzeige und in jedem TV-Spot auf die Internet-Adresse verwiesen und ein Synergie-Effekt erzielt wird.

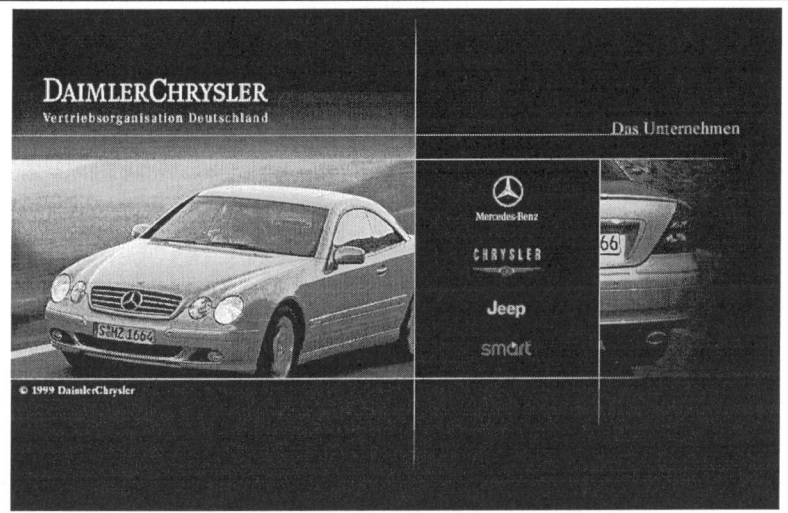

Abb. 6:   *Portal-Site der DaimlerChrysler Vertriebsorganisation Deutschland (www.dcvd.de)*

7   Konzeption des Werbemittels

Nach diesen strategischen Überlegungen und Vorarbeiten beginnt die Konzeption der Copy und des Werbemittels. Die Copy umfaßt das Nutzenversprechen, den Sprachstil des Werbungtreibenden (Tonalität), den USP und Reason-Why. Entscheidend bei der Konzeption der Copy ist, daß ein im Werbemittel formuliertes Nutzenversprechen auf der Zielseite vollständig eingelöst wird. Bei der Programmierung und Gestaltung von Bannern und Zielseiten können aus Gründen der individuelleren Ansprache und der Erfolgskontrolle Satelliten- oder Vorschaltseiten (Micro-Sites) zum Einsatz kommen, die zwischen Werbemittel und Web-Site liegen und deren Verknüpfung im Sinne der Kampagne vorzunehmen ist. Micro-Sites, wie sie zum Beispiel der Internet-Service-Provider UUnet (www.uunet.de) verstärkt einsetzt, ermöglichen eine noch selektivere Zielgruppenansprache und führen zu einer Reduktion von Streuverlusten. Ihr Einsatz hat für die Anwender den Vorteil, daß sie eine bereits aufgerufene Site nicht verlassen müssen.

Auf diesen Satelliten- oder Vorschaltseiten sind Informationsangebote realisierbar, die sich der Anwender entsprechend seinen persönlichen Bedürfnis-

73

sen durch Selbstselektion oder (in nicht allzu ferner Zukunft) mit Hilfe intelligenter Agenten erschließen kann. Dabei sollte die Möglichkeit bestehen, das so generierte Nutzerprofil mit einem persönlichen Password zu schützen. In diesem Zusammenhang ist es zwingend erforderlich, Anreize für die persönliche Registrierung zu schaffen, wie zum Beispiel die Auslobung exklusiver Informationen oder spezieller Angebote. Auf erfolgreichen Sites mit solchen Benefits ist es keine Seltenheit, daß mehr als zehn Prozent der Besucher ihre Adresse hinterlassen und weitere Informationen anfordern. Aufgrund der Registrierung kann so etwa der Interessent von Amazon.com bei einem erneuten Besuch der Web-Site persönlich begrüßt und auf die für ihn wichtigsten und aktualisierten Neuerscheinungen aufmerksam gemacht werden. Im Rahmen des Cross-selling kann sich der User dann über zusätzliche individualisierte Werbemittel weitere Angebote erschließen, die seine zuletzt erworbenen Produkte (Bücher, CDs, Videos etc.) sinnvoll ergänzen.

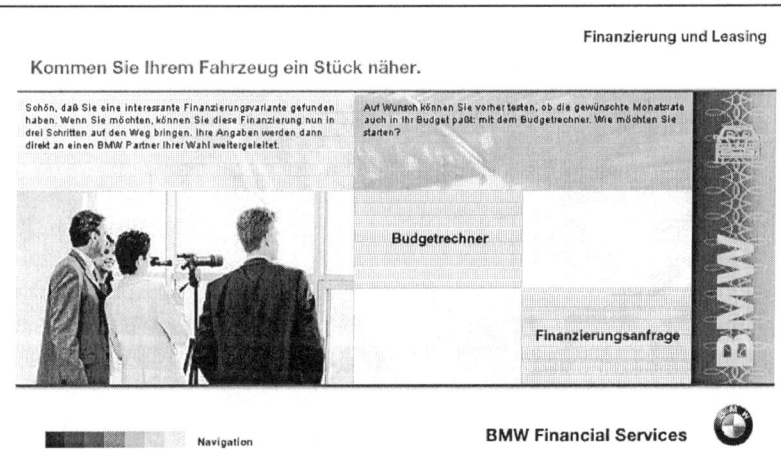

Abb. 7: Direkte Kundenkommunikation: Online-Auftritt im Auftritt von BMW Financial Services (www.bmwbank.de)

Eine weitere Möglichkeit der Individualisierung bieten Push-Technologien. Dabei kann der Nutzer durch die Wahl unterschiedlicher Filter nach seinen Vorlieben und Interessen zusammengestellte Informationsangebote abonnieren (zum Beispiel InfoFlyway der Lufthansa AG), die ihm via E-Mail bzw. Push-Technologie nach einmaliger Einwilligung (Registrierung) automatisch übermittelt werden. Grundsätzlich sollten alle zum Einsatz kommenden Werbemittel über einen eindeutig appellativen Charakter verfügen („Click here!") und durch integrierte Spiele, Selektions- oder Bestellmöglichkeiten eine Interaktion ermöglichen.

Abb. 8:   Der appellative Charakter „Spielzeug kauft man jetzt im Internet" unterstützt die Werbeleistung des Banners der myToys.de GmbH (www.mytoys.de).

8   Überlegungen zur Mediaplanung

Nach der Konzeption des Werbemittels fixiert die Mediaplanung das Timing (zyklisch oder antizyklisch zur Konkurrenz, kontinuierliche Präsenz, Pulsing, Flighting etc.), führt die geographische Eingrenzung auf Länder- bzw. Sprachgruppen mittels Domain Targeting durch (etwa *.de, *.ch, *.at für den deutschen Sprachraum), wählt die geeigneten Werbeträger und -umfelder aus und verteilt auf diese das zur Verfügung stehende Budget. Danach erfolgen der Einkauf, die Schaltung sowie die technische Kontrolle der Werbemittel. Mit Hilfe eines AdServers läßt sich die gesamte Werbeverwaltung von der Buchung über die Schaltung bis hin zur Resonanzauswertung von den Agenturen oder von den Betreibern einer Web-Site steuern. Nach vorgegebenen Parametern übernimmt das System die Steuerung der zu schaltenden Werbung auf den gebuchten Werbeflächen. Hierzu kann, je nach AdServer-Technologie, ein unterschiedlich leistungsfähiges Paket an Regeln definiert werden, nach denen der AdServer entscheidet, welches Motiv gezeigt werden soll. Der AdServer sorgt also dafür, daß die richtige Werbung zum richtigen Zeitpunkt auf den gebuchten Werbeplätzen ausgeliefert wird.

Vor dem Kampagnenstart muß sichergestellt werden, daß die Zieladresse in einem bewerbenswerten Zustand ist. Optimal sind exakt auf die Banner abgestimmte Teaser-Sites (Vorschaltseite bzw. Ankündigung eines Online-Angebots), die gleichzeitig eine Response-Möglichkeit bieten. Mit dem Start der Kampagne setzt die akribische Erfolgskontrolle der Werbemittel ein, die eine permanente Optimierung ermöglicht. Denn das Internet bietet wie kein

anderes Medium die Möglichkeit, auf Basis der tatsächlichen Werbemittellei-
stung zu planen, zu bewerten und tagesaktuell zu optimieren. Um die Wirtschaftlichkeit der Kampagne zu gewährleisten, muß bei Unterschreitung einer
vorher definierten Effizienz-Schwelle ein sofortiger Bannerwechsel stattfinden. Und wenn die Optimierung in Zukunft sekundenschnell durchgeführt
wird, kann damit jede Werbemark mit maximaler Effizienz eingesetzt werden.

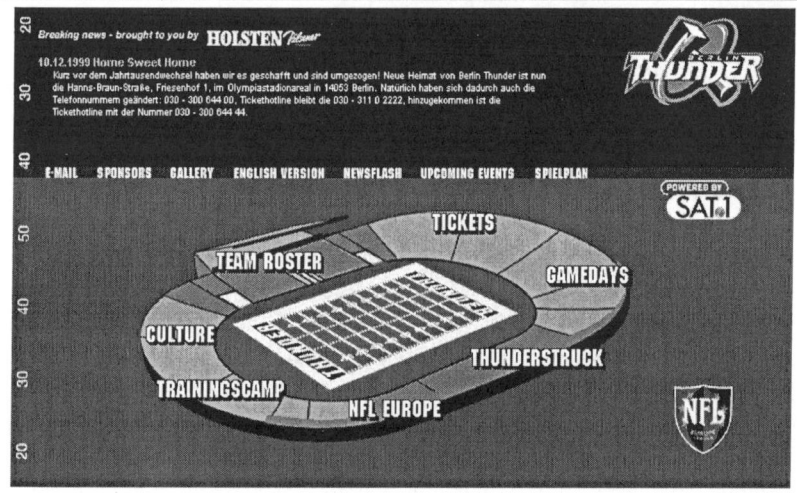

Abb. 9:   Sponsoring: Offizielle Berlin Thunder Homepage „Breaking News – brought to you
by HOLSTEN Pilsener, Powered by SAT.1 and ERICSSON" (www.Berlin-Thunder.
de).

9   Fazit

Abschließend läßt sich festhalten, daß Online-Werbung die gleiche Zielsetzung wie klassische Werbung verfolgt: Sie soll den Bekanntheitsgrad von
Marken, Unternehmen oder Institutionen bzw. von Produkten und Dienstleistungen steigern. Dieses Ziel erreicht sie jedoch mit einem deutlich geringeren Werbeeinsatz als klassische Werbung über die globale, elektronische Informationsinfrastruktur. Online-Werbebotschaften hinterlassen bleibende
Eindrücke bei den Anwendern, wenn diese sie wahrgenommen, verstanden
und zu ihrem Vorteil genutzt haben. Nur dann werden die beabsichtigten Be-

dürfnisse aktiviert, die die Anwender dazu veranlassen, ein Online-Angebot erneut zu besuchen und dort eine eventuelle Kaufentscheidung zu treffen. Das World Wide Web bietet damit Informations-, Produkt- und Dienstleistungsanbietern die globale Möglichkeit, Absatzwirtschaft effektiv und gewinnbringend zu betreiben. Um jedoch im Internet erfolgreich zu bestehen und Wettbewerbsfähigkeit beweisen zu können, müssen ausgefeilte Marketing-Strategien sowie innovative Techniken zum Einsatz kommen.

Literatur

Focus Magazin Verlag GmbH: *Der Markt der Online-Kommunikation. Zukunftmarkt Internet*, Burda Medien: München 1999.

G+J Electronic Media Service GmbH: *Berichtband zur EMS/MediaTransfer-Banner-Studie*, Gruner+Jahr: Hamburg 1999.

III Entwicklung des Distributionsmediums

1 Wie sollen die Produkte vertrieben werden? – Distributionspolitik

Sönke Albers   *– Universität Kiel*
Michel Clement *– Bertelsmann mediaSystems*
Bernd Skiera   *– Universität Frankfurt am Main*

Überblick

- Produkte können immer dann online über das Internet distribuiert werden, wenn der Nachfrager über ein geeignetes Ausgabemedium (z.B. Monitor oder Soundkarte) verfügt.

- Der Anbieter kann bei der Online-Distribution vor allem geringere Distributions- und Verwaltungskosten realisieren sowie einen schnelleren Service bieten.

- Die Nachteile der Online-Distribution liegen häufig in dem höheren Beschaffungsaufwand für den Käufer und den mit der Online-Distribution verbundenen Qualitätsverlusten (z.B. fehlende Verpackung oder Komprimierung von Daten). Dazu kommen rechtliche Unsicherheiten und die Gefahr einer unerlaubten Vervielfältigung der Produkte.

- Produkte können aber auch online verkauft und offline distribuiert werden. Dies ist immer dann attraktiv, wenn damit mehr Bequemlichkeit (z.B. bei Hausanlieferung) als beim Einkauf im Handel geboten wird.

- Bei der Distribution von Produkten über das Internet sind Wettbewerbsbeziehungen zu bestehenden Absatzkanälen zu beachten.

1 Entscheidungsspektrum bei der Distribution

Mit dem Auftritt im Internet kann ein Unternehmen prinzipiell zwei Zielset-zungen verfolgen. Zum einen können kommunikative Aspekte unterstützt werden, z.B. durch die Darstellung des Unternehmens (z.B. www.bertels-mann.de) oder die vom Unternehmen angebotenen Produkte (z.B. www. bmw.de). Zum anderen können mit Hilfe des Internet auch Produkte und Lei-stungen verkauft und entweder online oder offline distribuiert werden (z.B. www.bol.de).

Eine Online-Distribution ist immer dann möglich, wenn das Produkt digitali-sierbar ist und der Nachfrager über ein entsprechendes Ausgabemedium ver-fügt. So ist beispielsweise Musik zunächst einmal ein analoges Produkt, das jedoch bereits heutzutage digital auf CDs gespeichert und distribuiert wird. Deswegen kann digitalisierte Musik auch online über das Internet distribuiert werden, sofern der Nachfrager über ein geeignetes Ausgabemedium, z.B. ei-nen tragbaren MP3-Player (Diamond Rio) mit entsprechender Software, ver-fügt. Neuerdings können auch ganze Bücher digital distribuiert werden, so-fern der Nutzer z.B. das Rocket eBook (Abbildung 1) nutzt, auf dem dann das Buch gelesen werden kann. So können z.B. Bücher bei Barnes&Noble (www.bn.com) heruntergeladen werden.

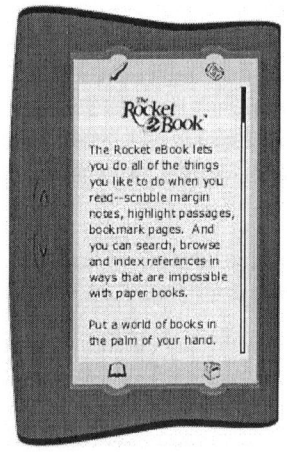

Abb. 1:   Rocket eBook

In ähnlicher Weise könnte beim Vorhandensein von NC-Maschinen und dem dazu benötigten Material auch Spielzeug über das Internet distribuiert werden. Im Gegensatz zur gegenwärtigen Distributionsform würde in diesem Fall eine Art „Bauplan" über das Internet an die NC-Maschine geliefert werden. Die Produktion erfolgt dann beim Kunden auf der NC-Maschine.

Es wird also deutlich, daß dem erforderlichen Ausgabemedium die entscheidende Bedeutung zukommt. Bisher wird von digitalisierbaren Produkten gesprochen, wenn das Produkt über Datenleitungen an den heimischen PC gesendet werden kann und dort entweder am Bildschirm dargestellt, auf dem Drucker ausgegeben oder auf einem Speichermedium wie z.b. einer CD gespeichert werden kann. Immer neuere Ausgabegeräte kommen in den Markt, die eine hohe Flexibilität bei den Abspielmedien aufweisen – so kann z.b. im Handel der Yamakawa-Player für 500 DM gekauft werden, der sowohl DVDs als auch Audio-CDs und MP3-CDs abspielt. Kürzlich stellte das MIT ein Ausgabegerät für Düfte vor. Dort werden in mehreren Behältern Essenzen gelagert, die chipgesteuert zusammengemischt und dann an die Umgebung abgegeben werden (http://web.mit.edu/newsoffice/nr/1999/micorchip.html). Insofern hängt die Eigenschaft der „Digitalisierbarkeit" weniger vom Produkt selber, sondern vielmehr von der Verfügbarkeit eines entsprechenden Ausgabemediums ab.

Der Verkauf über das Internet stellt letztendlich eine Entscheidung über den Absatzkanal dar. Natürlich hängt die Entscheidung davon ab, wie das verkaufte Produkt oder die Leistung distribuiert werden kann. Daher werden in diesem Beitrag zunächst die Entscheidungsalternativen einer Online- oder Offline-Distribution mit ihren Vor- und Nachteilen behandelt. Neben den möglichen Kostenersparnissen wird dabei insbesondere auf Formen der Nutzensteigerung für die Kunden eingegangen. Dies wird am Beispiel der Distribution von Musikerzeugnissen illustriert. Danach wird dann auf die besonderen Probleme der Offline-Distribution eingegangen. Dabei werden die Vor- und Nachteile gegenüber dem Verkauf über den stationären Handel erörtert.

Bei allen diesen Ausführungen muß beachtet werden, daß der Verkauf von Produkten über das Internet vor allem für etablierte Unternehmen Probleme mit sich bringen kann, wenn diese bislang über andere Absatzkanäle vertrieben haben (Hanson 1999). So muß sich beispielsweise die Lufthansa auf Konflikte mit den Reisebüros einstellen, wenn sie Flüge direkt über das Internet an Kunden vertreibt. In ähnlicher Weise mußte sich der Computerhändler Compaq vehementen Angriffen seiner Händler erwehren, als der Direktvertrieb einiger Modelle an den Kunden über das Internet angestrebt wurde. Das ist anders bei Unternehmen, die wie Tiss (www.tiss.com) oder Dell (www.dell.de) direkt vertreiben und die spezifischen Vorteile eines Internet-Vertriebs realisieren. Wollen etablierte Unternehmen einen solchen Wettbewerb vermeiden, so müssen sie wohl oder übel ihre bestehenden Absatzkanäle kannibalisieren, bevor es andere für sie tun (Zerdick et al. 1999).

Die Entscheidung, welcher Distributionskanal gewählt wird, ist nicht unabhängig vom Wettbewerb zu treffen. Die Angst vor der Kannibalisierung der alten Distributionsformen und das daraus folgende Zögern kann dazu führen, daß der Wettbewerber das eigene Unternehmen kannibalisiert. Dabei ist darauf zu achten, daß stets neue Wettbewerber aus dem .com-Umfeld entstehen, die das Zögern der etablierten Unternehmen schnell zu ihren Gunsten zu nutzen wissen. Aus diesem Grund muß sich ein Manager mit den neuen Möglichkeiten der Distribution aktiv auseinandersetzen.

2   Vergleich von Online- und Offline-Distribution

Bei der Entscheidung von Online- versus Offline-Distribution sind folgende Kriterien entscheidend:

- Wie hoch ist der Nutzen des jeweiligen Kanals für die Kunden und welche Zahlungsbereitschaften sind damit verbunden?

- Welche Kosteneinsparungen lassen sich durch den Kanal erzielen?

- Soll man Kanäle selbst kannibalisieren oder überläßt man das dem Wettbewerber?

Die häufigste Form der **Online-Distribution** besteht darin, dem Nachfrager einen Download über das Internet zu ermöglichen (z.B. www.mcafee.com) oder Streaming zu verwenden (z.B. www.chart-radio.de). Alternativ hierzu ist es jedoch auch denkbar, daß E-Mails mit entsprechenden angefügten Dateien versandt werden. Beispiele hierfür stellen beispielsweise die sogenannten Newsletter dar, die von einer Reihe von Unternehmen versandt werden (www.Handelsblatt.com).

Die wesentlichen *Vorteile der Online-Distribution* liegen in geringeren Kosten für den Anbieter und einem in aller Regel schnelleren Service. Kostenvorteile entstehen insbesondere deswegen, weil bei einem Download über das Internet im wesentlichen nur Bereitstellungskosten für die entsprechenden Server entstehen. Ein Teil der Distributionskosten wird dabei auf den Nachfrager verlagert. Dies betrifft vor allem die Telefon- und Internetzugangs-Gebühren für die Zeit des Downloads. Da diese Kosten auf die Kunden abgewälzt werden, sind diese unter Umständen nur bei Preisnachlässen dazu bereit dies hinzunehmen. Kostenvorteile entstehen dem Anbieter aber auch dadurch, daß durch die digitale Erfassung der Daten über das Internet Einsparungen im Verwaltungsbereich möglich sind.

Der schnellere Service und damit der höhere Nutzen für die Konsumenten resultiert im wesentlichen daraus, daß die Produkte zu jeder Zeit online distribuiert werden können. Je nach „Größe" des Produkts kann dieser Vorteil aber schnell relativiert werden. So können Microsoft-Kunden, je nach Internetzugang, mit Download-Zeiten von bis zu fünf Stunden für den Explorer 5.0 rechnen. Ähnlich lange Download-Zeiten können bei Video-Filmen oder Musikstücken auftreten. Es ist fraglich, ob bei den anfallenden Nutzungsgebühren auf Nachfragerseite dann noch die ursprünglichen Preisvorstellungen realisiert werden können.

Die *Nachteile der Online-Distribution* liegen darin, daß neben der Übernahme der Kosten für den Download durch den Kunden,

- Nachfrager über ein entsprechendes Ausgabemedium verfügen müssen,

- Qualitätseinbußen durch Komprimierung der digitalen Daten im Produkt auftreten können und

- illegale Vervielfältigungen erleichtert werden.

Das Ausgabemedium stellt dann kein Problem dar, wenn der Nachfrager ohnehin über ein solches Medium verfügt. Dies ist sicherlich beim Bildschirm und beim Drucker der Fall. Deutlich geringer ist zur Zeit die Ausstattung mit einem CD-ROM-Brenner und einer guten Soundkarte. Qualitätseinbußen entstehen vor allem dadurch, daß Daten für die Übertragung komprimiert werden müssen und der Nachfrager aufgrund schlechterer Ausgabemedien das Produkt nicht in der gleichen Qualität „ausgeben" kann, wie dies der Anbieter machen könnte. So besteht beispielsweise bei der Online-Distribution von

Musik ein erhebliches Problem darin, daß die Cover der CDs vom Nachfrager nur in einer unzureichenden Qualität gedruckt werden können (Ziegler 1997). Dies führt dazu, daß der Kunde nicht mehr unmittelbar bereit ist, den früher üblichen Preis von CDs zu bezahlen.

Bei digitalen Produkten besteht insbesondere das Problem der illegalen Verbreitung. Sie wird erleichtert, weil die niedrigen Distributionskosten nicht nur vom Anbieter selbst, sondern auch von allen anderen zur weiteren (illegalen) Verbreitung der Produkte genutzt werden können (Shapiro und Varian 1999, S. 86). Hier bieten zwar „Wasserzeichen", Seriennummern oder Verschlüsselungstechniken einen gewissen Schutz. Letztlich führen solche Mechanismen aber auch dazu, daß sowohl die Kosten des Anbieters als auch die Kosten der Nachfrager weiter steigen. Allerdings sind solche Probleme nicht gänzlich neu, sie gab es schon für CD-Hersteller mit dem Aufkommen von Brenngeräten und für Zeitschriftenverleger mit dem Erfinden von Kopiergeräten. Es macht wenig Sinn, juristische Spitzfindigkeiten abzuwarten. Vielmehr ist die Copyright-Problematik offensiv anzugehen. Entweder muß die unkontrollierte Weitergabe in den Preisen kalkuliert werden (wie es z.B. Microsoft schon heute bei den Softwareprodukten macht) oder man versucht, die Kontrolle über die zu kopierenden Inhalte zu bewahren. Dies kann z.B. durch eine Personalisierung des Produkts geschehen, die eine massenhafte Weitergabe wenig attraktiv werden läßt, da die Kosten bei den Verbreitern steigen. Oder man bietet Zusatzleistungen an, die nur genutzt werden können, wenn eine gültige Seriennummer angegeben werden kann.

Der gravierendste *Nachteil* bei der **Offline-Distribution** ist in dem dadurch entstehenden Medienbruch und den daraus resultierenden Folgen zu suchen. Dieser führt in aller Regel dazu, daß die Kosten für den Anbieter steigen, da nun vom digitalen Medium Internet in aller Regel auf ein nicht-digitales Medium gewechselt werden muß. So muß das Produkt physisch verpackt und transportfähig gemacht werden. Dies bedingt höhere Versand- und Personalkosten sowie eine langsamere Zustellung an den Nachfrager.

Die *Vorteile der Offline-Distribution* liegen vor allem darin, daß dem Konsumenten die Produkte in einer vertrauten Art und Weise zugesandt werden. Damit ist vor allem dann ein höherer Nutzen für den Konsumenten verbunden, wenn dieser statt einer Reihe von Eingaben am Bildschirm lediglich einen Anruf tätigen oder ein Fax versenden muß. Zudem kann der Anbieter aufgrund seiner verfügbaren Ausgabemedien ein qualitativ besseres Produkt erstellen und so verpacken, daß es besser beim Konsumenten ankommt. Hinzu kommt, daß die illegale Verbreitung des Produkts dadurch erschwert werden kann, daß ein Produkt nicht in digitalisierter, sondern in analoger Form ausgeliefert wird.

Letztlich muß sich die Entscheidung für eine Distributionsform an den erzielbaren Deckungsbeiträgen orientieren. Mehreinnahmen aus der digitalen Distribution setzen entweder eine Nutzensteigerung auf Kundenseite oder Kosteneinsparungen voraus. Dabei ist immer der Wettbewerber im Auge zu behalten, der nicht mehr derjenige sein muß wie in der realen Welt. So bieten sich vor allem für Software-Experten neue Möglichkeiten (Albers und Peters 1997). Amazon.com hat dies beispielsweise Barnes & Noble vorgemacht.

- Beim Verkauf über das Internet kann die Distribution offline oder online erfolgen.

- Wenn der Vertrieb online vorgenommen werden soll, muß der Nutzer über ein entsprechendes Ausgabemedium und die notwendige Software verfügen.

- Mit einer Online-Distribution kann der Anbieter geringere Distributions- und Verwaltungskosten realisieren sowie einen schnelleren Service bieten.

- Die Nachteile der Online-Distribution liegen häufig in dem höheren Beschaffungsaufwand für den Käufer und den mit der Online-Distribution verbundenen Qualitätsverlusten (z.B. fehlende Verpackung oder Komprimierung von Daten). Dazu kommen rechtliche Unsicherheiten und die Gefahr einer unerlaubten Vervielfältigung der Produkte.

- Digitale Produkte lassen sich einfach in ihre Bestandteile entbündeln und kundenindividuell neu zusammensetzen – bei variablen Kosten von fast Null. Der Online-Vertrieb von Musik oder auch Informationen ermöglicht die automatisierte Produktion des digitalen Produkts. Dabei ist es unerheblich, ob die Ware tatsächlich als Datenpaket über das Netz transferiert oder per Post zugestellt wird.

Box 1: Checkliste für den Vertrieb von digitalisierbaren Produkten

3   Vergleich von Online- und Offline-Distribution am Beispiel der Musikindustrie

Die Erörterung der Vor- und Nachteile von Online- und Offline-Distribution kann gut am Beispiel von Musik verdeutlicht werden, da das Produkt entweder in digitaler Form online über das Internet oder offline als physisches Medium (CD) distribuiert werden kann. Dies hängt davon ab, ob der Anbieter das Internet als Vertriebsmedium (z.B. zur Bereitstellung von Informationen über das digitale Produkt) oder auch als Distributionsmedium nutzen möchte. Im ersten Fall wird zu einer CD ein Sample angeboten, bei dessen Gefallen die gesamte CD online bestellt werden kann und offline distribuiert wird. Der Kunde benötigt dafür einen PC mit Soundkarte und Boxen sowie entsprechende Software (z.B. Winamp von Nullsoft: www.winamp.com), die sich der Anwender aber kostenlos aus dem Internet herunterladen kann. Mittlerweile gibt es mehr und mehr Endgeräte, die MP3-Dateien abspielen und eher als CD-Player und weniger als ein PC zu klassifizieren sind (z.B. der M3Po von Terratec, der Audio- und MP3-CDs abspielt und über eine Festplatte verfügt, auf der dann die Lieder gespeichert werden können).

Die Qualität der Musikübertragung durch Streaming ist von der Übertragungsleistung der Netzanschlüsse abhängig. Im unteren Bereich der derzeitigen Übertragungsleistungen, z.B. bei Modems mit bis zu 28,8 Kbits/s, übertrifft die Klangqualität kaum das Niveau eines Mittelwellensenders. Durch schnellere Netzanschlüsse, wie den ADSL-Anschluß, kann jedoch die Qualität erheblich gesteigert werden (Albers, Clement und Schulze 1999). Alternativ könnte die gesamte CD als Download online distribuiert werden.

3.1   Online-Vertrieb von CDs mit Offline-Distribution

Die Bestellung von CDs via Internet wird inzwischen von einer Vielzahl virtueller CD-Shops angeboten (www.cdnow.com, www.bol.de oder www.cd4you.de). Die Bezahlung erfolgt in der Regel über Kreditkarte oder insbesondere bei deutschen Anbietern per Lastschriftverfahren. Die eigentliche Distribution geschieht offline und dauert zumeist mehrere Tage. Der Online-Verkauf ist vorteilhaft, weil der Handel mit seinen Spannen umgangen werden kann. Dies gilt natürlich nur dann, wenn kein anderer Intermediär im Internet die Produkte verkauft. Des weiteren können Kundendaten elektronisch gespeichert und zur Umsetzung einer One-to-One-Marketing-Strategie (Kap. III.3) zur Steigerung des Kundennutzen eingesetzt werden.

Häufig wird das Angebot der CD-Shops im Internet mit der Möglichkeit gekoppelt, einzelne Musikstücke zur Probe zu hören. Bei dem Anbieter CD4you stehen beispielsweise Ausschnitte von über 700.000 Titeln zum Anhören kostenlos zur Verfügung. Dieses Angebot kann insbesondere spontane Käufe fördern. Daneben versuchen einige Anbieter, die Kundenbindung, z.b. durch das Angebot von Chat-Möglichkeiten oder Virtuellen Communities (Kapitel III.4), zu erhöhen oder zusätzliche Umsätze durch den Verkauf von Fan-Artikeln zu erzielen (z.B. CDnow).

Ein individuelles Angebot bietet Mydisc (www.mydisc.de). Der Kunde kann sich über das Internet seine eigene CD nach Wunsch zusammenstellen. Eine CD mit zwei Titeln kostet 9,90 DM (jeder weitere Titel: 2,00 DM). Der Kunde kann sich 70 Minuten Musik aussuchen und sich auf eine CD brennen lassen. Hier zeigt sich der Vorteil des Vertriebs über das Internet von digitalen Produkten wie Musik im Vergleich zu nicht digitalisierbaren Gütern. So lassen sich CDs problemlos in einzelne Lieder entbündeln und vom Kunden nach Wunsch individuell neu zusammenstellen.

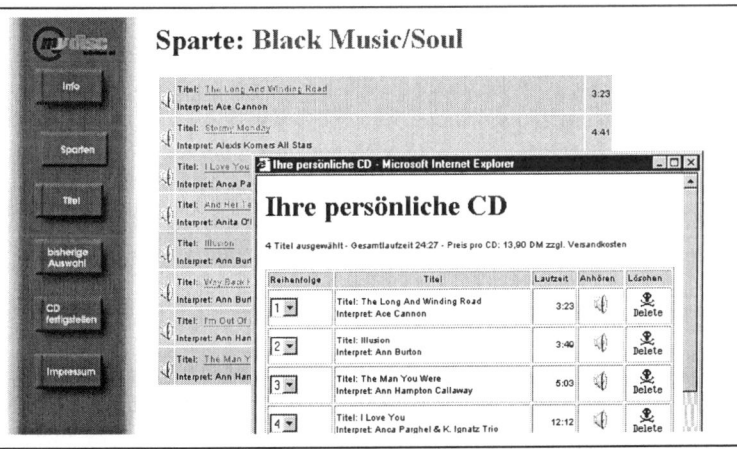

Abb. 2: Zusammenstellung einer CD bei Mydisc (www.mydisc.de)

3.2 Online-Vertrieb von CDs mit Online-Distribution

Hierbei werden Musikdateien direkt über das Internet auf die Festplatte des Computers beim Nutzer überspielt. Eine wichtige Grundlage für das Herunterladen von Musikstücken aus dem Internet ist das sogenannte MP3-Verfahren (www.mp3.de), das in Zukunft von einem neuen Standard (MPEG-4) abgelöst wird. Es ermöglicht eine starke Komprimierung von Audio-Dateien bei geringem Qualitätsverlust. Dadurch wird der Platzbedarf eines Musikstückes auf der Festplatte, der normalerweise etwa 50 MB beträgt, auf etwa 4 MB reduziert (Tunze 1999).

Abgespielt werden diese komprimierten Dateien nur vom PC oder speziellen Endgeräten. Die zum Komprimieren und Abspielen der MP3-Dateien erforderlichen Programme gibt es gratis im Netz (www.real.com). Um die Musikstücke auch von normalen CD-Spielern abspielen zu können, müssen die Dateien wieder auf das Audio-Format dekomprimiert (z.B. www.winamp. com) und dann auf eine CD gebrannt werden, wobei die Dateien wieder ihre ursprüngliche Größe erreichen (Lemm 1998). Neuerdings existieren an einen Walkman erinnernde Abspielgeräte für MP3-Daten, die mit Speicherkarten versehen sind (www.pontis.de oder www.mpman.com). Von entscheidender Bedeutung für den Erfolg dieser Art der kommerziellen Musikverbreitung ist die Lösung der Copyrightproblematik, also der Sicherstellung des Urheberschutzes, da sonst im MP3-Format erworbene Musikdateien einfach an andere PC-Besitzer weitergegeben werden könnten.

Das amerikanische *Liquid Audio Network* (www.liquidaudio.com) bietet eine Komplettlösung für den Musikvertrieb über das Internet an, d.h. es stellt die Software für die Komprimierung und Einspeisung der Musik ins Internet (Liquifier Pro) gegen Gebühr und die Software für die Dekomprimierung und das Abspielen der Musik aus dem Internet (Liquid MusicPlayer) kostenlos zur Verfügung. Gleichzeitig muß der Anbieter die Serversoftware von Liquid Audio (Liquid MusicServer) gegen Gebühr zur Veröffentlichung seines Angebots nutzen.

Das Liquid Audio-Format unterscheidet sich von bisher üblichen Systemen (z.B. RealAudio) insbesondere dadurch, daß es mit Hilfe einer lizensierten Dolby-Digital-Technik eine wesentlich verbesserte Qualität erreichen soll. Zusätzlich kann die Musik über den Liquid MusicPlayer auch dekomprimiert auf eine CD gebrannt werden, so daß ein Abspielen der Musik über normale

CD-Spieler möglich ist. Um widerrechtliche Vervielfältigungen zu verhindern, kann jedes Musikstück nur einmal auf eine CD gebrannt werden. Zusätzlich werden die Musikfiles mit einer Art Wasserzeichen versehen, so daß die Herkunft der Musik sogar festgestellt werden kann, wenn die Musik auf analoge Medien, z.b. Kassetten, überspielt wurde. Dieser Schutz geht sogar über die Möglichkeiten beim Verkaufen körperlicher Tonträger hinaus. Zum weiteren Schutz muß der Musikkäufer bei Liquid Audio eine Art Musikpaß unter Angabe gewisser persönlicher Daten erwerben. Dieser Paß wird auf dem PC des Kunden installiert, so daß die heruntergeladenen Musikfiles nur auf diesem PC unter Angabe eines individuellen Kennwortes abgespielt werden können. Prinzipiell kann jede kleine Plattenfirma oder sogar jede Musikgruppe mit den Instrumenten von Liquid Audio Network ihre Lieder über das Internet vertreiben (www.nordicdms.com). Eine aufwendige und teure Vertriebsstruktur muß von diesen neuen Unternehmen daher nicht aufgebaut werden.

Die neuen Verschlüsselungsverfahren sind natürlich sehr wichtig für die bisherigen Labels, die traditionell eine sehr hohe Kontrolle über die gesamte Wertschöpfungskette der Produktion, Vermarktung und Distribution von Musik-Inhalten ausüben. Dennoch zeichnen sich zwei neue Entwicklungen ab, die der Musik-Industrie in dieser Form bisher nicht bekannt gewesen sind:

Zum einen sinken die Suchkosten nach Musik-Inhalten – während vor kurzem noch lange nach (illegal ins Netz gestellten) Musik-Inhalten gesucht werden mußte (z.B. über die MP3-Suche bei Lycos, www.lycos.de), reduzieren neue Anbieter wie Napster (www.napster.com) die Suchkosten dramatisch.

Zum anderen werden auch durch die illegale Weitergabe von Musik Netzeffekte realisiert, die dann für neue Geschäftsmodelle ausgenutzt werden. So wird dann beispielsweise nicht mehr über den Verkauf von Musik-Inhalten als vielmehr über Werbung, Konzerte oder Merchandising Geld verdient. Die systematische Nutzung von Netzeffekten dieser Art hat zum Beispiel dem BlairWitchProject (www.blairwitch.com) zu einem enormen Erfolg in den USA verholfen. Auch die illegale Verbreiterung von Vorabversionen des Filmes „Star-Wars" im Internet, hat dem Film nicht davon abgehalten zu einem Kassenknüller zu werden. Vielmehr ist zu vermuten, daß dadurch der Kult-Status des Films verstärkt wurde.

4   Gestaltungsformen der Offline-Distribution

Die bisherigen Ausführungen haben gezeigt, daß eine Online-Distribution immer nur dann möglich ist, wenn die Produkte digitalisierbar sind und die Konsumenten über geeignete Ausgabemedien verfügen. Eine Online-Distribution ist folglich für Produkte wie Software, Informationen und, bereits mit Einschränkungen, Filme möglich. Produkte wie beispielsweise Lebensmittel, Textilien und Haushaltsgeräte müssen dagegen offline distribuiert werden. Ein zentrales Problem besteht hierbei darin, daß mit der Offline-Distribution höhere Kosten entstehen. Das mag zwar bei Produkten mit geringem Volumen und hohem Preisniveau kein zu großes Problem sein. Bei Lebensmitteln spielen sie dagegen eine Rolle. Sie werden nicht über Versender zugestellt, da sie schnell und heiß oder gekühlt zu liefern sind.

Im Kern wird von Unternehmen heute auf drei verschiedene Möglichkeiten zur Lieferung der Produkte zum Kunden zurückgegriffen. Dies sind:

• die Lieferung der Produkte vom Anbieter zum Kunden,

• die Lieferung der Produkte über Versender zum Kunden und

• die Lieferung der Produkte an einen Service-Point.

4.1   Lieferung der Produkte vom Anbieter zum Kunden

Wenn die Produkte direkt zum Kunden geliefert werden, dann muß zunächst einmal sichergestellt werden, daß die Produkte beim Kunden auch tatsächlich abgeliefert werden können. Viele Anbieter verlangen, daß der Kunde auch tatsächlich anwesend ist. Dabei gibt es vor allem Unterschiede dahingehend, ob ein genauer Termin oder lediglich eine Zeitspanne mit dem Anbieter vereinbart werden kann. So bieten beispielsweise Karstadt Mö (www.karstadt-moe.de) und Onkel Emma (www.onkelemma.de) die Vereinbarung eines genauen Termins an, während bei Einkauf24 (www.einkauf24.de) oder Reichelt (www.reichelt-ag.de) nur eine Zeitspanne, die mindestens drei Stunden lang ist, ausgewählt werden kann. Während mit der Vereinbarung eines festen Termins ein hoher Service angeboten wird, entstehen andererseits auch höhere Kosten, da höhere Auslieferungskapazitäten vorzuhalten sind und die Tourenplanung weniger ausgefeilt vorgenommen werden kann.

Die Anwesenheit des Nachfragers ist jedoch nur dann notwendig, wenn die Produkte schnell verzehrt bzw. verbraucht werden sollen oder ein zusätzlicher Service noch vom Anbieter zu erbringen ist. Ersteres ist beispielsweise beim Anliefern von Pizzen erforderlich, während zweiteres z.B. für das Anliefern und Aufbauen von Möbeln oder Haushaltsgeräten notwendig ist. Für die meisten Produkte ist die Anwesenheit des Nachfragers aber entbehrlich, zumal eine solche Notwendigkeit vom Nachfrager eher als nutzenmindernd empfunden wird. Dies ist bereits seit langem von der Deutschen Post erkannt worden, die ihre Produkte auch nicht dem Nachfrager persönlich übergibt, sondern in Briefkästen liefert. Diese Idee wurde z.B. in den USA von dem Unternehmen Streamline (www.streamline.com) aufgegriffen, das Lebensmittel liefert und zugleich passende Boxen bei registrieren Kunden aufstellt. Der Zusteller hat einen Schlüssel, mit dem er die Box, die zumeist in der Garage des Kunden steht, öffnet und die Ware dort hineinlegt. Da die Box eine Kühlvorrichtung aufweist, ist auch das Liefern verderblicher Ware möglich.

Das große Problem bei der direkten Lieferung der Produkte an den Kunden sind die damit verbundenen hohen Kosten, die vielfach dazu führen, daß eine solche Lieferung nur in Ballungsgebieten wirtschaftlich sinnvoll ist. Deswegen bietet es sich an, die *Nachfrage zu bündeln*. Dies kann durch das *Bündeln mehrerer Bestellungen eines Kunden* und das *Bündeln von einzelnen Bestellungen mehrerer Kunden* geschehen. Ersteres geschieht beim Liefern von Produkten über Versender, zweiteres beim Errichten von Service-Points.

4.2   Lieferung der Produkte über Versender zum Kunden

Die Wirtschaftlichkeit von Versendern, z.B. der Deutschen Post, UPS oder Fedex, resultiert daraus, daß diese mehrere Lieferungen an einen Kunden bündeln können. Der Rückgriff auf spezialisierte Versender bietet den enormen Vorteil, daß diese in der Regel über ausreichende Kapazitäten verfügen und auch in entlegenen Gegenden Kunden zu vergleichsweise niedrigen Kosten beliefern können. Der Nachfrager schätzt eine gebündelte Anlieferung über einen Versender insbesondere dann, wenn er sonst mit einer Vielzahl an einzelnen Lieferungen „belästigt" werden würde.

Neben den daraus resultierenden Kosteneinsparungen liegt ein großer Vorteil für den Anbieter darin, daß die gesamte Logistik „outgesourct" wird, was insbesondere kleinen und jüngeren Unternehmen entgegenkommt. Allerdings können über besondere Angebote im Bereich der Logistik dann auch keine nennenswerten Wettbewerbsvorteile erreicht werden. Zudem ist es problematisch, daß der Kunde nur die Versender persönlich kennenlernt – und mit ihnen das Unternehmen verbindet. So kann ein unfreundlicher Bote die Kundenbindung gefährden.

Die meisten Versender bieten heute eine Sendungsverfolgung an, die auch als „Tracking und Tracing"-Funktion bezeichnet wird (www.fedex.com, www.ups.com, www.dpd.de, www.germanparcel.de). Diese Sendungsverfolgung ermöglicht es, den aktuellen Stand einer Lieferung über das Internet abzufragen. Sie hat gleichzeitig bei den Anbietern zu hohen Kosteneinsparungen geführt, da telefonische Auskünfte im Call Center nicht mehr notwendig sind.

Alternativ dazu können sich auch mehrere Unternehmen zusammenfinden und ihre unterschiedlichen Bestellungen bündeln, die dann von einem eigenen Versandservice ausgeliefert werden. Auch Shopping Malls wie z.B. www.shopping24.de könnten auf solche Überlegungen zurückgreifen, was jedoch einen anbieterübergreifenden Warenkorb sowie eine gemeinsame Warenwirtschaft erfordert.

4.3   Lieferung der Produkte an Service-Points

Durch die Einrichtung von Service-Points, mitunter auch Pick-up-Points genannt, können einzelne Bestellungen unterschiedlicher Kunden gebündelt werden. Dies hat den Vorteil, daß nicht jede Bestellung einzeln, sondern gemeinsam mit anderen Bestellungen ausgeliefert werden kann und Kosteneinsparungen erzielt werden können. So ist es beispielsweise denkbar, daß Bestellungen von Mitarbeitern eines Großunternehmens nicht an deren Haushalte, sondern direkt an den Arbeitgeber ausgeliefert (und dessen internes Verteilsystem genutzt wird) oder an einem zentralen Ort in der Nähe des Arbeitgebers geliefert werden (so wie bei der Deutschen Bank in Frankfurt). Ein solcher zentraler Ort mit entsprechenden Fächern für die Nachfrager könnte beispielsweise in der Nähe der Pforte, aber auch an günstig gelegenen Tankstellen, Geldautomaten, Straßen oder Parkplätzen sein. Für die Bestellungen von Familien mit Kindern würden sich Kindergärten, Schulen oder Spielplätze anbieten. Denkbar ist aber auch, daß Hausmeister in großen Wohnblocks solche Service-Points einrichten.

Dabei muß natürlich nicht jedem Nachfrager immer das gleiche Fach zuge-ordnet werden, sondern es kann jedem Nachfrager durch die Eingabe einer entsprechenden Geheimnummer an einem Terminal das für diesen Tag zuge-ordnete Fach mitgeteilt werden. Eine derartige Maßnahme spart erheblichen Platz und Kosten für den Anbieter. Für den Nachfrager resultiert der Nutzen daraus, daß er nicht mehr mit einer Vielzahl einzelner Lieferungen zu mögli-cherweise nicht genau festgelegten Zeitpunkten umgehen muß. Wenn zudem am Service-Point dem Nachfrager noch weitere Leistungen angeboten wer-den, z.B. das Auftanken an einer Tankstelle, Spielmöglichkeiten für Kinder auf Spielplätzen, so kann der Nutzen eines Service-Points für den Nachfrager noch weiter gesteigert werden.

4.4   Rücknahme der Produkte

Bei der Distribution der Produkte muß auch berücksichtigt werden, daß die Produkte mitunter nicht nur vom Anbieter zum Nachfrager gebracht, sondern auch wieder vom Nachfrager zum Anbieter zurückgebracht werden müssen. Ein solches Zurückgeben ist nicht nur bei einer mangelhaften Lieferung not-wendig, sondern auch dann, wenn ein Unternehmen seinen Kunden ein Rückgaberecht für die bestellten Produkte einräumt. Schon allein zur Ver-meidung einer zu hohen Rückgabequote ist eine ausführliche und wirklich-keitsgetreue Schilderung des Produkts notwendig. Des weiteren kann die Häufigkeit des in aller Regel kostspieligen Rücktransports mitunter durch das Anbieten von Ferndiagnosen oder Hotlines eingeschränkt werden. Da damit jedoch nicht alle Rücksendungen vermieden werden können, muß vor allem bei der Vertragsgestaltung mit Versendern darauf geachtet werden, daß auch Rücksendungen zu angemessenen Kosten möglich sind.

4.5   Ausblick

Grundsätzlich läßt sich die Distribution gut zur Preisdifferenzierung nutzen. Optionen wie Express-Lieferung, die Lieferung innerhalb von einem, zwei Tagen oder einer Woche, nach Hause oder an einen Service-Point lassen sich hierfür gut verwenden (Kap. III.2). Die Bedeutung von Lieferzeiten zur Preisdifferenzierung wird deutlich, wenn man sich den Agenten evenbetter (www.evenbetter.com) genauer ansieht. Dort werden für ein genau zu be-stimmendes Buch der von unterschiedlichen Buchhändlern geforderte Preis und die Lieferbedingungen in Preisreihenfolge gelistet. Der mit Abstand preiswerteste Anbieter weist dabei auch eine lange Lieferzeit auf. Dies ist aber in Deutschland wegen der Preisbindung nur für ausländische Bücher möglich.

Abb. 3: Shopping-Agent www.evenbetter.com

5 Fazit

Die Möglichkeiten zur Online-Distribution der Produkte hängen weniger von deren Eigenschaften, sondern vielmehr vom Vorhandensein eines geeigneten Ausgabemediums ab. So ist es beispielsweise durchaus denkbar, daß zukünftig Ausgabemedien für Duftstoffe eine entsprechend weite Verbreitung finden und die Online-Distribution von Duftstoffen gestatten.

Doch selbst wenn Produkte aufgrund geeigneter Ausgabemedien online distribuiert werden könnten, so muß dies keineswegs immer sinnvoll sein. Der mit einer Online-Distribution vermiedene Medienbruch führt in aller Regel zu einer Einsparung von Kosten für den Anbieter. Andererseits steigen häufig die Kosten für den Nachfrager, da dieser beispielsweise erst Investitionen in die entsprechenden Ausgabemedien tätigen und die mit einem Download aus dem Internet verbundenen Kosten selbst übernehmen muß.

Demzufolge ist die Offline-Distribution für den Nachfrager vor allem dann bequemer und wünschenswerter, wenn ein schneller Service nicht unbedingt erforderlich ist. Für den Erfolg einer Online-Distribution ist demzufolge wichtig, daß dem Nachfrager ein höherer Nutzen geboten wird. Wenn ein solcher nicht aus einem schnelleren Service oder einem besseren Produkt resultiert, so muß wohl ein günstigerer Preis angeboten werden.

Bei einem Verkauf physischer Produkte über das Internet und anschließender Offline-Distribution kommt es darauf an, welcher Nutzen, z.B. mehr Bequemlichkeit bei der Anlieferung, geboten wird. Nur wenn dafür bei den Kunden auch eine entsprechende Zahlungsbereitschaft vorhanden ist, sind diese bereit, die höheren Kosten gegenüber dem stationären Handel zu akzeptieren.

Literatur

Albers, S., M. Clement und T. Schulze (1999): *Preisstrategien für Musik-on-Demand-Systeme im Internet*, Working Paper, Christian-Albrechts-Universität zu Kiel, Lehrstuhl für Marketing.

Albers, S. und K. Peters (1997): *Die Wertschöpfungskette des Handels im Zeitalter des Electronic Commerce, Marketing – ZFP*, 19, 69-80.

Friedrich, E. (1998): *Musik per Mausklick – Internet CD-Shops im Test*, Internet Magazin, 8, 32-34.

Hanson, W. (1999): *Principles of Internet-Marketing*, Cincinnati.

Lemm, K. (1998): *Musik aus dem Netz – Wie kommt man an die Hits im Internet*, Konr@d, 3, 90-94.

Shapiro, C. und H.R. Varian (1999): *Information Rules*, Boston.

Tunze, W. (1999): *Das World Wide Web als Online-Jukebox*, Frankfurter Allgemeine Zeitung, T1.

Zerdick, A., A. Picot, K. Schrape, A. Artopé, K. Goldhammer, U.T. Lange, E. Vierkant, E. López-Escobar und R. Silverstone (1999): *Die Internet-Ökonomie – Strategien für die digitale Wirtschaft*, Berlin et al.

Ziegler, H. (1997): *Stars.net*, Konr@d, 2, 48-55.

III   Entwicklung des Distributionsmediums

2   Wie teuer sollen die Produkte sein? – Preispolitik

Bernd Skiera – Universität Frankfurt am Main

Überblick

- Viele Produkte im Internet sind digitalisierbar und verfügen daher über sehr hohe fixe Bereitstellungskosten, aber nur sehr geringe variable Kosten. Dies führt dazu, daß selbst durch die kostenlose Abgabe von Produkten kein nennenswerter negativer Deckungsbeitrag verursacht wird.

- Der Nutzen von Produkten im Internet für die Konsumenten hängt häufig von deren Verbreitung ab. Zur Förderung der Verbreitung bietet es sich daher in vielen Fällen an, die Produkte am Anfang kostenlos abzugeben.

- Die Zahlungsbereitschaft der Konsumenten für Produkte im Internet ist bei entsprechender Verbreitung zumindest für einen Teil der Konsumenten sehr hoch. Deswegen kann das Preisniveau ab einer ausreichenden Verbreitung der Produkte vielfach angehoben werden. Hierzu bieten sich insbesondere neue, verbesserte Produktvarianten an.

- Das Erstellen neuer, verbesserter Produktvarianten ist bei vielen Produkten im Internet aufgrund ihres digitalen Charakters sehr einfach und kann in vielfältiger Art und Weise erfolgen.

1 Problemstellung

Aufgrund der Erfolge von Unternehmen wie z.B. Network Associates (ehemals McAfee, www.mcafee.com) oder Geocities (www.geocities.com), die durch die kostenlose Abgabe von Software zum Schutz vor Computerviren oder der kostenlosen Überlassung von Kapazitäten zur Erstellung von Web-Sites eine hohe Verbreitung ihrer Produkte im Internet erreicht haben, lauten die Empfehlungen hinsichtlich der Bepreisung von Produkten im Internet häufig sehr pauschal, die Produkte einfach kostenlos abzugeben (Zerdick et al. 1999, S. 16). Dies kann aus ökonomischer Sicht langfristig so aber nur sinnvoll sein, wenn der Verzicht auf Erlöse aus dem Verkauf von Produkten durch andere Einnahmequellen, häufig dem Verkauf von Werbeflächen, kompensiert wird. Dies mag sicherlich in dem einen oder anderen Fall möglich sein. Für die meisten Unternehmen kann dies langfristig aber bestenfalls eine zusätzliche Einnahmequelle darstellen. Dazu kommt, daß heute beispielsweise keiner der Online-Buchhändler (www.buecher.de, www.bol.de) dieser pauschalen Empfehlung zur kostenlosen Abgabe seiner Bücher gefolgt ist und dies für diese Online-Buchhändler heute und auch in Zukunft genau so wenig sinnvoll sein wird, wie dies beispielsweise für Automobilanbieter wie VW oder DaimlerChrysler wäre.

Offensichtlich ist die pauschale Aufforderung zur kostenlosen Abgabe der Produkte so nicht richtig, sondern hängt entscheidend von dem zu vertreibenden Produkt und dessen Eigenschaften ab. Deswegen müssen zunächst die für die Preisgestaltung wesentlichen Eigenschaften betrachtet werden. Bei dieser Betrachtung wird dann deutlich, daß einige, aber nicht alle Eigenschaften (und schon gar nicht immer!) aus strategischer Sicht für die kostenlose Abgabe eines Produkts für eine begrenzte Zeit sprechen. Da das Interesse an einem Produkt sich zwischen den Konsumenten normalerweise stark unterscheidet, weisen die Zahlungsbereitschaften der Konsumenten erhebliche Unterschiede auf. Da dies erhebliche Potentiale zur Steigerung der Gewinne bietet, ist es zumindest mittelfristig sinnvoll, neue Produktvarianten anzubieten, mit deren Preis ein nennenswerter Deckungsbeitrag (und damit ein höherer Gewinn) erzielt werden kann.

2   Eigenschaften von Produkten im Internet

Die für die Preisgestaltung von Produkten im Internet wesentlichen Eigenschaften beziehen sich zum einen auf die *Kostenstruktur* und zum anderen auf den mit den Produkten verbundenen *Nutzen für den Konsumenten.*

2.1   Kostenstruktur von Produkten im Internet

Produkte im Internet, die digitalisierbar sind, weisen oft eine Kostenstruktur auf, die von fixen Bereitstellungskosten dominiert wird. Dies gilt für Anbieter von Software genauso wie für Anbieter von Informationsdiensten oder Filmstudios. In allen Fällen verursacht die Produktion des ersten Exemplars erhebliche Kosten, während für die Produktion von weiteren Exemplaren nur geringe weitere (variable) Kosten anfallen (Kelly 1998, S. 54; Shapiro und Varian 1998b, S. 3). So fallen beispielsweise bei Network Associates für das erstmalige Erstellen der Software zum Schutz vor Computerviren erhebliche Kosten an, während das Erstellen von weiteren Kopien der Software keine nennenswerten weiteren Kosten verursacht. Gleiches gilt für das Erfassen von Informationen durch einen Informationsdienst oder das Anfertigen eines Films durch ein Filmstudio. Eine vergleichbare Struktur weisen die mit der Distribution im Internet verbundenen Kosten auf. Diese Distributionskosten haben ebenfalls im wesentlichen fixen Charakter (Shapiro und Varian 1998b, S. 84 f.). So muß beispielsweise eine Web-Site erstellt werden, Kapazität für das Abrufen der Produkte bereitgestellt und die Web-Site bekannt gemacht werden. Dies alles sind Kosten, die zum größten Teil unabhängig von der Anzahl der, z.B. über einen Download, abgerufenen Produkte sind, so daß es für die Kosten des Anbieters weitestgehend bedeutungslos ist, ob zehn, hundert, tausend oder hunderttausend Stück seines Produkts abgerufen werden.

2.2   Nutzen der Produkte für die Konsumenten

Der Nutzen, den viele Produkte im Internet für die Konsumenten haben, hängt neben der Gestaltung des Produkts selbst sehr stark davon ab:

- welche Verbreitung die Produkte bereits haben,

- welche Erfahrungen die Konsumenten mit den Produkten haben und

- wie alt das Produkt ist.

Eine **hohe Verbreitung eines Produkts** erhöht häufig den Nutzen des Produkts für den Konsumenten, da viele der im Internet angebotenen Produkte *Netzeffekten* unterliegen und üblicherweise *positive Skaleneffekte* für den Nachfrager aufweisen (Clement, Litfin und Peters 1999; Shapiro und Varian 1998b, S. 173 ff.). So nimmt der Nutzen der Versandmöglichkeit von E-Mails für einen Nutzer zu, je mehr andere Nutzer über einen E-Mail-Anschluß verfügen. Ähnliches gilt für Online-Foren und Chat-Rooms, bei denen die Relevanz positiver Skaleneffekte gleichfalls unmittelbar einsichtig ist. Aber auch Anbieter von Software unterliegen positiven Skaleneffekten, da mit einer zunehmenden Verbreitung mit immer mehr Personen über die Software kommuniziert und damit gelernt werden kann. Zudem besteht ein höherer Anreiz für andere Anbieter, Zusatzprodukte oder Serviceleistungen anzubieten und so letztlich zur Verbesserung der Software beizutragen.

Viele Produkte im Internet sind einem steten Wandel unterworfen. So ändert sich beispielsweise in sehr kurzen Abständen der Leistungsumfang von Software sowie der Inhalt von Zeitungen und Informationsdiensten, die zumindest täglich, häufig aber auch stündlich aktualisiert werden. Für den Konsumenten lohnt es sich aber nicht, den Nutzen jedes aktualisierten Produkts vor jedem Kauf zu prüfen. Deswegen ist es für viele Produkte wichtig, daß die Konsumenten **Erfahrungen** mit den auch als „experience products" bezeichneten Produkten sammeln (Shapiro und Varian 1998b, S. 5). Dies bewirkt zweierlei: Zum einen wissen die Konsumenten aus ihren Erfahrungen, welchen Wert ein Produkt hat. Dies schafft, genauso wie die Bildung von Marken, *Vertrauen*, so daß Aktualisierungen des Produkts in Zukunft ohne umfassende Prüfung gekauft werden können. Zum anderen *lernen* die Konsumenten auch mit dem Produkt zu arbeiten. So ist beispielsweise der Umstieg von einer alten Version des Textverarbeitungsprogramms Word auf eine neue Version desselben leichter zu tätigen als auf ein konkurrierendes Programm wie beispielsweise Star Office oder Word Perfect.

Der Nutzen eines Produkts ist auch häufig vom **Alter** des Produkts abhängig. So verderben die meisten im Internet angebotenen Produkte zwar nicht in der Form wie die auf dem Wochenmarkt angebotenen Äpfel. Der Wertverlust kann jedoch noch bedeutend schneller sein. So hängt beispielsweise der Wert einer Meldung über ein börsennotiertes Unternehmen für einen Spekulanten davon ab, wie schnell (bzw. vor wie vielen anderen) er diese Information erhält. Ähnliches gilt beispielsweise auch für Software zum Schutz vor Computerviren oder zum Erstellen von Steuererklärungen, da alte Versionen keinen Schutz gegen neue Computerviren bieten oder die neueste Steuergesetzgebung nicht berücksichtigen.

3 Strategische Implikationen für die Preisgestaltung

Die Abhängigkeit des Nutzens eines Produkts für die Konsumenten von der Verbreitung und den mit dem Produkt gemachten Erfahrungen sowie den daraus resultierenden positiven Skaleneffekten führen tendenziell zu einer Situation des „Winner-takes-it-all" (Shapiro und Varian 1998b, S. 177), da die Attraktivität eines Anbieters für die Konsumenten mit zunehmdem Marktanteil steigt. Der Markt weist folglich nicht ein Gleichgewicht auf, in dem mehrere Anbieter ähnlich hohe Marktanteile haben, sondern es entsteht ein Markt, auf dem letztlich ein einziger Anbieter einen extrem hohen Marktanteil hat. Mit das bekannteste Beispiel in der realen Welt ist das Unternehmen Microsoft, das mit ihren Office-Produkten und dem Betriebssystem Windows sehr hohe Marktanteile erreicht hat. Aber auch im Internet gibt es bereits Beispiele, die ähnliche Entwicklungen andeuten. So könnte es Microsoft auch hier gelingen, mit seinem Browser Explorer den Browser Communicator von Netscape zu verdrängen. Ähnlich gute Positionen auf ihren Märkten haben die Firmen Acrobat (www.adobe.com) und RealNetworks (www.real.com) mit ihren Produkten Acrobat Reader und RealPlayer erreicht, und die deutschen Firmen Brokat (www.brokat.de) und Intershop (www.intershop.de) könnten möglicherweise auch vergleichbare Positionen in ihren Märkten besetzen.

Für die Produkte im Internet, die positiven Skaleneffekten unterliegen, ist es folglich notwendig, deren Verbreitung so schnell wie möglich voranzutreiben. Insbesondere für solche Produkte, die nur sehr geringe variable Produktions- und Distributionskosten haben, ist daher am Anfang das kostenlose Anbieten sinnvoll, da dieses Verschenken keinen nennenswerten negativen Deckungsbeitrag nach sich zieht und finanzielle Ressourcen somit „nur" zur Deckung der fixen Bereitstellungskosten notwendig sind. Aus diesem Grund ist es beispielsweise für den Anbieter von Software gegen Computerviren, Network Associates, sinnvoll, seine Software zunächst einmal kostenlos abzugeben. Weniger sinnvoll wäre dies aber für Online-Buchhändler, da das Versenden der Bücher selbst keine positiven Skaleneffekte bewirkt. Bei Online-Buchhändlern unterliegen nur die von ihnen angestrebten virtuellen

Communities solchen positiven Skaleneffekte. Deswegen wird für die Teilnahme an einer solchen Community auch kein Preis erhoben.

- Vorliegen von positiven Skaleneffekten
- Niedrige variable Produktions- und Distributionskosten
- Anbieten eines „experience product", also eines Produkts, das an Wert mit zunehmender Erfahrung des Konsumenten zunimmt
- Ausreichende finanzielle Ressourcen

Box 1: *Voraussetzungen, die aus strategischen Gründen kurzfristig einen sehr günstigen Preis rechtfertigen*

Fraglich ist es hingegen, ob Informationsanbieter am Anfang gut beraten sind, einen doch erheblichen Teil ihrer Informationen nur gegen Gebühr zu vertreiben. Für diese ist es vielmehr wichtig, daß die Konsumenten sich zunächst einmal einen umfassenden Eindruck von der Art der angebotenen Information machen können. Das Entrichten einer Gebühr schreckt zunächst einmal Konsumenten davon ab, während das Gewähren von zeitlich begrenzten, kostenlosen Informationsrecherchen den Aufbau von Erfahrungen ermöglichen würde. Diese Erkenntnis hat vermutlich auch dazu geführt, dass das Handelsblatt (www.handelsblatt.de) nun ein vierwöchiges Probeabonnement anbietet und erst danach den Konsumenten die angebotene Leistung in Rechnung stellt. Über diese Probeabonnement hinaus gibt es zudem eine Reihe an Alternativen, die dem Konsumenten das Sammeln von Erfahrungen gestatten, aber dennoch nicht das komplette Leistungsangebot kostenlos abgeben. Derartige Möglichkeiten werden nachfolgend diskutiert.

4 Möglichkeiten der Preisdifferenzierung

In der Regel haben die Konsumenten einen unterschiedlich hohen Nutzen für die im Internet angebotenen Produkte und sind demzufolge auch bereit, unterschiedlich viel zu bezahlen. Deswegen bieten die sich in Abbildung 1 dargestellten Möglichkeiten zur Preisdifferenzierung an (Skiera 1999c, S. 287).

Im Idealfall würde eine individuelle Festlegung der Preise erfolgen, in der von den Konsumenten für das gleiche Produkt unterschiedlich hohe Preise verlangt werden, die sich an deren unterschiedlich hohen Zahlungsbereitschaften orientieren sollten (Pigou 1929). Konsumenten haben allerdings kein Interesse an dem Aufdecken ihrer Zahlungsbereitschaften haben und sowohl moralische als auch juristische Gründe dem entgegenstehen, kann dies normalerweise nicht in der Form durchgeführt werden, wenngleich der Vertrieb mit Hilfe von Online-Auktionen (Skiera 1999a, S. 306 und Kap. VI.2) und das Anbieten personalisierter Produkte (Kap. III.3) tendenziell in diese Richtung gehen. Da im Internet die Konsumenten in aller Regel nicht persönlich bekannt sind, hilft es auch wenig, bestimmten Gruppen, z.B. Studenten oder Senioren, vergünstigte Preise anzubieten. Sämtliche Gestaltungen von Preisen, die auf einer vom Anbieter vorgenommenen Zuordnung von Preisen zu Konsumenten beruhen, haben folglich im Internet wenig Aussicht auf Erfolg.

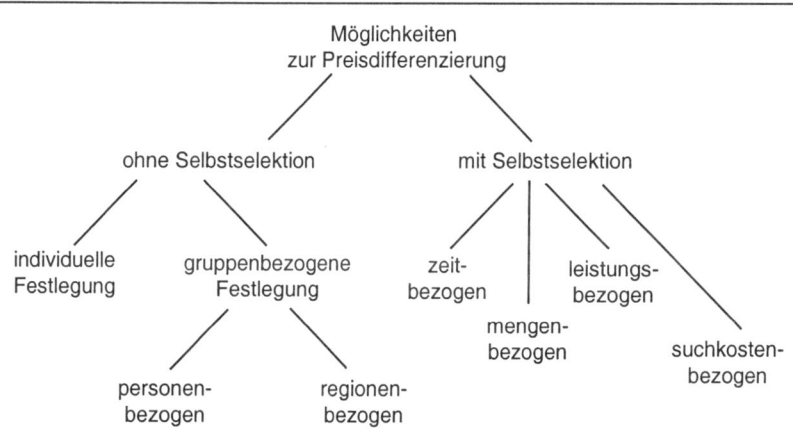

Abb. 1:   Möglichkeiten zur Preisdifferenzierung

Viel erfolgversprechender und zudem einfacher ist es, den Konsumenten die Auswahl des für sie geeigneten Preises zu überlassen und damit eine *Selbstselektion* der Konsumenten vorzunehmen. So haben Unternehmensinformationen für Manager eines Investmentfonds einen deutlich höheren Wert als für Kleinanleger, was sich in unterschiedlich hohen Zahlungsbereitschaften für diese Unternehmensinformationen niederschlägt. Damit nun aber die Konsumenten, die eine hohe Zahlungsbereitschaft aufweisen, auch einen hohen Preis, und die Konsumenten, deren Zahlungsbereitschaft deutlich niedriger ist, einen niedrigeren Preis bezahlen (und damit immer noch einen positiven Deckungsbeitrag bewirken), müssen unterschiedliche Varianten eines prinzipiell gleichen Produkts angeboten werden (Deneckere und McAfee 1996). Dabei bietet es sich an, in eine zeit-, mengen-, leistungs- und suchkostenbezogene Differenzierung der Preise zu unterscheiden (Skiera 1999c; Skiera 1999b, S. 140).

4.1 Zeitbezogene Preisdifferenzierung

Die zeitbezogene Preisdifferenzierung baut entweder auf der Überlegung auf, daß Konsumenten eine unterschiedlich hohe Zahlungsbereitschaft zu verschiedenen *Tageszeiten* oder bei unterschiedlichen *Zeitverzögerungen* haben (Skiera und Spann 1998). So differenzieren vor allem Internet Service Provider, z.B. T-Online oder AOL, danach, zu welchen *Tageszeiten* der Zugang zum Internet gewährt wird. Ebenso galt der von MobilCom angestrebte monatlich Pauschaltarif für den „unbegrenzten" Zugang zum Internet nur für die Zeit von 19-7 Uhr. Diese Art der Differenzierung baut im Kern auf der Überlegung auf, daß Privatkunden für den Zugang zum Internet weniger zu zahlen bereit sind als Geschäftskunden. Da Geschäftskunden aber nur bedingt auf die preislich attraktiveren Abendstunden ausweichen können, sind die Preise tagsüber höher als abends, so daß letztlich die Konsumenten mit einer hohen Zahlungsbereitschaft, d.h. die Geschäftskunden, auch einen hohen Preis bezahlen.

Informationsanbieter aus dem Finanzbereich stehen auch zumindest zwei unterschiedlichen Kundengruppen gegenüber: Zum einen Investoren, die ein hohes Anlagevolumen und demzufolge eine hohe Zahlungsbereitschaft für Finanzinformationen haben, und zum anderen Investoren mit einem niedrigen Anlagevolumen und einer dementsprechend niedrigeren Zahlungsbereitschaft. Die Unterscheidung nach der Tageszeit ist bei Finanztransaktionen rund um den Globus jedoch weniger sinnvoll. Deswegen unterscheiden diese Anbieter nicht nach der Tageszeit, sondern der *Verzögerung*, mit der die Informationen an die Nutzer ausgeliefert werden (Shapiro und Varian 1998b, S. 110). Der Wert brandaktueller Informationen ist für Investoren mit hohem Anlagevolumen deutlich höher als für Kleinanleger, so daß der höhere Preis für diese aktuellen Informationen auch von diesen Investoren bezahlt wird, während Kleinanleger den günstigeren Preis wählen und immer noch einen positiven Deckungsbeitrag bewirken.

4.2 Mengenbezogene Preisdifferenzierung

Mit der mengenbezogenen Preisdifferenzierung werden erneut die unterschiedlich hohen Zahlungsbereitschaften der Konsumenten ausgenutzt. Hier ist das zentrale Unterscheidungskriterium die Anzahl der Mengeneinheiten, die von den Konsumenten nachgefragt werden (Skiera 1999b). So benötigen beispielsweise Unternehmen eine höhere Anzahl an Software-Lizenzen als private Kunden, wollen aber häufig geringere Preise pro Lizenz eingeräumt bekommen. Deswegen bietet es sich an, entweder Einplatz- und Mehrplatzlizenzen zu unterschiedlichen Preisen pro Arbeitsplatz anzubieten oder Mengenrabatte für Mehrfachlizenzen zu gewähren. Auf ähnlichen Überlegungen aufbauend legt AOL seine Preise für den Zugang ins Internet in den USA fest. So können Konsumenten zwischen Preisen von 21,95 US$ mit unlimitiertem Zugang zum Internet oder u.a. einem Preis von 4,95 US$ für einen auf drei Stunden begrenzten Zugang wählen (www.aol.com/info/pricing). Die daraus letztlich resultierenden unterschiedlichen marginalen Preise führen zu einem unterschiedlichen Verhalten der Nutzer (Skiera und Albers 1999).

Die mengenbezogene Preisdifferenzierung gestattet gänzlich neue Erlösmodelle. So kann statt dem Verkauf eines Produkts auch das Leasing oder die Vermietung eines Produkts angestrebt werden (Varian 1997, Fishburn und Odlyzko 1999). Während beim Verkauf eines Produkts im wesentlichen nur ein einziger Preis für die Überlassung des Produkts erzielt werden kann, bietet das Leasing oder die Vermietung den Vorteil, daß für die Überlassung und die Benutzung des Produkts separate Preise berechnet werden können. Denkbar ist bei einer Software zum Erstellen von Steuererklärungen beispielsweise, daß jeweils ein Preis für die Überlassung der Software und für die Dauer der Benutzung verlangt wird. Steuerberater, die eine höhere Zahlungsbereitschaft als private Nutzer hätten, würden somit aufgrund ihrer längeren Nutzungsdauer auch einen höheren Preis als die privaten Nutzer bezahlen.

4.3 Leistungsbezogene Preisdifferenzierung

Bei der leistungsbezogenen Preisdifferenzierung werden mehrere Varianten eines Produkts angeboten, die sich vor allem hinsichtlich der folgenden Punkte unterscheiden:

- dem Leistungsumfang,

- der Leistungsfähigkeit und

- der Zusatzleistungen.

Der **Leistungsumfang** bezieht sich vor allem auf die Menge und damit die Quantität der angebotenen Leistungskomponenten. Typische Beispiele stellen hierfür der *Detaillierungsgrad* und der *Funktionsumfang* dar. So können beispielsweise beim Wall Street Research Net (www.wsrn.com) aktuelle Aktienkurse und die gehandelten Volumina einer Aktie kostenlos angesehen werden. Eine Datei mit dem Kursverlauf und den gehandelten Volumina in der Vergangenheit, die somit mehr Detailinformationen enthält, kann aber nur gegen Bezahlung bezogen werden. Den *Funktionsumfang* beschränkt der Anbieter des Online-Forums Silicon Investor (www.techstocks.com) für die Teilnehmer, die eine kostenlose Teilnahme wünschen, in der Form, daß diese nur Nachrichten lesen können. Das Einbringen eigener Nachrichten oder das Versenden von E-Mails an andere Teilnehmer ist nur beim Entrichten des Mitgliedsbeitrags in Höhe von 100 US$ für ein Jahr oder 200 US$ für eine lebenslange Mitgliedschaft möglich (Shapiro und Varian 1998a, S. 111). Ähnlich geht das Unternehmen Strato (www.strato.de) vor, das die Preise für das Einrichten von Web-Sites auch danach unterscheidet, ob z.B. ein FTP-Zugang möglich, eine Mailbox eingerichtet, Zugriffs-Statistiken geliefert oder CGI-Bibliotheken angelegt werden können.

Die **Leistungsfähigkeit** zielt auf die Qualität der angebotenen Leistungskomponenten ab. Dies kann sich beispielsweise auf die *Verarbeitungs- oder Zugriffsgeschwindigkeit* und die *Qualität der Graphiken* beziehen. Eines der markantesten Beispiele für die Preisdifferenzierung über die Verarbeitungsgeschwindigkeit stellen Drucker in der realen Welt dar. Beispielsweise hatte IBM 1990 zwei Laser-Drucker angeboten, die sich im Preis und hinsichtlich der Anzahl zu druckenden Seiten pro Minute unterschieden haben. Beide Drucker unterschieden sich aus technischer Sicht nur dadurch, daß in den langsameren Drucker eine Warteschleife einprogrammiert wurde, mit der die Druckgeschwindigkeit „künstlich" verlangsamt wurde (Deneckere und Mc-Afee 1996, S. 153 f.). Eine ähnliche Vorgehensweise ist beispielsweise für das Abrufen von Informationen aus dem Internet oder den Zugriff auf Web-Sites denkbar. Die Qualität der Graphiken wird beispielsweise vom Unternehmen PhotoDisk (www.photodisk.com) über die entsprechende Auflösung variiert, so daß professionelle Nachfrager, die üblicherweise über eine höhere Zahlungsbereitschaft verfügen, letztlich Graphiken mit höherer Auflösung und damit verbunden höheren Preisen bezahlen (Shapiro und Varian 1998a, S. 112 f.).

Die angebotenen **Zusatzleistungen** können sowohl zu höheren als auch zu niedrigeren Preisen führen. Beispielsweise unterscheiden sich die vom Unternehmen Strato (www.strato.de) angebotenen Preise auch nach den Möglichkeiten des vom Unternehmen angebotenen *Support*. So wird Support für die sehr günstigen Angebote des Einstellens von Web-Sites in das Internet nur über eine kostenpflichtige 0190-Nummer gewährt, während bei teureren Angeboten auch kostenlos auf Support über Telefon oder per E-Mail zurückgegriffen werden kann. Eine Zusatzleistung, die eher unerwünscht ist, kann jedoch auch darin bestehen, daß bei Inanspruchnahme eines günstigen Angebotes zusätzlich *Werbung* eingespielt wird. Auf eine solche Möglichkeit greift z.B. das Unternehmen PureTec als eine Tochter des Unternehmens United Internet zurück (www.puretec.de), die Kapazität für Web-Sites mit dem Einspielen von Werbung günstiger zur Verfügung stellt als ohne das Einspielen von Werbung.

4.4   Suchkostenbezogene Preisdifferenzierung

Bei der suchkostenbezogenen Preisdifferenzierung werden die unterschiedlich hohen Suchkosten ausgenutzt. Die Überlegung baut darauf auf, daß Konsumenten mit hohen Suchkosten eine höhere Zahlungsbereitschaft aufweisen und aufgrund ihrer hohen Suchkosten weniger intensiv nach günstigen Preisen suchen werden. Diese Konsumenten sollen deswegen auch höhere Preise bezahlen (Tellis 1986). Typische Beispiele aus der realen Welt sind das Anbieten von gleichen Produkten in verschiedenen Distributionskanälen oder unter anderen Markennamen sowie der Einsatz von *Verkaufsförderungsaktionen* (Skiera 1999b, S. 291). Insbesondere bei Verkaufsförderungsaktionen können die Konsumenten, die geringe Suchkosten aufweisen und demzufolge mehr Zeit in das Studium von Sonderangeboten investieren, günstigere Preise realisieren (Narasimhan 1984).

- Die Möglichkeiten zur Preisdifferenzierung auf der Basis von demographischen Merkmalen bieten wenig Aussicht auf Erfolg, da diese Angaben im Internet nicht zuverlässig genug erfaßt werden können.

- Mit dem Anbieten personalisierter Produkte kann eine individuelle Festlegung der Preise angestrebt werden.

- Bei einer zeitbezogenen Preisdifferenzierung bietet sich eine Differenzierung der Preise vor allem nach der Aktualität der Produkte an. Diese Form kann technisch sehr einfach umgesetzt werden, da Produkte unterschiedlich schnell ausgeliefert werden können.

- Neben dem Gewähren von Preisnachlässen bietet sich bei einer mengenbezogenen Preisdifferenzierung auch das Einführen gänzlich neuer Erlösmodelle an. So können Produkte nicht nur verkauft, sondern auch geleast oder vermietet werden. Dies bietet die Möglichkeit, getrennte Preise für die Überlassung und die Benutzung der Produkte zu berechnen.

- Vor allem bei digitalisierbaren Produkten bietet sich auch eine leistungsbezogene Preisdifferenzierung an, die sich vor allem nach dem Leistungsumfang, der Leistungsfähigkeit und den angebotenen Zusatzleistungen unterscheiden kann.

- Maßnahmen der Verkaufsförderung sind ein gutes Mittel um die unterschiedlich hohen Suchkosten der Konsumenten auszunutzen.

Box 2:   Einsatzmöglichkeiten der verschiedenen Möglichkeiten zur Preisdifferenzierung

5   Resümee

Viele Produkte im Internet weisen Netzeffekte und positive Skalenerträge auf, so daß deren Nutzen für den Konsumenten mit einer zunehmenden Verbreitung zunimmt. Dies führt zu der in Abbildung 2 dargestellten Preisgestaltung, in der in der Einführungsphase zunächst einmal das Produkt über Werbemaßnahmen bekannt gemacht werden muß. In der Verbreitungsphase muß die Preispolitik die schnelle Verbreitung unterstützen, was durch das Anbieten zu günstigen Preisen erfolgt. Im Falle geringer variabler Produktions- und Distributionskosten oder dem Vorhandensein sehr großer finanzieller Ressourcen kann dies bei Produkten mit positiven Skalenerträge auch kurzfristig durch das Verschenken der Produkte erfolgen.

Damit mittelfristig jedoch auch die Verkaufserlöse einen positiven Deckungsbeitrag bewirken, muß das Preisniveau nach dem Erreichen einer ausreichenden Verbreitung erhöht werden. Dafür bietet sich insbesondere das Einführen neuer und besserer Produktvarianten an, für die dann entsprechende Preissteigerungen realisiert werden. Damit Konsumenten auch zum Bezug dieser teureren Produktvarianten angeregt werden, sollten nicht alle Verbesserungen eines Produkts auch der kostenlos angebotenen Variante zukommen.

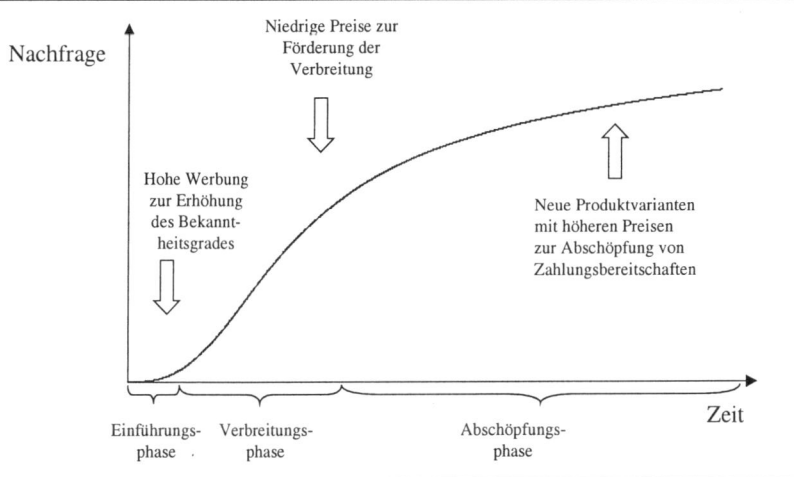

Abb. 2:   Preisgestaltung im Zeitablauf

Literatur

Clement, M., T. Litfin und K. Peters (1999): Netzeffekte und Kritische Masse, in: Albers, S., M. Clement und K. Peters (Hrsg.): *Marketing mit Interaktiven Medien. Strategien zum Markterfolg*, 2. Auflage, Frankfurt, 81-94.

Deneckere, R. und R.P. McAfee (1996): Damaged Goods, *Journal of Economics and Management Strategy*, 5, 149-174.

Fishburn, P.C. und A.M. Odlyzko (1999): Competitive Pricing of Information Goods: Subscription Pricing versus Pay-Per-Use, *Economic Journal*, 13, 447-470.

Kelly, K. (1998): *New Rules for the New Economy. 10 Radical Strategies for a Connected World*, New York.

Narasimhan, C. (1984): A Price Discrimination Theory of Coupons, *Marketing Science*, 3, 128-147.

Pigou, A.C. (1929): *The Economics of Welfare*, London.

Shapiro, C. und H.H. Varian (1998a): Versioning: The Smart Way to Sell Information, *Harvard Business Review*, 76(Nov/Dec), 106-114.

Shapiro, C. und H.R. Varian (1998b): *Information Rules: A Strategic Guide to the Network Economy*, Boston (Mass.).

Skiera, B. (1999a): Auktionen, in: Albers, S., M. Clement und K. Peters (Hrsg.): *Marketing mit Interaktiven Medien. Strategien zum Markterfolg*, 2. Auflage Frankfurt am Main, 297-310.

Skiera, B. (1999b): *Mengenbezogene Preisdifferenzierung bei Dienstleistungen*, Wiesbaden.

Skiera, B. (1999c): Preisdifferenzierung, in: Albers, S., M. Clement und K. Peters (Hrsg.), *Marketing mit Interaktiven Medien. Strategien zum Markterfolg*, 2. Auflage, Frankfurt am Main, 283-296.

Skiera, B. und S. Albers (1999): Tarifabhängige Nutzung, in: Albers, S., M. Clement und K. Peters (Hrsg.), *Marketing mit Interaktiven Medien. Strategien zum Markterfolg*, 2. Auflage, Frankfurt am Main, 223-236.

Skiera, B. und M. Spann (1998): Gewinnmaximale zeitliche Preisdifferenzierung für Dienstleistungen, *Zeitschrift für Betriebswirtschaft*, 68, 703-718.

Tellis, G.J. (1986): Beyond the Many Faces of Price: An Integration of Pricing Strategies, *Journal of Marketing*, 50 (October), 146-160.

Varian, H.R. (1997), *Buying, Sharing and Renting Information Goods*, (http://www.sims.berkeley.edu/~hal/people/hal/papers.html), Stand: 05.12.1997.

Zerdick, A., A. Picot, K. Schrape, A. Artopé, K. Goldhammer, U.T. Lange, E. Vierkant, E. López-Escobar und R. Silverstone (1999): *Die Internet-Ökonomie: Strategien für die digitale Wirtschaft / European Communication Council*, Berlin et al.

III Entwicklung des Distributionsmediums

3 Wie werden die Produkte den Kunden angepaßt? – Massenhafte Individualisierung

Ralf E. Strauß   *– Gemini Consulting*
Detlef Schoder   *– Universität Freiburg*

Überblick

- Die massenhafte Individualisierung beschreibt die kundenindividuelle Ansprache einer Vielzahl unterschiedlicher Kundensegmente mit Informationen, Produkten und Dienstleistungen. Eine entsprechende Marketing-Ausrichtung wird mit One-to-One-Marketing bezeichnet.

- Internet-basiertes One-to-One-Marketing erlaubt dem Kunden das schnelle, unkomplizierte Auffinden von Informationen und Produkten entsprechend seiner Präferenzen. Unternehmen erhalten die Möglichkeit zur Differenzierung im Wettbewerb durch individuelle Kundenansprache bei gleichzeitiger Realisierung von Skalenvorteilen, einen Ansatz zur Erzielung höherer Kundenloyalität sowie Wertschöpfungspotentiale etwa durch Mehrwertangebote, die letztlich höhere Preise realisieren helfen.

- Erste Erfahrungen mit One-to-One-Marketing dokumentiert die Electronic Commerce Enquête, eine Umfrage bei 914 Unternehmen im deutschsprachigen Raum.

1 Individualisierungstendenzen in Marketing und Produktion

Unternehmen versuchen zunehmend mit maßgeschneiderten Produkten und mit dialogorientierter Kundenansprache dem Konsumententrend zur Individualisierung nachzukommen. Entsprechend befindet sich das Marketing in einer Phase des Umbruchs, die sich als Evolution vom Massen-Marketing über das Zielgruppen-Marketing hin schließlich zum kundenindividuellen One-to-One-Marketing charakterisieren läßt (Hildebrand 1997). Traditionelles Produkt-Marketing mit dem Fokus auf Preis, Produkt, Plazierung und Promotion verändert sich unter verstärktem Wettbewerb und Marktsättigung zu einem umfassenderen Beziehungs-Marketing mit dem Kunden im Mittelpunkt (Diller und Kusterer 1998).

In letzter Konsequenz bedeutet dies, jeden Kunden als eigenständiges Marktsegment zu begreifen und seinen Bedürfnissen entsprechend im Marketing zu bedienen. Hat die kundenindividuelle Ansprache im traditionellen Industriegeschäft bereits Tradition (Piller 1998), erlauben es neue Medien wie das Internet, diese kundenorientierte Ansprache kostengünstig nicht nur für einzelne, wenige Großkunden zu realisieren. Vielmehr können alle Kunden weitgehend automatisiert individuell angesprochen werden. Durch eine Individualisierung der Kundenbeziehung lernt das Unternehmen mehr und mehr über den jeweiligen Kunden und kann dieses Wissen „proaktiv" einsetzen, um Kundenbedürfnisse zu befriedigen.

2 Internet-basiertes One-to-One-Marketing

Unter *One-to-One-Marketing* wird eine einzelkundenorientierte Ausrichtung aller Marktaktivitäten verstanden, deren Ziel die jeweils individuelle Ansprache und individuelle Problemlösung ist (Peppers und Rogers 1993). Beispiele für One-to-One-Marketing finden sich etwa im Versenden individualisierter Werbe-E-Mails (Peppers und Rogers 1997; Abb. 1) oder auch bei individualisierten Informationen bei *My-Yahoo!* (Abb. 2).

Wenngleich One-to-One-Marketing auch in der traditionellen Kunden-Lieferanten-Interaktion möglich ist, hilft der elektronisch gestützte Geschäftsverkehr effizientere Kommunikationsbeziehungen zwischen Kunden und Lieferanten im Massenmarkt herzustellen (Peppers und Rogers 1997, Choi, Stahl und Whinston 1997). So erlaubt die elektronische Kommunikation eine vereinfachte Identifikation einzelner Individuen und deren Präferenzen beispielsweise anhand von Registrierungsformularen (z.B. www.stream-line.com). Hier wird der individuelle Bedarf an Gebrauchsgütern elektronisch erfaßt und nachverfolgt. Die Anlieferung erfolgt durch einen Heimlieferservice in einen „erweiterten Hausbriefkasten" (Peppers und Rogers 1997, S. 159 ff.). Aus der Kaufhistorie und mittels statistischer Analysen wird der Bedarf ermittelt, gegebenenfalls ohne daß der Haushalt das Fehlen von Gebrauchsgütern bereits selbst bemerkt hat.

Dear Ralf,

Because you're a fan of Aretha Franklin we thought you'd want to know that for a limited time only, her entire catalogue is available here at CDnow for up to 30% off our regular prices. To see Aretha Franklin's entire discography go to: http://cdnow.com/aretha/from=rex:x:cdn:af.

Your friends at Cdnow

Abb. 1:   Beispiel einer individuellen, E-Mail-basierten Kundenansprache bei CD-Now, einem Internet-basierten CD-Handel

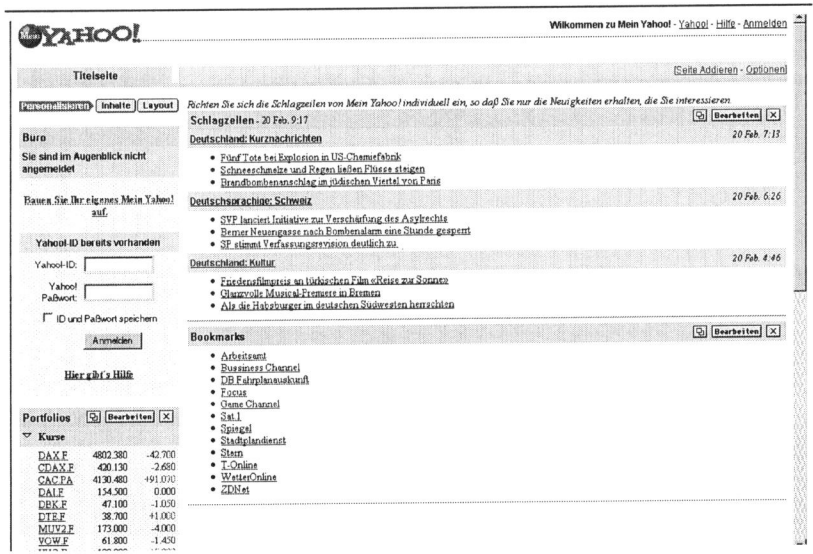

Abb. 2:   Beispiel einer individuellen Kundeninformation bei My-Yahoo!, einer Internet-basierten Suchmaschine (de.my.yahoo.com)

Vorteile der Individualisierung auf Kundenseite ergeben sich durch die Zeitersparnis bei der Suche nach präferenzkonformen Informationen sowie durch die Möglichkeit, eigene Präferenzen nicht jeweils erneut aufwendig angeben zu müssen, sondern entsprechend bequem „hinterlegen" zu können.

Aus Unternehmenssicht verspricht die Individualisierung:

- Eine Differenzierung des Leistungsangebots und eine Umsatzerhöhung durch Realisierung höherer Preise – etwa durch informative Mehrwertangebote. Der Schlüsselvorteil der Web-basierten Individualisierung liegt in der vermeintlich widersprüchlichen *massenhaften Individualisierung*. Die konkrete Realisierung geschieht dank automatischer Sammlung, Abgleich und Zuordnung von individuellen Kundenpräferenzen mit entsprechenden Produkten und Dienstleistungen.

- Eine höhere Kundenloyalität durch das gezielte Angebot von Produkten und Dienstleistungen, die auf die individuellen Präferenzen abgestimmt sind. Dabei wird ein Abgleich mit den Profilen anderer Käufer vorgenommen (Collaborative Filtering; Abb. 3).

Abb. 3:   *Beispiel einer individuellen Kundeninformation bei Amazon.com, einem Internetbasierten Buchversender (www.amazon.com).*

- Ein größeres Markt-Know-how durch die systematische Sammlung aller verfügbarer Kundendaten und deren Nutzung im Rahmen von Produktentwicklung und Marketing. Damit besteht die Möglichkeit zum weitergehenden One-to-One-Marketing und „Cross-Selling" mit anderen, dem Nutzerprofil entsprechenden Produkten.

3 Methoden und Probleme des One-to-One-Marketing

Grundlage eines effektiven One-to-One-Marketing ist eine aussagekräftige Datenbasis über jeden einzelnen Kunden. Kundendaten lassen sich im Internet auf mehreren Arten generieren: Zum einen kann der Kunde *aktiv* nach Daten gefragt werden. So geben Nutzer beispielsweise bei der Registrierung für einen Service häufig Daten über sich preis. Weitere Auswahlmenüs können bei geschicktem Einsatz zusätzliche Daten generieren. So ist vorstellbar, daß ein Horoskop für Männer oder Frauen angegeben wird – je nach Wahl weiß der Anbieter dann, ob der Kunde wahrscheinlich männlich oder weiblich ist.

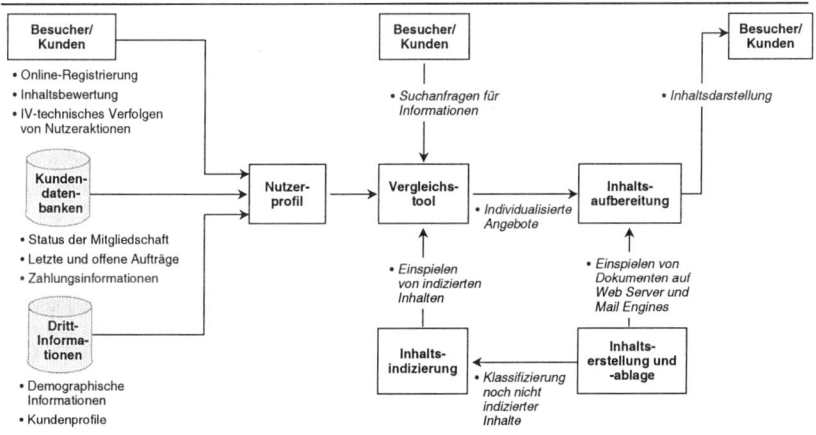

Abb. 4:   Konzept des Internet-basierten One-to-One-Marketing

Beim passiven Sammeln von Daten werden spezielle Anwendungen (wie etwa die Analyse der Server-Log-Files, Cookies, elektronischer Visitenkarten etc.) eingesetzt. Auf der Grundlage eines gewonnenen Profils suchen Vergleichstools entsprechende Inhalte bzw. weisen bereits vorab inhaltlich analysierte (indizierte) Inhalte dem Profil zu und präsentieren dem Nutzer das Ergebnis in Form einer individualisierten Web-Page. Abbildung 4 zeigt das Zusammenwirken der einzelnen Datenquellen zur Individualisierung mit der verfügbaren Kundendatenbasis.

3.1 Methoden der Individualisierung

Zur Individualisierung sind bereits eine Vielzahl an Vergleichstools und Methoden verfügbar. Diese lassen sich grob in Collaborative Filtering, digitale Zertifikate/Cookies, regelbasierte Systeme sowie Clickstream Analysen unterscheiden (Bayers 1998; Bocionek 1995; Abb. 5).

Verfahren	Beschreibung	Verfügbare Tools	Einsatzgebiet
Collaborative Filtering	Nutzer mit ähnlichen Präferenzen dienen als Grundlage für Empfehlungen	• FireFly • LikeMinds • NetPerceptions	• Nutzerprofil-Erzeugung • Vergleichs-tool
Clickstream Analyse	Erfassung des Online-Verhaltens zur Erschließung von Nutzerpräferenzen	• Accrue • IBM • OpenSesame • StarPoint	• Nutzerprofil-Erzeugung
Zertifikate und Cookies	Auswertung von Nutzer-, Präferenz- und Bewegungsprofilen	• FireFly • Netscape • VeriSign	• Nutzerprofil-Erzeugung
Regelbasierte Systeme	Regeln für den Vergleich indizierter Inhalte gegenüber Nutzerpräferenzen	• Affinicast • ATG • Broadvision	• Vergleichs-tool

Abb. 5: Methoden der Individualisierung

3.2 Probleme mit One-to-One-Marketing

Probleme eines systematischen Aufbaus von Kundendaten entstehen zunächst durch die Abneigung von Konsumenten, sich ohne weitergehende Anreize auf der Webseite des Anbieters registrieren zu lassen. Erfahrungen im Bereich Touristik zeigen, daß die Bereitschaft zur Angabe persönlicher In-

116

formationen deutlich zunehmen kann, solange der Gegenwert des dadurch spezifizierten Angebots wächst. Schwer zu vermitteln ist der Nutzen einer wahrheitsgemäßen Beantwortung der gestellten Fragen für den Kunden, sofern diesem nicht wie bei Informationsdiensten (etwa *My-Yahoo!*) oder *Entrypoint* (www.entrypoint.com) der Nutzen unmittelbar ersichtlich ist. Das Angebot von individuell zugeschnittenen Produkten kann hingegen die Nutzerakzeptanz fördern.

Die Häufigkeit des Anklickens bestimmter Angebote (sog. Klickraten) können als Informationsquelle lediglich ergänzend hinzugezogen werden, da das Verweilen auf bestimmten Seiten nicht zwangsläufig auch einem erhöhten Interesse an der hier dargestellten Information zugerechnet werden kann.

Ein für Nutzer wie auch Anbieter unerwünschtes Vermischen von Nutzerpräferenzen läßt sich weitgehend vermeiden, wenn zur Unterscheidung von Nutzern nicht die Identität des Browsers respektive des PCs herangezogen wird, sondern tatsächlich für jeden Teilnehmer ein personenbezogenes Profil erstellt wird. Problematisch bleibt allerdings dann immer noch die Verfälschung von Profilen im Zusammenhang mit gelegentlichen Besorgungen für Dritte. Der Kauf etwa eines Buches zu einem ausgefallenen Thema als Geschenk führt zwangsläufig zu unzutreffenden Profilierungen. Abhilfe schafft aber die Frage, ob das Buch eventuell als Geschenk verpackt werden soll. Klickt der Nutzer auf den Button „Nein, ich packe es lieber selbst ein" bzw. „Ja, gerne" oder „Kein Geschenk", dann weiß der Anbieter, ob es sich um ein Geschenk handelt oder nicht. Ist es ein Geschenk, dann wird dieser Kauf bei der Profilbildung nicht berücksichtigt.

Einer systematischen Datengewinnung und -verwertung stehen weiterhin Probleme der Sicherung der Datenqualität (Aktualität, Korrektheit Vollständigkeit, Relevanz) und des Datenschutzes gegenüber (Jöst 1998, S. 133). Die deutsche Rechtsprechung untersagt die Sammlung und Verwertung von personenbezogenen Daten, die nicht in Zusammenhang mit einer konkreten Geschäftsbeziehung erfaßt werden, sowie die Beobachtung und Erfassung eines individuellen Nutzerverhaltens ohne vorherige Zustimmung des Kunden bzw. Nutzers.

4 Erfahrungen mit One-to-One-Marketing in deutschen Unternehmen

Empirische Grundlage für die Einschätzung des One-to-One-Marketing aus Unternehmenssicht bildet die von den Autoren in Zusammenarbeit mit der Universität Freiburg, IIG-Telematik, Gemini Consulting und der Computer Zeitung durchgeführte Electronic Commerce Enquête 97/98 (ECE). Adressaten der 157 Fragen umfassenden ECE waren Entscheidungsträger der oberen und obersten Hierarchieebenen von Unternehmen. Insgesamt wurden in Deutschland, Österreich und der Schweiz 116.621 Fragebögen zwischen Oktober und November 1997 ausgegeben. Der absolute Rücklauf beträgt 914 Fragebögen (Schoder, Strauß und Welchering 1998).

4.1 Einsatz von One-to-One-Marketing im deutschsprachigen Raum

Die Mehrheit der befragten Unternehmen (66,7%) macht keinen Gebrauch von One-to-One-Marketing, obwohl der Mehrzahl der Unternehmen bekannt ist, daß derartige Möglichkeiten bestehen. Nur 19,8% der Unternehmen geben an, daß Ihnen diese Marketing-Option bislang gar nicht bekannt war (Piller und Schoder 1999):

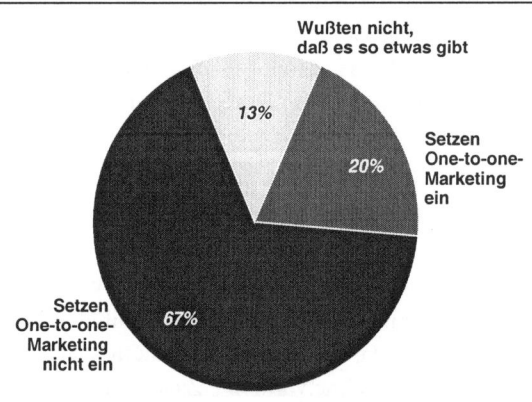

Abb. 6:   Einsatz von One-to-One-Marketing (Fallzahl: 688)

Diejenigen, die bereits heute am meisten One-to-One-Marketing betreiben, sind entweder sehr große Unternehmen mit 1.000 bis 9.999 Mitarbeitern

(22,8%) oder die kleinen mit 3-9 Mitarbeitern (15,2%). Kein Gebrauch von diesem Marketing-Instrument, weil dieses den Entscheidern auch nicht bekannt ist, machen zu 15,4% Firmen, die mit 100-249 Mitarbeitern eher dem Mittelstand zuzurechnen sind.

4.2 One-to-One-Marketing und Informationsmanagement

Grundvoraussetzung für ein One-to-One-Marketing ist die systematische Pflege und Erhebung individueller Kundendaten (Bayers 1998). 58,2% der Unternehmen, die bereits heute One-to-One-Marketing betreiben, stimmen der systematischen Erhebung und Pflege von Kundendaten „eher" bzw. „voll" zu. Die Unternehmen, die keinen systematischen Aufbau von Kundendatenbanken angeben, setzen One-to-One-Marketing zu 75,8% nicht ein, obwohl ihnen nach eigenen Angaben diese Möglichkeit bekannt ist. Die Daten bestätigen die Vermutung, daß das Nicht-Vorhandensein einer entsprechenden Datenbasis die Nutzung von One-to-One-Marketing verhindert. Die Daten zeigen weiterhin, daß Unternehmen mit Nutzung von One-to-One-Marketing eine häufigere Aktualisierung der Web-Seiten vornehmen als die Unternehmen, die kein One-to-One-Marketing einsetzen. Die Analyse von Einzelfällen zeigt, daß oftmals die erforderlichen Kundendaten über mehrere unterschiedliche IV-Systeme verteilt sind und kaum kurzfristig mit vertretbarem Aufwand für ein effektives One-to-One-Marketing aufbereitet werden können (Peppers und Rogers 1997, S. 84 f.).

4.3 Erfolge mit One-to-One-Marketing

Wenn One-to-One-Marketing eingesetzt wird, sorgt dies für 37,8% der befragten Unternehmen auch dafür, daß die Kundenbindung via WWW erhöht sowie neue Dienstleistungen (69,5%) angeboten werden. Interessant für die zukünftige Nutzung des One-to-One-Ansatzes ist der Zusammenhang mit der Einschätzung der Profitabilität der Web-Präsenz. Hier zeigt sich, daß diejenigen Unternehmen, die bereits Gebrauch von One-to-One-Marketing machen, in der Mehrheit (33,9%) deutlich früher das Erreichen der Profitabilität im Vergleich mit den „Nicht-Nutzern" erwarten. Letztere sind in der Mehrheit (25,3%) allenfalls von brauchbarer PR und Öffentlichkeitsarbeit überzeugt.

5   Zusammenfassung und Ausblick

Das Konzept der Individualisierung im Rahmen des One-to-One-Marketing ist theoretisch und konzeptionell sehr gut aufgearbeitet. Eine Palette leistungsstarker Methoden und geeigneter Produkte ist am Markt verfügbar. Erfolgreiche Einzelbeispiele belegen die Machbarkeit des One-to-One-Marketing. Das One-to-One-Marketing wird in der untersuchten großen Stichprobe dagegen nur von einer vergleichsweise geringen Anzahl von Unternehmen realisiert, obwohl diese Unternehmen vorgeben, eine ausgeprägte Kundenfokussierungs- und Differenzierungsstrategie zu verfolgen.

Empirische Gründe für dieses Ergebnis sind, daß die überwältigende Mehrheit der Unternehmen kein zielführendes Informationsmanagement im Sinne des One-to-One-Marketing realisiert. Dies beginnt bereits bei der Auslassung zahlreicher Möglichkeiten der aktiven und passiven Datenerhebung zur Nutzerprofilierung. Ohne diese grundlegende Datenbasis ist eine weiterführende Analyse in Richtung individueller Nachfragepräferenzen kaum möglich. Erheblich nutzenstiftende Potentiale des Internet-gestützten One-to-One-Marketing warten auf ihre Umsetzung. Entsprechende Methoden, Konzepte, Erfahrungswerte und Erfolgsbeispiele sind bereits vorhanden.

Literatur

Bayers, C. (1998): *The promise of one-to-one*, Wired, May 1998.

Bocionek, S.R. (1995): Agent Systems that Negotiate and Learn, *International Journal of Human-Computer Studies*, 42, S. 265-288.

Choi, S.-Y., D.O. Stahl und A.B. Whinston (1997): *The Economics of Electronic Commerce*, Indianapolis.

Diller, H. und M. Kusterer (1998): Beziehungsmanagement, Theoretische Grundlagen und explorative Befunde, *Marketing ZFP*, 10, 3, S. 211-220.

Hildebrand, V. G. (1997): *Individualisierung als strategische Option der Marktbearbeitung – Determinanten und Erfolgswirkungen kundenindividueller Marketingkonzepte*, Wiesbaden.

Jöst, M. (1998): One-to-One-Communication – Individualisierung von Websites, in: Heinen, I. (Hrsg.): Internet – von der Idee zum kommerziellen Einsatz, *Deutscher Internet Kongreß '98*, Frankfurt, S. 129-134.

Jung, H.-H. und K.-P. Wiedmann (1998): Neuronale Netze im Rahmen der Automobilsegmentierung, in: Hippner, H., M. Meyer und K.D. Wilde (Hrsg.): *Computer Based Marketing*, Braunschweig S. 437-444.

Peppers, D. und M. Rogers (1993): *The one to one future*, New York.

Peppers, D. und M. Rogers (1997): *Enterprise One-To-One,* New York.

Piller, F.T. (1998): *Kundenindividuelle Massenproduktion – Mass Customization: Die Wettbewerbsstrategie der Zukunft,* München, Wien.

Piller, F. T. und D. Schoder (1999): Mass Customization und Electronic Commerce, Eine empirische Einschätzung zur Umsetzung in deutschen Unternehmen, erscheint in: *Zeitschrift für Betriebswirtschaft.*

Schoder, D. und R.E. Strauß (1998): The Business Value Of Web-Based Electronic Commerce - Empirical Evidence From Germany, *Proceedings of the twelth biennal conference of the ITS: Beyond convergence, communication into the next millennium,* Stockholm, June 21-24.

Schoder, D., R.E. Strauß und P. Welchering (1998): Electronic Commerce Enquête 1997/98, Empirische Studie zum betriebswirtschaftlichen Nutzen von Electronic Commerce für Unternehmen im deutschsprachigen Raum, *Executive Research Report,* Stuttgart.

III Entwicklung des Distributionsmediums

4 Wie ziehe ich den Kunden an? – Virtuelle Communities

Claudius Paul – *Universität Kiel*
Matthias Runte – *Bertelsmann mediaSystems*

Überblick

- Virtuelle Communities sind interaktive Gemeinschaften von Personen und Organisationen im Cyberspace.

- Communities sind eine wirkungsvolle Strategieoption zur Steigerung der Kundenbindung und zur Bündelung von Kaufkraft.

- Communities bieten eine hervorragende Plattform für das One-to-One-Marketing, auf der Kundenwünsche optimal befriedigt und knappe Marketing-Budgets optimal eingesetzt werden können.

- Beim Community-Building bedient man sich bestimmter Instrumente, deren zweckmäßiger Einsatz in diesem Beitrag dargestellt wird.

1 Einführung

Viele Unternehmen haben bereits die ersten Schritte in Richtung Online-Geschäft durch den Aufbau unternehmenseigener Web-Sites getan. Die wenigsten verdienen damit bislang Geld. Im folgenden wird ein Konzept vorgestellt, das ein Überdenken vieler bisheriger Web-Auftritte nahelegt und für viele Unternehmen der Schlüssel zum Online-Erfolg sein könnte: Der Aufbau von interaktiven Kundenclubs, sogenannter Virtueller Communities. Das „Community-Building" eignet sich prinzipiell für jeden Online-Anbieter, der eine größere Anzahl von Online-Kunden dauerhaft an sich binden will.

Virtuelle Communities vereinen folgende Stärken:

• Die Kaufkraft wird in homogenen Zielgruppen gebündelt.

• Ein umfassendes Individual-Marketing wird ermöglicht.

• Die Interaktion mit dem Kunden und zwischen den Kunden wird gestärkt.

• Die Kundenbindung wird durch den Aufbau sozialer Netze unter den Kunden gesteigert.

• Markteintrittsbarrieren gegen Wettbewerber werden errichtet.

In diesem Beitrag beschreiben wir, welches die konkreten Eigenschaften und Vorteile Virtueller Communities sind. Wir werden weiterhin darauf eingehen, wie man konkret virtuelle Communities aufbaut, welche Falltüren man vermeiden sollte und welche Steuerungs- und Kontrollsysteme man benötigt.

2 Was sind Virtuelle Communities?

Virtuelle Communities sind Gemeinschaften von Personen und Organisationen im Cyberspace. Die ersten Virtuellen Communities entstanden in den 80er Jahren in den Kommunikationsforen des Internet. In diesen „Newsgroups" wird seitdem ein weltweiter Gedankenaustausch über Forschung und Lehre, Computer, Freizeitgestaltung, Musik, Kunst und unzähliges mehr durchgeführt. Über die Kommunikation hinaus entwickelte sich ein dauerhaftes Netzwerk persönlicher Bekanntschaften und Freundschaften. Mitte der 90er Jahre erkannte man, daß sich der Community-Gedanke und die ihm innewohnenden Wachstumskräfte wirtschaftlich nutzen lassen (Hagel III und

Armstrong 1997). Der Wert des Konzeptes scheint bereits die ersten Früchte zu tragen. Anfang 1999 wurde die Community „GeoCities" für vier Milliarden US$ an den Online-Dienst AOL verkauft.

- Erwerbswirtschaftliche Orientierung des „Community-Organizers".
- Konzentration auf einen Themenfokus.
- Würdigung von Beiträgen der Mitglieder.
- Verbindung von Kommunikation und Inhalten.
- Zugang zu untereinander im Wettbewerb stehenden Anbietern.
- Konsequente Umsetzung des Individual-Marketing.

Box 1:   Definition kommerzieller Virtueller Communities

Der Kern einer Community ist stets ein zentrales Thema, der *Themenfokus*. Um den Themenfokus herum entwickelt sich das Community-Leben. Er ist die entscheidende Schnittstelle der an der Community teilnehmenden *Mitglieder*. Der vom Veranstalter der Community (Community-Organizer) zu wählende Themenfokus ist nahezu beliebig. Beispiele umfassen allgemeine Themen wie Musik, Reisen und Software oder spezifische Fragestellungen wie Flugsimulatoren für den PC. Eine Community kann aus mehreren Bereichen mit jeweils unterschiedlichem Themenfokus bestehen.

Um eine Community in Schwung zu bringen, müssen zunächst *Inhalte* (Content) geschaffen werden, die einen engen Bezug zum Themenfokus besitzen. Sie bilden die Kristallisationskerne für die Interaktion der Benutzer mit dem Themenfokus und nachfolgend mit anderen Benutzern. Der Content umfaßt in der Regel mehrere Elemente wie Informationen, Produkte, Dienstleistungen und Entertainment. Diese Elemente sind in einer Weise bereitzustellen, die zum einen ein abgerundetes, interessantes Angebot bietet und zum anderen die Kommunikation zwischen den Teilnehmern in der Community ermöglicht.

Ausgehend von diesen Basisinhalten trägt das Prinzip des intensiven Einbezugs der Mitglieder mit zum Aufbau der Community bei. Mitglieder steuern Erfahrungen und Wissen über Newsgroups oder E-Mail bei, entwickeln eigene Ideen für Unterhaltungsangebote, moderieren Diskussionsgruppen usw. Gleichzeitig beginnt sich ein Netzwerk persönlicher Beziehungen zu entwikkeln, das die Mitglieder an andere Benutzer und damit an die Community bindet. Über das Netzwerk der persönlichen Beziehungen findet neben der öffentlichen Kommunikation auch Mund-zu-Mund-Propaganda statt, die für einen regen Informations- und Erfahrungsaustausch sorgt. Alle in der Community angebotenen Produkte, Dienstleistungen und Informationen werden somit durch einen begleitenden dynamischen Kommunikationsfluß ergänzt. Man nennt dies das Prinzip der *Verbindung von Inhalten und Kommunikation*, dessen direktes Ergebnis aus Marketing-Sicht ein Netzwerk von ausgesprochen gut informierten Nachfragern darstellt.

Virtual Communities werden wirtschaftlich interessant, wenn eine kritische Masse von Mitgliedern gewonnen werden kann. Sobald das Nachfragepotential der Community eine gewisse Größe erreicht hat, lassen sich kooperierende Anbieter von Gütern und Dienstleistungen in die Community integrieren. Durch die ständige Interaktion mit den Mitgliedern über alle Community-Bereiche hinweg kann der Community-Organizer viel über deren individuelle Vorlieben (Präferenzen) lernen. Dies schafft die Möglichkeit zur konsequenten Umsetzung der als „Mass Customization" bezeichneten automatisierten Individual-Marketing-Strategie, bei der eine Nachfragersegmentierung bis auf eine Segmentgröße von Eins vorgenommen wird. Die individuelle Präferenzkenntnis setzt der Community-Organizer für maßgeschneiderte Produktinformationen, Werbebotschaften und anderes mehr ein, um Streuverluste zu minimieren und Kundenwünsche optimal und individuell befriedigen zu können.

Der erfolgreiche Einsatz von Virtuellen Communities hängt entscheidend von der Geschwindigkeit ab, mit der kritische Massen an Mitgliedern, Inhalte, individuellen Benutzer- und Transaktionsprofilen, Produkten und Dienstleistungen aufgebaut werden können (Arthur 1996). Werbeeinnahmen, Provisionen und Kooperationsgebühren steigen überproportional und können bei wachsenden Mitgliederzahlen zu sehr hohen Umsätzen und Gewinnen führen (Clement, Litfin und Peters 1999). Dabei lassen sich vier selbstverstärkende Mechanismen identifizieren (Paul und Runte 1999), die zu progressivem Wachstum und überproportionaler Umsatzsteigerung führen (Box 2).

Im folgenden werden wir auf den zweckmäßigen Einsatz spezieller Instrumente zum Community-Building eingehen. Nachfolgend geben wir einige konkrete Handlungsempfehlungen zum Aufbau virtueller Communities. Anschließend gehen wir auf den Aufbau von Kontroll- und Steuerungssystemen ein, die sich als zweckmäßig für das Community-Building darstellen.

- **Community-Inhalte.** Mit wachsender Vielfalt von Nachrichten an schwarzen Brettern, privaten Homepages und angefüllten Chat-Räumen wird die Community immer interessanter für Neueinsteiger, welche wiederum Mitgliederinhalte einbringen. Dieser Mechanismus sorgt für eine lebendige Community und ist absolut erfolgskritisch für das Community-Building.
- **Loyalität und Kundenbindung.** Mit wachsender Mitgliederzahl und zunehmender Menge eingebrachter Inhalte steigt auch die Kommunikation unter den Mitgliedern. Dies führt zum Aufbau und Ausbau persönlicher Beziehungen, also der Verwirklichung des eigentlichen Community-Gedankens. Die Besuchsfrequenz steigt, die Vertrautheit mit der Bedienung wächst, und es entsteht eine soziale Bindung an die Community.
- **Mitgliederprofile.** Mit zunehmender Interaktion der Mitglieder wird es möglich, detaillierte Mitgliederprofile über Interessen, Informationsverhalten und Kaufgewohnheiten abzuleiten. Durch Individualisierung von Informationen und Angeboten kommt es zu einer nachhaltig verbesserten Kundenzufriedenheit, was erneut zu wachsender Mitgliederzahl und Loyalität führt.
- **Transaktionen.** Mit steigender Mitgliederzahl lassen sich immer mehr Anbieter von Waren und Dienstleistungen in die Community integrieren. Ein vielfältiges Angebot bedeutet erstens eine Zunahme von Transaktionen und damit Einnahmen für den Community-Organizer und zweitens eine gesteigerte Attraktivität für neue Mitglieder. Der steigende Umsatz führt wiederum zu wachsender Attraktivität für neue Anbieter, da das Nachfragepotential der Community progressiv steigt, Marketing-Instrumente sich aufgrund der homogenen Interessenlage der Mitglieder gezielt ausrichten lassen und äußerst geringe Transaktionskosten durch weitgehende Automatisierbarkeit aller Interaktions- und Transaktionsvorgänge bestehen.

Box 2: Dynamische Kreisläufe in Virtuellen Communities

3 Instrumente des Community-Building

In Box 1 sind die wesentlichen Elemente einer kommerziellen Virtuellen Community zusammengefaßt. In den Händen eines Community-Organizers werden sie zu Instrumenten des Community-Building. Mittlerweile gibt es bereits eine Reihe unterschiedlicher Software-Hersteller, die spezielle Community-Software liefern (z.B. www.web-fair.de). Dies mag die Durchführung der folgenden Aufgaben erleichtern.

Das Community-Building beginnt mit der Wahl des *Themenfokus*. In der Regel wird ein Unternehmen, das sich mit der Community-Idee befaßt, besondere Kenntnisse, Informationsquellen und Verbindungen für ein bestimmtes Thema mitbringen, wie z.B. ein Reiseveranstalter, der sich zum Aufbau einer Virtuellen Community mit Reisefokus entscheidet (www.travelchannel.de). Die thematische Vorzeichnung ist insbesondere dann gegeben, wenn die Community auf einen bestehenden Online-Auftritt aufbaut. Dennoch sind auch strategische Gesichtspunkte zu beachten. In welchen Gebieten existiert noch Community-Bedarf? Ist das Thema geeignet, eine wachsende und zahlungskräftige Zielgruppe anzusprechen?

Wie auch immer das Anfangsthema beschaffen ist: Der Community-Gründer muß sich bewußt sein, daß jedes einzelne Mitglied bestimmte Erwartungen und Bedürfnisse in die Community einbringt. Will man die Mitglieder eng an sich binden und ein dynamisches Wachstum nicht bremsen, kann die Community schnell auch Themen umfassen, die im Anfangskonzept nicht angedacht waren. Beispielsweise könnte eine Community das Thema „Eigenheim" wählen und mit Informationen, Angeboten, Preisvergleichen und Beispielrechnungen zum Thema Musterhäuser, Finanzierung und Rechtsberatung beginnen. Es könnte sich eine Ausweitung in Richtung gesundes Wohnen, Gartenanlage oder Inneneinrichtung anbieten. Vielleicht finden sich auch viele Erwachsene mit Kleinkindern und Kindern ein und wünschen eine Aufnahme von Babynahrung und -kleidung und Billigreisen für die ganze Familie in das Community-Programm. Community-Building heißt, vermehrt in Zielgruppen und vermindert in Angebotskategorien zu denken. Es gilt, die Bindung der genau spezifizierten Zielgruppe, die sich in der Community wohlfühlt, immer weiter zu erhöhen, indem die Bedürfnisse antizipiert und erfüllt werden. Dies erfordert eine Mentalität der Veränderung, des Neuen und viel Flexibilität. Der Lohn sind ein progressiv steigendes Mitgliederwachstum und nachfolgend einsetzende steigende Transaktions- und Werbe-einnahmen.

Ein an den Geschmack der Besucher angepaßter Online-Auftritt voller Informationen, Bilder, Produktangebote, Dienstleistungsversprechen, Rätsel und Gewinnmöglichkeiten zu einem bestimmten Themenfokus verharrt doch auf dem Niveau einer elektronischen Illustrierten, solange der Benutzer ein Konsument und der Community-Organizer der Produzent bleibt. *Community-Mitglieder müssen aktiv Inhalte beisteuern.* Erst hierdurch erhält die Web-Site jene Unverwechselbarkeit und Dynamik, die aus dem spontanen Denken und Wirken tausender Mitglieder einer lebendigen Community resultiert.

Ein typisches Element von Communities sind Newsgroups (Elektronische Schwarze Bretter). Zu einem interessanten Thema veröffentlichen Community-Mitglieder Fragen und Stellungnahmen, die nachfolgend von anderen Community-Besuchern beantwortet werden. Durch die praktisch kostenlose Archivierung wertvoller Beiträge oder typischer Fragen samt mustergültiger Beantwortung („Frequently Asked Questions: FAQ") werden Newsgroups zu einer wertvollen Informationsquelle. Community-Mitglieder können auch persönliche Homepages einbringen (www.geocities.com), Stellungnahmen zu in der Community angebotenen Produkten abgeben (z.B. Buchrezensionen bei Bertelsmann Online; www.bol.de) oder Workshops und Erfahrungsberichte einbringen. Mitglieder sind hierzu besonders zu motivieren. Um beispielsweise eine Reihe guter Workshops in einer Heimwerker-Community zu erhalten, könnte man ein Preisausschreiben veranstalten. Die Jury kann aus der Gesamtheit aller Community-Mitglieder bestehen. Neben Benotungen können von allen Mitgliedern auch Anregungen zu den Workshops hinterlassen werden. Folge: alle Tips und Tricks einzelner Bastler werden durch das Wissen einer Vielzahl weiterer Bastler ergänzt. Neben Preisausschreiben sind noch viele andere Motivationsformen zur Erlangung einer regen Mitgliederbeteiligung denkbar. Fortgeschrittene Motivationsstrategien wären beispielsweise die Koppelung von besonderen Zutrittsrechten an das Community-Engagement oder gar eine direkte Beteiligung am wirtschaftlichen Erfolg der Community wie bei Clickcity.de (www.clickcity.de).

Wer die vorigen Punkte beherzigt, spannt ein festes Dach aus vielseitigen und dauerhaften Inhalten, die genau auf die Community-Mitglieder abgestimmt sind. Genauso wichtig ist es, unter diesem Dach ein beziehungsstiftendes Geflecht der steten *Kommunikation der Mitglieder* zu verstärken. Neben die Einrichtung von Newsgroups treten daher weitere Techniken, die zur Herstellung persönlicher Kontakte geeignet sind, beispielsweise Chat: moderierte Diskussionen und E-Mail-Verkehr. Damit wird der Startschuß für mehr Lebendigkeit und Kurzweil, Informationswert und beziehungsspendende Kraft der Community gegeben. So mag einem Gespräch zweier Besucher einer Reise-Community (der eine war schon dort, wo der andere den nächsten Urlaub verbringen möchte) sowohl eine Reihe interessanter Detailinformationen als auch gegenseitige Wertschätzung und eine weitergehende Bekanntschaft entspringen.

Selbstverständlich unterstützt ein solcher vertrauensvoller Informationsfluß unter den Mitgliedern auch deren Kaufentscheidungen innerhalb der Community. Neben Produkten mit Sucheigenschaften lassen sich jetzt auch Produkte mit ausgeprägten Vertrauenseigenschaften über das Internet vertreiben. Neben den nach objektiven Eigenschaften gut beschreibbaren Produkten (z.B. PCs nach Festplattenkapazität, CPU-Geschwindigkeit) lassen sich durch persönliche Beziehungen auch Produkte mit ausgeprägten subjektiven Eigenschaften empfehlen (z.B. Hotels nach Servicegüte, Schönheit der Umgebung, Qualität des Essens). Freunden glaubt man auch im Bereich von subjektiven Eigenschaften.

Macht der Community-Organizer alles richtig, werden sämtliche Produktangebote, Informationen und Werbeaussagen durch einen steten Kommunikationsfluß der Mitglieder begleitet. Diese *Verbindung von Kommunikation und Inhalten* führt zu stets gut informierten Community-Mitgliedern. Falsche oder übertrieben positive Produktbeschreibungen werden schnell aufgedeckt. Die Rate der Fehlkäufe und Fehlbuchungen der Community-Mitglieder sinkt. Umsatzbeteiligungen und Werbeeinnahmen werden erst dann explodieren, wenn die Mitglieder massiv Vorteile aus der Vorbereitung und Umsetzung der Kaufentscheidung innerhalb der Community ziehen.

Unter dem Beziehungsaspekt führt vielfältige Kommunikation zu Bekanntschaften und Freundschaften der Community-Mitglieder untereinander. Die Aussicht, in den Chat-Räumen und auf den Nachrichtentafeln auf alte Bekannte zu stoßen, erhöht die Kundenbindung. Das Image einer Community, beziehungsfördernd zu wirken, kann zudem die Akquisition neuer Mitglieder erleichtern. Dazu ist es förderlich, durch eine geschickte Unterteilung der

Community-Bereiche und Chat-Räume immer eine vertrauliche Stimmung zu erhalten. So könnten Chat-Räume beispielsweise themenorientiert gestaltet werden oder durch besondere Titel ausdrücken, für wen sie bestimmt sind.

Je unüberschaubarer die Fülle der Community-Angebote wird, um so konsequenter ist das *Individual-Marketing* anzuwenden. Das Individual-Marketing ist ein wesentliches Instrument zu verstärkter Kundenbindung und zur Abschöpfung des wirtschaftlichen Potentials einer Community.

Individual-Marketing beruht auf Nutzerprofilen, die meist über längere Zeit gespeichert werden. Um das Profil zu nutzen und weiter zu detaillieren, muß bei jedem Folgebesuch eines Community-Mitglieds das gespeicherte Nutzerprofil dem Besucher zugeordnet werden. Eine Identifikation des Community-Mitglieds über Benutzerkennung und Paßwort bei Eintritt in die Community bietet eine ideale Voraussetzung dafür. Bei Communities, die auf eine lange Kundenbeziehung mit ihren Mitgliedern ausgelegt sind, ist eine Registrierung der richtige Weg.

Registrierung:
- Demographische Daten.
- Psychographische Daten (Interessen, Vorlieben).

Laufende Interaktion mit der Community:
- Clickstream-Analyse (z.B. Werbungs- und Content-Klickrate).
- Aufzeichnung von Transaktionen.
- Erkennung von Schlüsselwörtern in Newsgroup-Beiträgen.
- Eingabe „persönlicher Präferenzen" zur Community-Interaktion.
- Zusätzliche Befragungen bei konkreten Anlässen.

Box 3:   *Datenquellen für Nutzerprofile von Community-Mitgliedern*

Der Aufbau von Nutzerprofilen ist in der Regel ein langfristiger Prozeß. Er beginnt mit der Registrierung, wo bereits einige grundlegende demographische Merkmale oder Interessensgebiete abgefragt werden können. Hierbei gilt, wie auch in allen nachfolgenden Stufen der Datenerhebung: Explizite Abfragen von Daten nur gegen erkennbare Gegenleistung oder Kundennutzen! Für die Registrierung gilt ein Richtwert von maximal fünf Fragen zur Demographie. Darüber hinaus gehende Fragen sollten einen konkreten Zusammenhang mit der Community haben und nachvollziehbar sein, da der Besucher die Community noch nicht kennt und die Seriosität des Community-Organizers erst noch bewiesen werden muß. In der laufenden Interaktion mit der Community gibt es zudem noch viele Möglichkeiten, die Kundeneinschätzung zu verbessern und Kundendaten zu sammeln (Box 3).

Benutzerprofile können mit unterschiedlichen Methoden weiterverwendet werden. Die zentrale Fragestellung lautet dabei, welche Angebote dem Benutzer am ehesten zusagen und unterbreitet werden sollen. Es handelt sich also um ein Filter-Problem, bei der eine geringe Anzahl besonders passender Angebote aus einer großen Menge von Angeboten ausgewählt werden soll. Es haben sich zur Lösung dieses Problems unter anderem zwei Ansätze herausgebildet, die im folgenden kurz beschrieben werden.

Beim „regelbasierten Filtern" werden Regeln erstellt, nach denen einzelne Angebote unterbreitet werden. Eine Regel könnte lauten: „Wenn das Mitglied überproportional Sport-Inhalte abgerufen hat, dann zeige verstärkt Verweise zu den neusten Sportergebnissen". Entsprechende Software wird u. a. von der Firma „Broadbase" geliefert (www.broadbase.com). Nachteilig wirkt sich bei diesem Verfahren aus, daß der Aufwand zum Aufstellen und Pflegen der Regeln in der Regel stark unterschätzt wird.

Ein zweiter Ansatz ist das „Collaborative Filtering". Hierbei werden zunächst Ähnlichkeiten zwischen Benutzerprofilen ermittelt. Hat ein Benutzer A eine ähnliches Profil wie die Benutzer B und C, so werden dem A verstärkt Produkte angeboten, die er noch nicht kennt und an denen B und C Interesse hatten bzw. sie sogar gekauft haben. Analog läßt sich dieses Verfahren bei der Auswahl von Werbebotschaften anwenden: Die Werbung, die bei bestimmten Mitgliedern gut wirkt, wird ebenfalls für Benutzer mit ähnlichen Profilen verwendet. Ein Beispiel für Collaborative Filtering ist Linxx, ein Interaktiver Webguide (www.linxx.de). Marktführer im Bereich Collaborative Filtering ist zur Zeit NetPerceptions (www.netperceptions.com).

Je nachdem, welche Daten zur Profilerstellung genutzt werden und welche Individualisierungsverfahren zum Einsatz kommen, gibt es unzählige Varianten der Ausgestaltung des Individual-Marketing. Beliebig ist auch das Objekt der Zuordnung (Peppers und Rogers 1997): Sollen es Produkte und Werbebotschaften sein, oder gar Bekanntschaften zu anderen Community-

Mitgliedern? Gerade in großen, schwer überschaubaren Communities lohnt es sich, weit mehr zu individualisieren als nur Werbebotschaften und Produktangebote.

Bei soviel Individualisierung und Transaktionen wird *Vertrauen* ein kritischer Faktor (Urban 1998). Wo immer Daten erhoben werden, sollte dies im Einverständnis mit dem Kunden erfolgen. Dieser muß von den großen Vorteilen überzeugt werden, die ein abgestimmtes Räderwerk der Individualisierung erarbeitet. Kein Mensch zögert, in einem Bekleidungsgeschäft Preis- und Modellvorstellungen an den Verkäufer weiterzugeben, damit dieser eine Auswahl vorschlagen kann. Und mancher würde sich freuen, die passenden Schuhe und Pflegemittel gleich mitgeliefert zu bekommen. Nichts anderes bezweckt das Individual-Marketing im Internet. Wer hingegen beispielsweise Kundendaten ungefragt an Dritte weiterreicht, unerwünscht Massen-E-Mails verschickt oder Informationen verlangt, die in keinem Verhältnis zum Community-Thema stehen, der gefährdet den Erfolg eines in seiner Intensität und Skalierbarkeit beispiellosen Kooperationsmodells zwischen Community-Betreiber und Community-Mitglied. Box 4 enthält einige ergänzende Ratschläge zum Community Building.

- **Klare Entscheidung für oder gegen die Community treffen.** Die Entscheidung, ob eine Web-Site zur Community ausgebaut werden soll, ist Top-Management-Sache! Nur wenn das uneingeschränkte Bekenntnis zum Community-Building besteht, sollte man den Schritt wagen. Halbherziges und mit mangelhaften Ressourcen ausgestattetes Community-Building ist zum Scheitern verurteilt. Stellen Sie sich auf eine längere Aufbauphase ein, bis kritische Massen erreicht werden.

- **Richtiger Themenfokus.** Bündeln Sie anfangs Ihre Kräfte auch beim Themenfokus! Der Themenfokus kann später zielgruppenorientiert erweitert werden.

- **Kundenorientierung.** Reden Sie mit den Kunden und hören Sie ihnen einfach zu. Schon ein offenes Ohr für die geheimen oder ausgesprochenen Wünsche der Kunden birgt ein kaum zu überschätzendes Verbesserungspotential.

- **Mitgliederbeiträge würdigen.** Das größte Potential einer Community sind Ihre Benutzer. Animieren Sie diese, aktiv am Aufbau und der Entwicklung der Community teilzunehmen. Das spart nicht nur Ressourcen, sondern sorgt automatisch für ein hohes Maß an Kundennähe und Kundenbindung. Verschweigen Sie nicht die Herkunft der Mitgliederbeiträge, sondern kommunizieren Sie, daß ihre Mitglieder sich gegenseitig helfen.

- **Interaktion ermöglichen.** Fördern Sie die Kommunikation der Kunden untereinander. Soziale Bindungen sind der beste Schutz gegen Abwanderung und ein Motor der Lebendigkeit.

- **Community vor Commerce.** Die Community soll das neue Zuhause Ihrer Kunden werden. Verspielen Sie Ihr Vertrauen nicht durch übertriebene Kommerzialisierung, insbesondere nicht vor dem Aufbau von kritischen Massen. Befragungen müssen immer eine offensichtliche Gegenleistung oder Kundennutzen mit sich bringen. Lassen Sie die Kunden den konkreten Nutzen spüren, den sie durch die Community haben!

- **Aktualität.** Halten Sie Ihre Web-Site auf dem laufenden und riskieren Sie ruhig mal etwas Neues.

- **Service.** Nehmen Sie Ihre Kunden ernst und bieten Sie zufriedenstellenden Mitglieder-Service. Der Wert ihrer Community ist ihre Benutzerbasis. Investitionen in Service sind daher immer auch eine Investition in Ihre Benutzerbasis. Stellen Sie z.B. sicher, daß E-Mails Ihrer Kunden binnen 24 Stunden beantwortet werden.

- **Individual-Marketing.** Schöpfen Sie das wirtschaftliche Potential der Community durch die individuelle Anpassung der Marketing-Instrumente aus und steigern Sie gleichzeitig die Zufriedenheit der Mitglieder.

- **Laufendes Online-Controlling.** Online-Medien bieten hervorragende Möglichkeiten zur Echtzeit-Steuerung Ihrer Marketing-Maßnahmen. Investieren Sie in ein flexibles, aber zu weiten Teilen automatisiertes Berichtswesen über alle Transaktionen, die Ihre Benutzer machen. Wirkt ein Werbebanner nicht? Besteht kein Interesse für bestimmte Inhalte? Reagieren Sie sofort! Stärken Sie die frequentierten und beliebten Teile Ihrer Community. Schalten Sie die unbeliebten Teile ab.

Box 4:   Zehn erfolgskritische Punkte beim Community-Building

4   Community-Controlling

Kontinuierliches Community-Controlling ist notwendig, um den Erfolg einzelner Community-Angebote abzuschätzen, bei Zielabweichungen Maßnahmen ergreifen zu können und die Wirksamkeit der getroffenen Maßnahmen zeitnah zu überprüfen.

Die Definition des Erfolgs des Community-Angebots kann auf verschiedenen Stufen ansetzen. Erfolg können zum einen *Transaktions-* und *Werbeeinnahmen* sein. Die Gegenüberstellung von Kosten und Erlös einzelner Community-Maßnahmen wäre aus Steuerungsgründen wünschenswert. Zurechnungsschwierigkeiten, Wechselwirkungen mit anderen Instrumenten und zeitliche Wirkungsverzögerungen können die genaue Quantifizierung jedoch zu einem schwierigen Unterfangen machen. Ähnliche Probleme ergeben sich, will man die allgemeine *Besuchshäufigkeit* oder das *Mitgliederwachstum* mit einzelnen Community-Maßnahmen in Verbindung bringen. Das gleiche gilt auch für Ergebnisse allgemeiner Befragungen zur *Mitgliederzufriedenheit.* Durch eine regelmäßige Wiederholung solcher Befragungen ist es möglich, die Entwicklung von Schlüsselkriterien zu verfolgen. Beispiele für solche Schlüsselkriterien sind der Informationswert der Community, die wahrgenommene Qualität des Produktangebots, das Vertrauen in den Community-Organizer oder die Zufriedenheit mit dem Service. Auch hier gilt: Eine Zuordnung der Erfolgsentwicklung zu einzelnen Maßnahmen ist schwierig.

Will man automatisiert den Erfolgsbeitrag einzelner Maßnahmen ermitteln, bietet sich daher ein Übergang zu einer weniger aggregierten Betrachtung an. Beispielsweise läßt sich durch Logfile-Analysen das Interesse an einzelnen Angeboten der Community wie Produktkategorien, bestimmte Werbung, Chat-Räume, Newsgroups, Workshops, Fotowettbewerbe und private Homepages genau verfolgen. Meßbar ist unter anderem die Besuchshäufigkeit und die durchschnittliche Besuchsdauer einzelner Angebote. Die Erfolgsmessung kann von Beginn einer Community-Maßnahme an sowie laufend und standardisiert erfolgen.

Als praktische Zielsetzung eines Community-Controllings bieten sich an:

- das ständige Aufnehmen der Wünsche und Anforderungen der Community-Mitglieder,

- das Aufspüren von Erweiterungsbedarf einzelner Community-Angebote (Produkte, Inhalte, Werbung, Chat-Räume, Online-Spiele usw.) sowie

- die Identifikation unbeliebter Angebote und deren Abschaltung.

Es lohnt sich, in wirksame Controlling-Konzepte zu investieren und die in den Interaktiven Medien mögliche weitgehende Automatisierbarkeit und Möglichkeit zur Echtzeit-Datenerhebung zum eigenen Erfolg zu nutzen.

5 Fazit

Online-Unternehmen müssen Individual-Marketing betreiben, um Kunden-wünsche befriedigen zu können und knappe Marketing-Budgets optimal zu verteilen. Ein wesentliches Problem dabei ist der Aufbau von Nutzerprofilen, der nur bei einem hohen Grad von Kundenbindung möglich ist. Für viele Web-Sites ergibt sich daraus die Option, Virtuelle Communities zu gründen.

In diesem Beitrag haben wir gezeigt, mit welchen Instrumenten man den Grundstein für Virtuelle Communities legt. Richtig eingesetzt sind Communities für eine hohe Anzahl von Web-Sites eine zweckmäßige oder sogar zwingende Option, um am Markt bestehen zu können und Wettbewerbsvorteile aufzubauen.

Literatur

Arthur, W.B. (**1996**): Increasing Returns and the New World of Business, in: *Harvard Business Review*, 4, 101-109.

Clement, M., T. Litfin und K. Peters (**1999**): Netzeffekte und Kritische Masse, in: S. Albers, M. Clement und K. Peters (Hrsg.): *Marketing mit Interaktiven Medien - Strategien zum Markterfolg*, 2. Auflage, Frankfurt am Main, 81-94.

Gudmundsson, O., M. Hunt, D. Lewis, T. Marshall und N. Nabhan (**1996**), *Commercialization of the World Wide Web: The Role of Cookies*, (www2000.ogsm. vanderbilt.edu/cb3/mgt565a/group5/paper.group5.paper2.htm).

Hagel III., J. und A.G. Armstrong (**1997**): *Net Gain – Expanding Markets through Virtual Communities*, Boston, Massachusetts.

Hohensee, M. (**1999**), *Heikle Aufgaben*, in: Wirtschaftswoche, Heft 3, 46-47.

Paul, C. und M. Runte (**1999**): Virtuelle Communities, in: S. Albers, M. Clement und K. Peters (Hrsg.): *Marketing mit Interaktiven Medien – Strategien zum Markterfolg*, 2. Auflage, Frankfurt am Main, 151-164.

Peppers, D. und M. Rogers (**1997**): *The 1:1 Future: Building Relationships One Customer at a Time*, New York.

Urban, G.L. (**1998**): *Trust Based Marketing on the Web, Working Paper*, MIT, USA.

III Entwicklung des Distributionsmediums

5 Wie halte ich den Kunden? – Kundenbindung

Ingo Garczorz – *Universität Kiel*
Manfred Krafft – *WHU Koblenz*

Überblick

- Das Internet macht Kunden mobil: Die nächste Suchmaschine, der nächste Online-Shop, das nächste Online-Banking-Angebot sind mit der Maus nur ein paar Sekunden entfernt.

- Kundenbindung ist somit von entscheidender Bedeutung für den kommerziellen Erfolg im Internet.

- Die Übertragung tradierter Strategien zur Erhöhung der Kundenloyalität, wie Frequent-Flyer-Programme bedeutender Fluggesellschaften im Internet, greifen zu kurz und können von Intermediären aufgeweicht werden.

- Strategien zur Kundenbindung im Internet müssen sich die besonderen Eigenschaften und Möglichkeiten des Mediums zu Nutze machen, um Kunden erfolgreich zu binden und vom nächsten Maus-Klick abzuhalten.

1 Einführung

Im Internet gelten andere Regeln als in der realen Welt. Kunden sind viel mobiler und in der Lage, sich binnen kurzer Zeit per Maus-Klick einen Überblick über vergleichbare Angebote verschiedener Unternehmen zu verschaffen. Was für den Kunden angenehm ist, stellt die Anbieter vor ein großes Problem: Welche Maßnahmen können sie ergreifen, um den Kunden von dem nächsten Maus-Klick ab- und damit auf ihrer Seite zu halten? Der Kunde bzw. Nutzer ist neben technischem Know-how und der Schaffung eines Markennamens zum wahrscheinlich wichtigsten Gut im Internet kommerziell tätiger Unternehmen geworden (Shapiro und Varian 1998). Wie sonst sind die enorm hohen Börsen-Bewertungen von Unternehmen wie Yahoo! oder Amazon.com in den USA zu erklären? Yahoo! ist hierfür ein hervorragendes Beispiel: Das Unternehmen verkauft nichts über das Internet, die Inanspruchnahme der Suchmaschine ist für den Nutzer vollkommen kostenlos, und doch weist das Unternehmen eine Börsenkapitalisierung von über 31 Milliarden USD auf (MGFS 1999). Diese Tatsache ist unter anderem damit zu erklären, daß Yahoo! mit über 30 Millionen „Unique Visits" (d.h. jeder Besucher wurde nur einmal gezählt) im Februar 1999 (Mediametrix 1999) die meistbesuchte Web-Site im Internet war. Ähnliches gilt für Amazon.com. Während die Umsätze im Vergleich zur größten Buchhandlung in den USA, Barnes & Noble, noch bescheiden und Gewinne auf absehbare Zeit nicht in Sicht sind, übertrifft der Börsenwert von Amazon.com den von Barnes & Noble mit rund 19 Mrd. USD (MGFS 1999) um fast das 10-fache. Diese Beispiele belegen trotz aller angebrachten Skepsis in bezug auf die enormen Börsenwerte dieser Unternehmen, wie wertvoll regelmäßige Besucher einer Web-Site für Anbieter im Internet sind. In diesem Beitrag wird aufzeigt, warum es so wichtig ist, den Kunden an sein Internetangebot zu binden. In einem zweiten Schritt wird beispielhaft dargestellt, welche Defizite traditionelle Maßnahmen zur Kundenbindung im Internet aufweisen können. Abschließend werden internet-spezifische Möglichkeiten zur Kundenbindung systematisiert und anhand von Beispielen eingehend erläutert.

2 Kundenbindung im Internet ist „mission critical"

Kundenbindung umfaßt alle Maßnahmen von Anbietern, mit denen die Einstellung von Kunden zur Geschäftsbeziehung dahingehend beeinflußt wird, daß sie zur Aufrechterhaltung der Beziehung bewegt werden. Dies soll sich nicht zuletzt in Wieder- und Zusatzkauf sowie Weiterempfehlungsabsichten niederschlagen (Diller 1996). Ergänzend gilt im Internet, daß neben Kunden auch regelmäßige Nutzer bzw. Besucher einer Web-Site von Bedeutung sind, da sich viele Unternehmen im Web über Werbung auf ihren Seiten finanzieren. Diese Gruppen werden im folgenden unter dem Begriff „Kunden" zusammengefaßt. Außerdem gilt natürlich, daß Kunden erst dann gebunden werden und treu sein können, wenn sie die Web-Site eines Unternehmens schon einmal besucht haben. Beispiele für den Wert von Kunden sind die bereits erwähnten Firmen Yahoo! und Amazon.com. Hier zeigt sich, daß loyale Kunden ein Asset des Unternehmens darstellen, da sie mit der Zeit zunehmende Gewinnbeiträge leisten und gegenüber illoyalen Kunden die Angebote öfter nutzen oder sich als weniger preissensibel und anfällig bei kleineren Problemen erweisen. Zugleich ist der Schaden, der durch den Verlust loyaler Kunden entsteht, laut empirischen Studien bis zu siebenmal so hoch wie die Kosten der Gewinnung neuer Kunden (Reichheld 1990; Krafft 1999). Diese Ergebnisse sind prinzipiell auch auf das Internet übertragbar. Gerade im Internet ist es unverzichtbar, den Fokus von einer transaktionsorientierten Marketing-Sicht abzuwenden und auf das Management von Kunden*beziehungen* zu richten. Die Gründe hierfür sind vielfältig. Offensichtlich ist dies bei werbefinanzierten Angeboten im Web. Die Internet-Auftritte dieser Firmen wären für Werbetreibende uninteressant, wenn sie nicht wiederholt genutzt werden. Ein wesentlicher und oft vernachlässigter Punkt in bezug auf Shopping-Angebote ist, daß es im Internet so gut wie keine Impulskäufe gibt (Rißmann 1999). Kunden schlendern eben nicht durch virtuelle Einkaufstätten und lassen sich damit nicht durch gekonnte Präsentation der Produkte oder freundliche Ansprache des Verkaufspersonals zum Kauf animieren. Das Internet ist nicht in der Lage, ein der Realität vergleichbares Einkaufserlebnis zu vermitteln. Der Online-Shopper geht also in der Regel gezielter beim Einkauf im Internet vor. Begünstigt wird er bei seiner Suche dadurch, daß ihm im Internet nicht nur eine relativ begrenzte Anzahl von Anbietern, sondern Dutzende oder sogar deutlich mehr Alternativen zur Verfügung stehen. Dieser Umstand wird verschärft durch die Existenz von Suchmaschinen oder intelligenten Software-Agenten. Diese Hilfsmittel erlauben es dem Internet-Nutzer, sich gezielt einen Überblick über das jeweils gewünschte Produktangebot zu verschaffen. Anbieter sind – wenn überhaupt – sekundäres Such- oder Ordnungskriterium. Die Chancen, aus einer Ergebnisliste mit 50 oder mehr Anbietern ausgewählt zu werden, sind vergleichsweise gering. Anders verhält es sich allerdings bei etablierten Markenartikel-Anbietern. Diese profitieren von der Bekanntheit ihrer Marke, indem Kunden den Markennamen als Suchkriterium verwenden. Damit hebt sich die Marke aus der Masse gleichartiger Angebote hervor (Kap. II.3). Bei der überwiegenden Zahl der Anbieter im Internet handelt es sich aber nicht um etablierte Marken, daher können sie nicht von einem derartigen positiven Bindungseffekt profitieren. Im Internet existieren auch keine Standortvorteile, mit Ausnahme des Umstands, daß Kunden aus Praktikabilitätsgründen nationale Anbieter bevorzugen mögen, wobei dieses Motiv in der Zeit von Euroland zunehmend an Bedeutung verlieren wird. Ebenso haben ein breites Warenangebot oder eine besonders gelungene Gestaltung der Web-Site, die sich in kurzen Ladezeiten niederschlägt, kaum kundenbindende Wirkung. All dies wird vom Konsumenten vorausgesetzt und konstituiert keinen nennenswerten Wettbewerbsvorteil, um den Kunden zum erneuten Besuch der Web-Site zu bewegen.

- Werbefinanzierte Web-Sites sind darauf angewiesen, daß Kunden wiederholt ihre Web-Angebote nutzen.
- Intelligente Suchmaschinen oder Software-Agenten legen den Fokus auf das Produkt – Anbieter sind höchstens sekundäres Such- oder Ordnungskriterium.
- Impulskäufe entfallen als Umsatzquelle.
- Im Internet gibt es kaum Standortvorteile, eine gelungene Gestaltung der Web-Site sowie ein breites Warenangebot sind Selbstverständlichkeiten.

Box 1:   *Warum ist Kundenbindung im Internet unbedingt notwendig?*

3   Defizite herkömmlicher Ansätze zur Kundenbindung im Internet

Einen Klassiker der Kundenbindung stellen die Frequent-Traveler-Programme großer Fluggesellschaften dar. Derartige Bonus-Programme honorieren die Dauer und Intensität der Kundenbeziehung mit Prämien. Dabei werden oft mehrere Treuestufen unterschieden und den Kunden je nach Umfang der jährlichen Flugmeilen unterschiedlich hohe Prämien gutgeschrieben. Die Deutsche Lufthansa ist mit ihrem Miles & More-Programm so erfolgreich, daß das Programm erst kürzlich deutlich über die Lufthansa und bisherige Kooperationspartner wie den Kreditkarten-Anbieter American Express hinaus ausgedehnt worden ist (www.moremiles.de). Es ist nur zu verständlich, daß die Lufthansa (www.lufthansa.com) sich auch im Rahmen ihres Internetauftritts der hohen Anziehungs- und Bindungswirkung von Miles & More bedienen möchte. Allerdings sind gerade die Vielfliegerprogramme ein Beispiel dafür, wie *traditionelle* Kundenbindungsmaßnahmen im Internet konterkariert werden können. Über Biztravel (www.biztravel.com), einem Dienstleister aus den USA, kann zu günstigen Konditionen die Buchung von Flugtickets, Übernachtungen und Mietwagen vorgenommen werden (Abb. 1).

Abb. 1:   Konterkarierung von Kundenbindungs-Programmen durch biztravel

Als Zusatznutzen bietet Biztravel seinen Mitgliedern den Vorteil, aus einer Hand über ihr persönliches Portfolio an Bonus-Programmen informiert zu sein. Zugleich steuert es damit der Bindungswirkung einzelner Programme von Fluggesellschaften, Mietwagen-Unternehmen oder Hotelketten entgegen, da Biztravel eine Zusammenführung von Bonus-Programmen darstellt und somit viel umfassender informiert als die Anbieter selbst. Folglich gibt es keinen Grund, die Homepage des entsprechenden Anbieters selbst aufzusuchen, und sich dort über den Stand des eigenen Meilenkontos und quasi im Vorbeigehen über aktuelle Angebote zu informieren.

Biztravel ist also in der Lage, Kunden maßgeschneiderte und in bezug auf deren Portfolio an Loyalitätsprogrammen ganzheitlich optimale Alternativen offerieren. Dies hat unter Umständen sogar zur Folge, daß nicht nur die Homepage der ursprünglichen Anbieter nicht mehr besucht wird, sondern auch ihre Flug-, Mietwagen- oder Hotelangebote nicht gewählt werden, da es laut Biztravel andere „prämien-optimalere" Alternativen zu wählen gilt. Der erhoffte positive Effekt aus der Übertragung eines außerhalb des Internet erfolgreichen Kundenbindungsinstruments auf die Online-Angebote des Unternehmens ist also mit erheblichen Risiken behaftet. Intermediären wie Biztravel in diesem Beispiel wird damit die Möglichkeit gegeben, diese Maßnahme mit einer cleveren Idee zum eigenen Vorteil und zum Nachteil des ursprünglichen Anbieters auszunutzen. Aber auch Loyalitätsprogramme, die direkt den *Besuch* einer Web-Site belohnen, wie sie von Unternehmen wie Cybergold (www.cybergold.com) und Netcentives (www.netcentives.com) in den USA angeboten werden, sind eher kritisch zu beurteilen. Sind Unternehmen wirklich an Kunden interessiert, die bereit sind, eine Viertelstunde ihrer Zeit zum *Besuch* einer bestimmten Web-Site für ein paar Frequent-Traveler-Meilen zu verkaufen? Dies darf in der Mehrzahl der Fälle bezweifelt werden. Zudem bürden sich damit Unternehmen, deren Aktivitäten ohnehin durch hohe Anfangsverluste und geringe Margen gekennzeichnet ist, zusätzliche Kosten auf. Ein geradezu bizarres Beispiel in diesem Zusammenhang ist die Aktion der Firma Free-PC (www.free-pc.com) gewesen. Gegen die Einwilligung, Werbung von Partnerfirmen off- und online über den Bildschirm flackern zu lassen, vergab die Firma 10.000 PCs im Wert von jeweils ca. 1000 USD an interessierte Surfer. Diese Aktion war zwar so erfolgreich, daß die Web-Site der Firma dem Ansturm der Internetgemeinde nicht gewachsen war und zusammenbrach. Der Erfolg im Sinne einer Erhöhung der Kundenbindung für die beteiligten Unternehmen darf jedoch bezweifelt werden. Diese Maßnahmen sind aber nicht zu verwechseln mit Bonus-Programmen, die Wiederholungskäufe belohnen.

- Herkömmliche Kundenbindungsmaßnahmen vernachlässigen die besonderen Möglichkeiten des Internet.
- Sie sind kostenintensiv und laufen Gefahr, an der Zielgruppe vorbei zu gehen.
- Im Extremfall machen sich Dritte die Schwächen dieser Maßnahmen im Internet zum eigenen Vorteil und zum Schaden des ursprünglichen Anbieters zu Nutze.

Box 2:   Probleme herkömmlicher Kundenbindungsmaßnahmen im Internet

4   Viermal „In" bei der Kundenbindung im Internet

In diesem Kapitel sollen vier Ansätze zur Kundenbindung vorgestellt werden, die sich gezielt die Möglichkeiten des Mediums Internet zu Nutze machen. Dabei ist bemerkenswert, daß es in der Regel nicht nötig ist, ein aus Kostengesichtspunkten je nach Wertigkeit des Kunden differenziertes Angebot bereitzustellen. Dies läßt sich mit dem Charakter dieser Maßnahmen, die sich pauschal unter dem Begriff Informationsgüter zusammenfassen lassen, begründen. Die Kosten für die Bereitstellung einer zusätzlichen Einheit dieser Leistungen tendieren entweder gegen Null oder verlieren aufgrund des enormen technischen Fortschrittes in der Informationstechnologie zunehmend an Bedeutung (Whinston, Stahl und Choi 1997). Ähnliches gilt für die Kosten der Kundenkommunikation. All diesen Maßnahmen ist außerdem gemeinsam, daß sie versuchen, beim *Kunden* sogenannte „Switching costs" aufzubauen, die erst beim Wechsel zu Konkurrenten anfallen. Diese sind in der Regel in ihrer absoluten Höhe ebenfalls gering, in Relation zu dem Mehrwert, der bei der Wahl eines anderen Anbieters entstehen könnte, aber relativ groß (Shapiro und Varian 1998).

- *In*formation.
- *In*teraktivität.
- *In*tegration.
- *In*dividualisierung.

Box 3:   Die vier „Ins" im Internet

4.1 Information

Den Ergebnissen der jüngsten W3B-Studie Oktober/November 1998 (Fittkau und Maaß 1998) zufolge halten über 80% der Befragten ausführliche Informationen über die angebotenen Produkte bzw. Dienstleistungen und Produktneuheiten als Bestandteil eines WWW-Angebotes für erforderlich. Entsprechend häufig werden Mailing-Listen verwendet, um Kunden über aktuelle Angebote und Neuerungen zu informieren. Der Kunde kann diese Newsletter abonnieren und wird so automatisch informiert. In die E-Mail integrierte Hyperlinks bringen den Kunden direkt zu der ihn interessierenden Seite des jeweiligen Herstellers. Dabei muß es sich nicht immer nur um Shopping-Angebote handeln. So informiert der Focus-Newsletter (zu abonnieren unter www.focus.de) in Kurzform über aktuelle Nachrichten und Reportagen. Bei Bedarf klickt man sich direkt weiter zur jeweiligen Vollversion des jeweiligen Artikels. Diese Maßnahme ist sicherlich einer der Gründe für den Erfolg der Focus-Homepage, die mit über 4,3 Millionen Visits und 16,3 Pageimpressions im Februar 99 über die höchste Reichweite unter den redaktionellen General Interest Online-Medien (IVW 1999) verfügt. Allerdings besteht die Gefahr, in der Menge an Newslettern, die ein Kunde im Laufe der Zeit abonniert, unterzugehen. Schlimmstenfalls werden die Newsletter ebenso wie ungeliebte Junk-Mail einfach gelöscht. Ursache hierfür ist, daß in der Regel kein unmittelbarer Zusammenhang zwischen den Informationen im Newsletter und einem konkreten Informationsbedürfnis besteht, das dann in einer Transaktion mündet. Anders ist dies in einer Branche, die Informationen viel gezielter und näher an der eigentlich interessierenden Transaktion einsetzt: den Banken. Online-Banking-Angebote enthalten eine Fülle von Informationen, angefangen von Kursinformationen, Aktien-Research oder allgemeinen Hinweisen zu Produkten der Bank. Allerdings wird differenziert zwischen dem Surfer, der nur mal vorbeischaut, und dem tatsächlichen Kunden, der eine Kontoverbindung bei dem jeweiligen Institut unterhält. Oft werden nur der zuletzt genannten Gruppe top-aktuelle oder wertvolle Informationen wie Wirtschaftsnachrichten und Unternehmensanalysen zur Verfügung gestellt. So bietet die Deutsche Bank 24 (www.deutsche-bank-24.de) nur ihren Kunden den Zugang zu Unternehmensprofilen und Research-Informationen an. Die damit erreichte Bindungswirkung ist klar. Der Kunde nutzt das Informationsangebot seiner Bank und kann die gewonnenen Erkenntnisse sofort in Form einer Wertpapierorder oder eines sonstigen Auftrages umsetzen. Jüngstes Beispiel ist der Intraday-Handel bei der Comdirect Bank GmbH (www.comdirect.de).

Der Intraday-Handel der Comdirect Bank ermöglicht es dem Kunden gleichtägig, ein- und dasselbe Wertpapiere zu kaufen und zu verkaufen, um so im Tagesverlauf auftretende Kursschwankungen nutzen zu können. Dies macht aber nur Sinn, wenn sogenannte Realtime- oder Echtzeit-Kurse der entsprechenden Wertpapiere zur Verfügung gestellt werden. Dabei handelt es sich um zeitgenaue und nicht wie sonst üblich um 15 Minuten verzögerte Kurse. Die Beschaffung von Realtime-Kursen ist normalerweise eine teure Angelegenheit. Diverse 0190-Telefondienste bieten diesen Service zu den für derartige Nummern typischen Preisen an. Bei der Comdirect Bank hingegen erhält der Kunden kostenlos ein „Startkapital" von 100 Kurs-Abfragen, das sich bei jeder Wertpapierorder um weitere 30 erhöht. Damit ist es für den Kunden einfach und attraktiv, seine Geschäfte bei der Comdirect Bank abzuwickeln.

Box 4:   Transaktionsorientiertes Informationsangebot beim Online-Banking

Vergleichbare Beispiele sind Online-Reiseauskünfte mit integrierter Buchungsmöglichkeit oder Angebote wie der virtuelle Lottokiosk JAXX, (www.jaxx.de), bei dem der Kunde Gewinnzahlen und -quoten abfragen kann (Kap. VI.1).

4.2   Interaktivität

Diese Eigenschaft des Internet wird auf zwei Arten zur Kundenbindung genutzt. Zum einen interagieren Anbieter und Kunde, zum anderen stellen Anbieter Möglichkeiten für die Interaktion zwischen ihren Kunden zur Verfügung. Zu diesem Zweck werden besonders häufig Newsgroups oder Chats eingerichtet. Aber auch Unternehmen nutzen diese Möglichkeiten – wenn auch eher selten – zur Interaktion mit ihren Kunden. Ein Beispiel hierfür ist der Börsenbrief „Platow" (www.platow.de). Im Platowboard, einem Diskussionsforum für Wertpapiere, können direkt Fragen an das „Platowteam" zu einzelnen Wertpapieren gestellt werden. Hierbei kommt es über die Antworten und Rückfragen zu einer Interaktion, die beinahe Dialogcharakter hat. Ein ausgefalleneres Beispiel sind die moderierten Online-Auktionen des Internet-Versteigerers ricardo.de (www.ricardo.de). Hier interagiert der Moderator direkt mit den Auktionsteilnehmern, um sie zum Mitbieten zu animieren. Die-

ses einmalige Angebot im Markt für Online-Auktionen schlägt sich folge-
richtig in der Beliebtheit dieses Internet-Angebotes nieder und macht ricar-
do.de zur Nummer Eins unter den deutschen Online-Auktionshäusern. Allerdings sind derartige Formen der Interaktion zwischen Anbietern und Kunden
eher eine Seltenheit. Wesentlich beliebter ist der Einsatz von Newsgroups,
Diskussionsforen oder, wenn es sich um bereits besonders ausgereifte Lösungen handelt, Virtuellen Communities (Kap. III.4).

4.3   Integration

Die Integration des Kunden in das eigene Internet-Angebot kann auf drei
Arten erfolgen. In der einfachsten Form wird der Kunde als Co-Producer direkt in den Prozeß der Leistungserstellung einbezogen. Damit sind für ihn in
der Regel erhebliche Einsparungen verbunden. Die meisten Banken gewähren Preisnachlässe im hohen zweistelligen Prozentbereich, wenn Aktienor-
ders online statt schriftlich oder telefonisch erteilt werden. Der kundenbindende Effekt dieser Maßnahmen fällt aber weniger stark aus, da sich mittlerweile die ganze Branche dieser Möglichkeit bedient, und resultiert vor allem
aus dem gewährten Preisvorteil. Interessanter für den Kunden ist die Möglichkeit, den Status seines Auftrages zu verfolgen. Beispiele sind die Fracht-
bzw. Postexpress-Verfolgung „Track and Trace" der Deutschen Post AG
(www.deutsche-post.de), die Möglichkeiten, das Orderbuch bei der Deutschen Bank 24 abzufragen, oder das Angebot des Internetdienstleisters 1&1
Puretech.

1&1 Puretech (www.puretech.de) bietet Internet-Nutzern die Möglichkeit,
sogenannte Toplevel.de-Domains einzurichten. Nach Vergabe einer Kunden-
nummer und eines Passwortes ist es dem Kunden jederzeit möglich, den
Status seines Auftrages vom Auftragseingang, der Beantragung der Domain
bei De-Nic bis hin zur Rechnungsstellung zu verfolgen. Dies ist gerade beim
derzeitigen Run auf .de-Domains von großem Vorteil und Interesse für den
Kunden. Puretech kann damit bereits gewonnene Kunden wieder auf ihre
Web-Site locken, um diese dort zum Beispiel über die neuesten Programm-
pakete für Internetshops zu informieren.

Box 5:   Kundenintegration am Beispiel von 1&1 Puretech

Noch einen entscheidenden Schritt weiter geht Amazon.com. Unter dem Motto „Open Your Own Online Store Today" hat Amazon.com ein sogenanntes Associate-Programm eingeführt. Kunden werden ermuntert, auf ihren Web-Sites einen Internetshop für Amazon.com einzurichten. Motivation für den Kunden sind zum einen bis zu 15-prozentige Prämien auf Verkäufe, die über ihre Site initiiert bzw. abgewickelt worden sind, zum anderen der Hinweis, daß mit der Integration des Amazon.com-Angebotes der eigene Internet-Auftritt an Attraktivität gewinnt. Amazon.com bindet mit diesem Angebot den Associate selbst und kann sich zudem einer Multiplikation von Weiterempfehlungen über die Associates sicher sein. Per März 2000 verfügte Amazon.com bereits über 400.000 Associates.

Do As Much or As Little As You Want

Associates run the gamut when it comes to the types of stores they build. As an Amazon.com Associate, you are welcome to use an Amazon.com Logo as a homepage link; list a favorite book, CD, or video; or recommend dozens, hundreds, or thousands! Either way, you earn up to 15 percent on every book sold as a result of your recommendation and link! You also earn 5 percent for all other products you list or the customer buys. (That includes music CDs, DVDs, videos, sheet music, computer games, and many other products.)

Box 6:   Das Associate Programm von Amazon.com.

4.4   Individualisierung

Entgegen frühen Befürchtungen hat sich das Internet nicht zu einem herkömmlichen Massenmedium entwickelt. Vielmehr bieten im Internet erfolgreiche Unternehmen ihren Kunden die Möglichkeit, Internetangebote maßzuschneidern. Individuelle Angebote befriedigen die Präferenzen von Kunden zielgenauer und erzielen so eine höhere Kundenzufriedenheit und längere Kundenbindung: So zeigt eine IDC-Studie, daß Nutzer von individualisierten Web-Sites die Seiten bis zu viermal häufiger besuchen als die Nutzer nicht personalisierter Seiten. Die Studie belegt auch, daß 60% der führenden eCommerce-Unternehmen bereits maßgeschneiderte Seiten anbieten – es ist anzunehmen, daß die Individualisierung von Web-Präsenzen eine wesentliche Herausforderung, aber auch einen entscheidenden Erfolgsfaktor des gegenwärtigen eCommerce darstellt (www.idc.com). Die Individualisierung erfolgt dabei mit Hilfe von Programmen, die maßgeschneiderte Sites nach den Bedürfnissen der Nutzer erstellen bzw. modifizieren. Ein Beispiel hierfür ist das Angebot von Texas Instruments „TI & ME: Your customized page" oder „My BOL" von Bertelsmann-Online (www.bol.de). Individualisierung muß aber noch einen Schritt weiter gehen. Mit Hilfe der Methode des „Collaborative Filtering" ist es möglich, Kunden individuelle Empfehlungen auf Basis eines Vergleichs mit den Präferenzen anderer Internet-User zu geben (Paul und Runte 1999). Dazu werden zwar zusätzliche Daten über Präferenzen und Einstellungen der Kunden benötigt. Der Erfolg von Anwendungen wie Linxx (www.linxx.de) zeigt aber, daß Internet-Nutzer durchaus bereit sind, ein Nutzerprofil offenzulegen, wenn dies mit vielversprechenden Gegenleistungen verbunden ist. Ähnliches belegen die Umfrage-Ergebnisse der bereits zitierten W3B-Studie. Demnach haben nur 16,5% der Befragten ihren Browser so eingestellt, daß Cookies generell nicht akzeptiert werden. Mit 28,3% ist ein bedeutend größerer Teil generell bereit, sich über Cookies zu identifizieren und so eine Individualisierung zu ermöglichen. 36% der Befragten werden vor Cookies gewarnt, um diese dann je nach Wunsch zu akzeptieren oder nicht. Allerdings zeigt die jüngste Diskussion über die Identifizierbarkeit von Internetnutzern bei Einsatz von Pentium III-Prozessoren, daß ein „gläserner Internet-User" nicht akzeptiert wird. Es ist also immer das berechtigte Interesse der Internet-Nutzer zu sehen, die darauf vertrauen, daß die bereitgestellten Informationen nur zweckgebunden verwendet und Datenschutzbestimmungen beachtet werden. Um diese berechtigten Interessen der Nutzer zu sichern, bietet es sich an, auf professionelle Anbieter von Sicherheitssystemen wie Equifax Inc. zurückzugreifen, die jüngst dem Internet-Boomer eBay ein System zur Identifizierung von Benutzern installierten, das Internet- und andere Netzwerk-Anwendungen aus Sicht von Anbietern und Nutzern digital sichert (www.equifax.com).

5   Resümee

Neue, Interaktive Medien bieten die Möglichkeit, einen 1:1-Austausch zwischen Unternehmen und Kunden herzustellen. Digitale Produkte (z.B. Informationen, Unterhaltung, Software) und digitale Prozesse (wie Shopping in virtuellen Einkaufszentren) können aufgrund der Kenntnis früheren und gegenwärtigen Verhaltens und somit der Bedürfnisse der Nutzer maßgeschneidert offeriert werden. Die beschriebene Individualisierung von Produkten führt aufgrund der Tatsache, daß Kundenbedürfnisse gezielt und maßgeschneidert zufriedengestellt werden, zu einer grundsätzlich höheren Kundenbindung. Dieser direkte Bindungseffekt kann noch verstärkt werden, indem vergleichsweise günstige Zusatzleistungen wie transaktionsnahe Information und die ganze Palette interaktiver Angebote wie Newsgroups, Diskussionsforen angeboten werden. Diese Kundenbindungsmaßnahmen müssen zumindest unter Kostengesichtspunkten nicht nach der Wertigkeit von Kunden differenziert werden und haben gegenüber herkömmlichen Ansätzen den Vorteil, daß sie nicht wie beschrieben durch Meta-Dienste konterkariert werden können.

Literatur

Diller, H. (1996): Kundenbindung als Marketingziel, *Marketing ZFP*, 18, 81-94.

Fittkau, S. und H. Maaß (1998): *WWW - Benutzeranalyse Oktober/November 1998*, Fittkau & Maaß, Hamburg.

IVW (1999): *Online-Reichweiten*, (http://www.pz-online.de), Stand: 23. März 1999.

Mediametrix (1999): *Top Rankings*, (http://www.mediametrix.com/TopRankings/TopRankings.html), Stand: 23. März 1999.

MGFS (1999): *MGFS´s Daily Company Profile*, (http://www.mgfs.com/search/profile/find.htm), Stand: 23. März 1999.

Paul, C. und M. Runte (1999): Virtuelle Communities, in: Albers, S., M. Clement und K. Peters (Hrsg.): *Marketing mit Interaktiven Medien*, Frankfurt am Main, 2. Auflage, 151-164.

Reichheld, F. (1990): Zero defections: Quality comes to Services, *Havard Business Review*, 68, 105-110.

Rißmann, M. (1999): Electronic Commerce - Der Kampf um den Kunden auf der neuen Agorá, in: Hermanns, A. und M. Sauters (Hrsg.): *Management-Handbuch Electronic Commerce*, München, 141-157.

Shapiro, C. und H.R. Varian (1998): *Information Rules*, Boston, Massachusetts.

Whinston, A.B., D.O. Stahl und S.-Y. Choi (1997): *The Economics of Electronic Commerce*, Indianapolis.

IV Realisierung des eCommerce im Unternehmen

1 Wie bette ich eCommerce in bestehende Software-Systeme ein? – Software Realisierung

Kai Göttmann – Oracle

Überblick

- eCommerce-Lösungen bilden die Plattform für den Aufbau eines elektronischen Schaufensters und den Online-Vertrieb.

- Die Leistungsfähigkeit der eCommerce-Installation ist abhängig davon, wie gut die verschiedenen IT-Komponenten aufeinander abgestimmt sind.

- Für den Erfolg einer eCommerce-Anwendung ist ihre Integration mit der vorhandenen Anwendungssoftware und den zugrunde liegenden Datenbanken notwendig.

- Das Beispiel eines erfolgreichen eCommerce-Projektes zeigt, wie die eCommerce-Lösung in die bestehende Anwendungssoftware eingebettet wurde.

1   Gründe für die zunehmende Verbreitung von eCommerce

1.1   Wettbewerbsdruck und Kundennachfrage

Das Internet hat die weltweiten Waren- und Wirtschaftsströme grundlegend verändert. Kunden wollen detailliert und permanent über aktuelle Angebote informiert werden – ein Wunsch, dem ohne Applikationen für eCommerce aus Zeit- und Kostengründen auf nationalen, geschweige denn auf internationalen Märkten, kaum zu begegnen ist. Auch Lieferanten haben ohne eCommerce-Unterstützung wenig Alternativen, stets genaue Zahlen über Fertigungskapazitäten, Liefertermine, Warenbestände und Preise in zeitaktueller Form ihren Interessenten zugänglich zu machen. Ihnen bliebe kaum eine Chance, stets aktuelle Angaben über Markt und Mitbewerber parat zu haben, um ihr Angebot entsprechend auszurichten. Verwaltungsintensive Geschäftsprozesse lassen sich automatisieren, beispielsweise durch Integration der eCommerce-Anwendungen mit Applikationen für die Planung der Unternehmens-Ressourcen, um so unter anderem Bestellungen, die über das Internet kommen, in die Auftragsabwicklung weiterzuleiten. In diesem Fall initiieren die Lagerverwaltungssysteme bei Erreichen von Mindestmengen Nachlieferungen bei den entsprechenden Herstellern. Zulieferer-Systeme stellen die Ware bereit und veranlassen den Versand. Mit der Auslieferung wird der Rechnungsbetrag wiederum elektronisch der Finanzsoftware des Bestellers als offener Posten gemeldet.

eCommerce hat darüber hinaus auch die zugrunde liegenden Geschäftsmodelle der Organisationen radikal verändert. Der Schwenk von der Adressierung des Massenmarktes hin zum 1:1-Marketing mit zielgruppenorientierter Kundenansprache und individualisierten Produkt- und Dienstleistungsangeboten verleitet geradezu zum Aufbau elektronischer Einkaufszentren. eCommerce bietet effizientere Methoden zur Geschäftsabwicklung zwischen Unternehmen und Kunden. Die entsprechenden Lösungen zielen darauf ab, Geschäftsfelder zu erweitern und die Effizienz der verschiedenen Prozesse zu verbessern. Nicht zuletzt trägt ein solcher Schritt zur engen Kundenbindung bei.

1.2 Unternehmensübergreifender Informationsaustausch

eCommerce-Strategien basieren auf unternehmensweiten Intranets, Extranets und dem öffentlichen Internet. Während *Intranets* die Infrastrukturen der unternehmensinternen Information und Kommunikation bilden, integrieren *Extranets* als erweiterte Intranets darüber hinaus Geschäftspartner und Zulieferer. Das primäre Ziel ist der Aufbau integrierter Zulieferketten, die Unternehmen unter anderem bei der Auswahl ihrer Lieferanten oder dem Produktvertrieb helfen. Übergeordnet fungiert das *Internet* als virtueller Vertriebskanal, über den Kunden weltweit erreichbar sind. Mit keiner anderen Vertriebsalternative läßt sich mit derart geringem Personalaufwand zu verhältnismäßig niedrigen Kosten eine so große Zahl an Kunden und Interessenten zeitgleich adressieren. Auch Mitarbeiter verschiedener Niederlassungen tauschen hierüber Ideen aus, und sie haben jederzeit Zugriff auf umfassende Datenbestände zu diversen Themen, Technologien und Produkten.

Immer häufiger entscheiden sich Unternehmen für unternehmensweite Intranets, die anstelle proprietärer Netzwerk-Technologien zum Einsatz kommen. Hierfür sprechen viele Gründe. Zunächst einmal sind Intranets wesentlich einfacher zu handhaben als herkömmliche Netzwerke. In den meisten Fällen reicht ein Web-Browser, der die Informationsaufbereitung und die Darstellung übernimmt. Intranets sind beliebig ausbaubar und aufgrund der zugrunde liegenden Internet-Technologie nicht nur auf das eigene Unternehmen beschränkt. Als Extranet ausgelegt, gehen Daten über das öffentliche Internet direkt an Geschäftspartner. Da Web-Browser offenen Standards unterliegen, greifen sie auf sämtliche Informationsarten zu, die auf den weltweit verteilten Web-Servern und dort wiederum in den Web-Seiten hinterlegt sind. Im Vergleich dazu kann proprietäre Client-Software nur auf ganz bestimmte Datenformate zugreifen und die Dokumente nur bedingt lesen und darstellen.

- Das Internet als Vertriebsinstrument ermöglicht zu niedrigen Kosten eine Vielzahl an Kunden und Interessenten zeitgleich zu adressieren.
- Bestellungen über das Internet eliminieren die mehrfache Datenerfassung; dies reduziert fehlerhafte Bestellungen, Reklamationen und Retouren.
- Intranets, die im Prinzip Subnetze des Internet darstellen, sind beliebig ausbaubar und damit wesentlich flexibler als proprietäre Netzwerke.
- Extranets bieten effizientere Methoden zur Geschäftsabwicklung.

Box 1:   Technische Gründe für die zunehmende Verbreitung des eCommerce

1.3   Online-Vertrieb und elektronisches Schaufenster

Global aktive Unternehmen sehen im Internet den idealen Vertriebskanal, über den sie Kunden mit ihren Produkt- und Dienstleistungsangeboten rund um die Uhr erreichen. Sie bieten ihre Waren wesentlich kostengünstiger an als über Distributoren und erreichen Kunden schneller und direkt. Das Internet erlaubt ihnen, ihre Vertriebsaktivitäten wesentlich schneller auszubauen und gezielter auf Marktänderungen zu reagieren, als es ihnen selbst mit umfangreichen Vertriebsmannschaften möglich wäre. Regionale und landesspezifische Besonderheiten verzögern bei herkömmlichem Vorgehen zudem eine weltweit einheitliche und zeitgleiche Marktpräsenz, was durch den eCommerce-Einsatz auszuschließen ist. Darüber hinaus schaffen Unternehmen mit ihrem eCommerce-Auftritt direkte Kundenbeziehungen. Die Informationen, die sie auf diesem Wege sammeln, stehen ihnen für nachgelagerte Aktivitäten, wie unter anderem für das personalisierte Marketing, zur Verfügung.

Installationen für das 1:1-Marketing verlangen allerdings neben dem Aufbau von eCommerce-Applikationen die Entwicklung und Pflege detaillierter Datenbanken, die unter anderem die Bedürfnisse, Präferenzen und Kaufgewohnheiten einzelner Kunden widerspiegeln. Außerdem sollte der ständige Abgleich der mit den eCommerce-Applikationen erfaßten Angaben mit demographischen Daten möglich sein, damit Unternehmen die Informationen über ihre Produkte auf Einzelkunden abstimmen können. Denn nur dann lassen sich eCommerce-Installationen betreiben, die dynamisch auf jeden Besucher reagieren und die eine interaktive Geschäftsabwicklung ermöglichen. Diese Applikationen geben Interessentengruppen Kaufempfehlungen. Vergleichsfunktionen prüfen z.B. die von den Besuchern selektierten Merkmale mit den über die Web-Site angebotenen Produkte und Informationen. Beobachtungsfunktionen erfassen die Informationen über das Kaufverhalten des Besuchers sowie die zuvor ermittelten Auswahl- und Präferenzkriterien. Basierend auf diesen Angaben werden ihm dann beim nächsten Besuch der Web-Site Produkte oder Dienstleistungen gezielt angeboten.

1.4   Self-Service im Internet

Der Supermarktcharakter des Internet erlaubt Anwendern zudem, Produkte in Ruhe auszuwählen, Preise zu vergleichen und ohne die oft aufdringliche Hilfe von Verkäufern Entscheidungen zu treffen. Unternehmen mit eCommerce-Erfahrung vertreten die Ansicht, daß „Selbstbedienung" via Internet zudem die Geschäftsprozesse effizienter macht und die Gesamtkosten reduziert. Ein solches Vorgehen erweist sich aus drei Gründen erfolgversprechend: Kunden bestellen Produkte elektronisch wesentlich präziser als telefonisch, da sie sich weniger unter Zeitdruck fühlen. Die eingegangenen Bestellungen werden direkt in die Unternehmenssoftware transferiert, was das Risiko von Erfassungsfehlern, Falschbestellungen, Reklamationen und Retouren reduziert. Die Verbindung von eCommerce- und Support-Applikationen verbessert darüber hinaus die Servicequalität, da bei entsprechenden Rückrufen die Kunden- und Bestelldaten direkt auf dem Bildschirm vorliegen. Ein solcher Informationsstand schafft Vertrauen, steigert die Zufriedenheit und sorgt für Kundenbindung.

2   Architekturen für eCommerce

2.1   Anforderungen an eCommerce-Plattformen

Da in vielen Fällen ein elektronisches Schaufenster quasi als Visitenkarte den ersten direkten Kontakt zwischen Anbietern und Kunden herstellt, ist es wichtig, einen „guten Eindruck" zu machen und auch zu hinterlassen. Imageprägend sind neben einem optisch ansprechenden Erscheinungsbild vor allem hohe Systemzuverlässigkeit und permanente Zugriffsbereitschaft der eCommerce-Applikation, d.h. Betrieb rund um die Uhr, an 365 Tagen im Jahr. Die detaillierte Betrachtung der einzelnen Stufen – Geschäftsprozesse, Plattformen, Netzwerke, Nutzungsschnittstellen und Benutzergruppen – vereinfacht

das Vorgehen und begünstigt die erfolgreiche eCommerce-Projektrealisie-
rung (Abb. 1).

- eCommerce wird so wichtig, daß die Anbindung an die Anwendungs-
Software unabdingbar ist.
- Um alle Möglichkeiten auszunutzen, müssen leistungsfähige Datenban-
ken in die eCommerce-Applikationen eingebunden werden.
- Zur Kundenbindung muß die eCommerce-Anwendung rund um die Uhr
an 365 Tagen im Jahr zur Verfügung stehen.

Box 2: Folgen der zunehmenden Verbreitung des eCommerce

2.2 Push- und Pull-Dienste

Es ist empfehlenswert, die über das Web verfügbaren Informationsbestände
auf möglichst wenigen Servern zentralisiert abzulegen. Dies erlaubt, allen
Interessenten konsistente Informationen zur Verfügung zu stellen und den
Abrufern die Daten aktuell zu präsentieren. Ferner sollten Unternehmen bei
der Planung ihrer eCommerce-Auftritte auf offene Internet-Standards bauen,
um so den Zugriff auf die Informationen ohne Inkompatibilitäten sicherzustellen. Standards sind unter anderem Programmiersprachen wie HTML (Hypertext Markup Language) zur Informations-Präsentation und XML (Exten-
sible Markup Language), um die verschiedenen Informationstypen zu beschreiben, zu integrieren und auszutauschen. Viele eCommerce-Applikationen sind mit der Entwicklungssprache Java geschrieben, die es Produkten
verschiedener Hersteller erlaubt, frei von Kompatibilitätsproblemen zu kommunizieren. Des weiteren sollten Anwender festlegen, wie sie die Informationen potentiellen eCommerce-Besuchern präsentieren wollen. Neben der
Möglichkeit, die Informationen von ihren Web-Servern abrufen zu lassen
(Pull-Technologie), richten Unternehmen ihre eCommerce-Installationen
aber auch so ein, daß Benutzer anhand von Themen- und Adreßlisten Informationen zielgruppenspezifisch und aktuell zugesandt bekommen (Push-
Dienste).

Stufen von Electronic Commerce

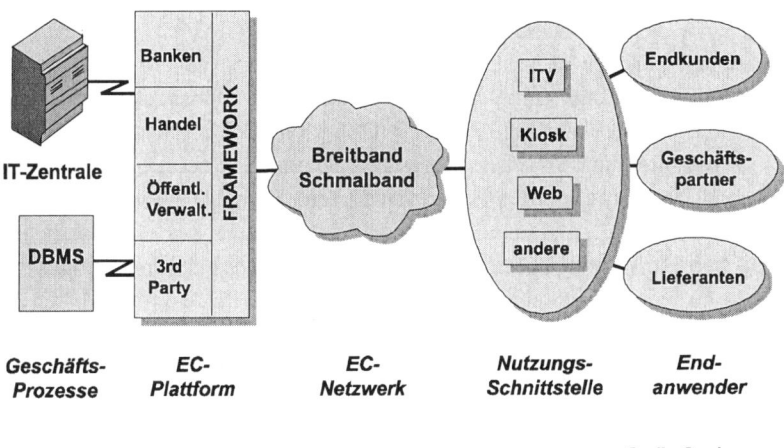

| Geschäfts-
Prozesse | EC-
Plattform | EC-
Netzwerk | Nutzungs-
Schnittstelle | End-
anwender |

Quelle: Oracle

Abb. 1:   Stufen von eCommerce

2.3   Administration von Multimedia-Informationen

Der Aufbau einer multimedialen Plattform vereinfacht sich, wenn Software-Komponenten bereitstehen, mit deren Hilfe sich die individuellen eCommerce-Anwendungen schnell und kostengünstig zusammenstellen lassen. Ein Rahmenwerk integriert vordefinierte Anwendungskomponenten, z.B. eine Suchmaschine als Wegweiser zu den Produkten, einen virtuellen Warenkorb, in den der Käufer seine ausgewählten Artikel per Maus plaziert, oder das elektronische Bezahlen der Ware (Abb. 2). Andere Komponenten übernehmen die Administration der Informationsinhalte (Content Management) bzw. die Speicherung und Verwaltung der verschiedenen Medientypen in einem zentralen Datenhaltungssystem. Denn eine zentrale Aufgabe bei der eCommerce-Anwendungsentwicklung ist die Einbindung unterschiedlicher Medientypen. Sind heute in den meisten Web-Applikationen nur Texte, Grafiken und Fotos die dominierenden Bestandteile, so werden dies morgen zusätzlich Audio- und Videoformate sein.

157

Durch die Beschreibung der Anwendungsinhalte in Form von Modulen mit unterschiedlichen Medientypen und Anwendungskomponenten ist es möglich, Applikationen auf zukünftige Systemstandards vorzubereiten. Hierdurch wird auch die Präsentation der Inhalte auf dem Web-Client des Benutzers entkoppelt von den eCommerce-Programmfunktionen im Hintergrund oder dem Ablaufdiagramm der eCommerce-Anwendung, dem sogenannten Storyboard. Die zu verwaltenden Inhalte sind über eine Meta-Ebene beschrieben. Diese Beschreibung ist jederzeit erweiterbar, um auch neue, heute noch unbekannte Medientypen verarbeiten zu können (Computerwoche 1998). Die individuelle Konfiguration der eCommerce-Lösungen aus übersichtlichen, logischen Funktionseinheiten verbessert zudem die Programmierproduktivität. Performance, Portabilität und Skalierbarkeit, also die Möglichkeit zur Berücksichtigung unterschiedlich vieler Anwender, der eCommerce-Lösungen werden erhöht; die Applikationen werden besser administrierbar. Einzelne Komponenten können so bei veränderten Geschäftsprozessen ausgetauscht werden, ohne die übrigen Teile der eCommerce-Anwendung zu beeinflussen.

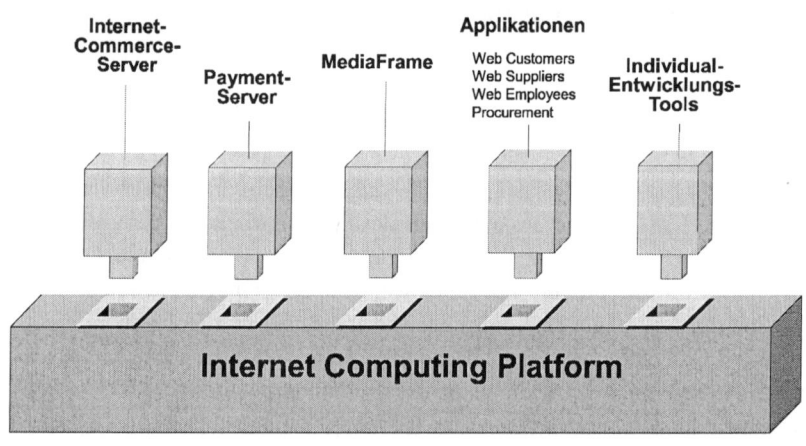

Abb. 2:   *eCommerce-Lösungen*

2.4 Sicheres Bezahlen im Internet

Derzeit gibt es rund 30 verschiedene Systeme für die elektronische Bezahlung und den digitalen Geldtransfer, wovon die meisten einen proprietären Ansatz aufweisen. Elektronische Zahlungen sind zudem nur zwischen Teilnehmern möglich, die das gleiche Verfahren nutzen. Einen Lösungsansatz bietet z.b. der von Oracle entwickelte Payment-Server, der als Bindeglied zwischen den gängigen Zahlungssystemen und den Online-Shops der Anbieter fungiert. Über offene Programmier-Schnittstellen lassen sich unter anderem Zahlungssysteme von Unternehmen wie CyberCash (Cash Register), ICVerify und VeriFone (vPOS) integrieren. Zur sicheren Datenübertragung werden standardisierte Verfahren wie Secure Socket Layer (SSL) oder Secure Electronic Transaction-Protocol (SET) für Kreditkartenzahlungen unterstützt.

- Der Internet-Commerce-Server ist eine Standard-Applikation, die es ermöglicht, Produkte über das Internet zu verkaufen.
- Der Payment-Server fungiert als Integrationsplattform der Zahlungssysteme mit den eCommerce-Lösungen.
- Der Applikations-Server dient als Plattform, auf der die eCommerce-Anwendung läuft.
- Der MediaFrame ist eine Entwicklungsplattform mit Modulen und Funktionen für die Erstellung von eCommerce-Lösungen.

Box 3:   *Aufgabenverteilung bei eCommerce-Lösungen*

---

3 Integration von eCommerce-Applikationen mit kommerziellen Lösungen

3.1 Erweiterungskonzepte

Der Erfolg einer eCommerce-Installation hängt auch davon ab, in welchem Maß sie mit den übrigen, unternehmensweiten Anwendungen integriert ist und wie stark die gesamte IT-Umgebung die Geschäftsprozesse unterstützt. Es gibt zwei Lösungsansätze: Zum einen lassen sich bestehende eCommerce-Umgebungen mit zusätzlichen Anwendungen, z.B. für die Auftragsbearbeitung, erweitern. Zum anderen können eCommerce-Installationen mit Back-Office-Applikationen oder Altsystemen verknüpft werden. Die Erweiterung der eCommerce-Anwendungen unterstützen Standards wie Object Request Broker (ORB), der es Anwendern erlaubt, neue Geschäftsfunktionen zu entwickeln und sie den eCommerce-Installationen über die Programmschnittstellen hinzuzufügen. Um auch Altsysteme, z.b. eine seit Jahren eingesetzte Auftragssoftware, PC-Pakete für die Kalkulation oder die Vertriebsunterstützung sowie Back-Office-Lösungen zur unternehmensweiten Ressourcenplanung, mit eCommerce-Installationen zu integrieren, sind Zusatzprogramme (Middleware) erforderlich. Diese transformieren, formatieren und transportieren Nachrichten zwischen den verschiedenen Applikationen. Sofern diese Softwareprodukte nicht als Erweiterungsmodule von den Anbietern der eCommerce-Lösungen stammen, sind sie als Drittanbieter-Produkte unter anderem von Unternehmen wie MQSeries, Tibco oder Vitria zu beziehen (vgl. Oracle 1998a).

3.2 Integration von Back-Office-Systemen

Anbieter von Software für Auftragsabwicklung, Lagerverwaltung, Finanzen oder Logistik gehen verstärkt dazu über, ihre Programme Java-fähig zu machen, um sie statt im Betrieb in lokalen Netzen und Weitverkehrsnetzen kostengünstiger mit Hilfe der Internet-Technologie zu betreiben. Bei herkömmlichen Client/Server-Installationen residieren Teile der Programmlogik auf Anwendungs- und Datenbank-Servern und ebenso auf Clients. Bei Webbasierenden Architekturen ist die Programmlogik vollständig in einer aus Applikations-Servern bestehenden Mittelschicht implementiert. Die Endanwender greifen ortsunabhängig mit ihren Java-fähigen Rechnern, z.B. Windows-PCs, Macintosh- oder Netzwerk-Computern, auf die für den Betrieb der Unternehmenssoftware eingerichteten Anwendungs-Server zu. Da die Programm-Logik der Unternehmens-Software nicht permanent auf den Web-Clients residiert, muß sie jeweils bedarfsweise geladen werden. Zur Benutzung der Applikation überträgt der Benutzer mit seinem Web-Browser ein Java-Applet vom Anwendungs-Server auf seinen Web-Client. Das Software-Modul wird gestartet und generiert für die Laufzeit der Auftrags- oder Lagerverwaltung die entsprechende Client-Komponente der Programmlogik. Der Web-Client bildet also die Benutzerschnittstelle der Anwendungssoftware. Er fordert die zugehörigen Daten an und stellt die Abfrageergebnisse im Browser-Fenster dar.

3.3   Web-Anbindung von Altsystemen

Anwendungen aus den siebziger und achtziger Jahren wurden mit anderen Programmiersprachen geschrieben, als sie heute – insbesondere im Internet – gebräuchlich sind. Programmiersprachen wie Assembler oder Cobol sind daher nur bedingt Web-tauglich. Ein kompletter Austausch dieser Lösungen kommt für Unternehmen meist schon aus finanziellen Überlegungen nicht in Betracht. IT-Manager suchen aufgrund dessen nach wirtschaftlichen Wegen, die vorhandene Anwendungssoftware für die Internet-Anbindung fit zu machen. Java-fähige Browser verschaffen den Altsystemen Zugang zum Web. Software-Module – sogenannte Java-Applets – übernehmen in diesem Fall die Kommunikation der eCommerce-Software mit den Altsystemen und steuern den Zugriff auf die zugehörigen Datenbestände der Hostanwendungen. So werden z.B. Kundeninformations- oder Auftragsverwaltungssysteme unter Beibehaltung der Datenbestände und Programmfunktionen Web-fähig und die Clients als Terminals der Rechner mit der Unternehmenssoftware per Emulation eingesetzt. Der Vorteil dieser Vorgehensweise liegt darin, daß die Host-Anwendungen nicht modifiziert werden müssen, um sie in einer sicheren Internet-Umgebung zu nutzen.

- Um auch mit Altsystemen eCommerce zu betreiben, werden Java-Applets für die Kommunikation zwischen den Altsystemen und der eCommerce-Anwendung eingesetzt.
- Der Web-Client übernimmt temporär die Rolle eines Großrechner-Terminals und stellt die Abfrageergebnisse im Browser-Fenster dar.
- Der Vorteil ist, daß die Altsysteme nicht modifiziert werden müssen, um sie über das Internet zu nutzen.

Box 4:   eCommerce mit Altsystemen

3.4   eCommerce und Business Intelligence

Aus einer Untersuchung der Analysten von Collaborative Marketing geht beispielsweise hervor, daß 69% der weltweiten Top-eCommerce-Sites auf Oracle-Technologie zurückgreifen (Oracle 1998b). 90% der in Fortune 500-Unternehmen installierten eCommerce-Lösungen sind mit Oracle-Technologie realisiert (Oracle 1998ba). Damit die entsprechenden Basisdaten verfügbar sind, priorisieren die eCommerce-Betreiber die Integration von Back-Office- und eCommerce-Applikationen. Sie kombinieren dabei meist verschiedene Technologien. Einige nutzen ihre eCommerce-Applikationen zusammen mit Datenbank-Servern, beispielsweise um Angaben über die Lagerbestände und Auslieferungsmöglichkeiten in ihren Online-Angeboten zu berücksichtigen. Andere arbeiten zusätzlich mit Analyse-Werkzeugen und Data-Mining-Tools, um zum Beispiel aus den via eCommerce gesammelten Datenbeständen Angaben herauszufiltern und Informationen aufzuspüren, die ihnen zu einem besseren Kundenverständnis verhelfen.

Die Anwender haben zum Beispiel die Möglichkeit, zu analysieren, welche Produkte Kunden kaufen, beziehungsweise an welchen sie besonders interessiert sind; damit ergibt sich ein sehr detailliertes Bild über Interessengebiete und Kaufgewohnheiten. Die so gewonnenen Daten erlauben den Unternehmen dann, Kunden über individuelle Produktangebote zu informieren und ihnen zusätzliche Waren zu offerieren, die in bezug zu den vorherigen Bestellungen stehen. Nahezu genauso wichtig ist Unternehmen die Skalierbarkeit ihrer eCommerce-Lösungen. Denn sie garantiert, daß die Installationen mit dem unternehmensspezifischen Bedarf wachsen, d.h. in puncto Benutzerzahl und Funktionenvielfalt ausbaubar sind.

4   Beispiel eines erfolgreichen eCommerce-Projekts

Wie wirkungsvoll sich eCommerce in der Praxis umsetzen läßt, zeigt das Beispiel des europaweit führenden Gartenspezialisten WOLF-Garten. Wachsender Kommunikationsbedarf mit den europäischen Fachhändlern veranlaßte das Unternehmen, ein elektronisches Handels- und Informationssystem aufzubauen. Über die Extranet-Anwendung haben etwa 6.000 europäische Vertriebspartner des Unternehmens rund um die Uhr Zugriff auf die Datenbestände und den siebensprachigen Produktkatalog. Sie können Bestellungen aufgeben, den gegenwärtigen Auftragsstatus abfragen sowie den aktuellen Lagerbestand prüfen. Hat die Ware das Haus verlassen, verbindet die eCommerce-Applikation den Händler mit dem Lieferverfolgungs-System des Zustellers. Da WOLF-Garten saisonal bedingt 80% des Jahresumsatzes in nur vier Monaten macht, muß das Management entsprechend schnell und präzise mit dem Fachhandel kommunizieren. Neben dem Außendienst übernimmt heute die Business-to-Business-Lösung den 1:1-Dialog mit den Händlern. Ein weiterer wichtiger Bestandteil der eCommerce-Lösung ist eine Know-how-Datenbank, die den Partnern als Informationsquelle für Fragestellungen rund um das Thema Garten dient.

Als technische Lösung für die Internet-Anbindung hat sich WOLF-Garten für einen gemieteten Server entschieden. Gegenstation ist ein Server unter Windows NT im Stammhaus des Unternehmens, der als Online-Schnittstelle zu allen operativen Systemen der Gesellschaften dient. Die Daten zwischen dem internen und externen Server werden stündlich abgeglichen. Für den Zugriff auf die WOLF-Anwendung kann jeder Web-fähige Client-PC verwendet werden, der die Programmier- bzw. Skriptsprache JavaScript unterstützt. Die eCommerce-Lösung von WOLF-Garten wurde auf Basis der Entwicklungsplattform Oracle Media-Frame realisiert. Die Datenbestände residieren auf einer Datenbank (Oracle 8), während die eCommerce-Software auf dem Oracle Application Server läuft. Die eCommerce-Lösung liefert die elektronische Variante des Produktkatalogs und bietet den Kunden die Online-Bestellung mit 24-stündiger Liefergarantie. Kundennähe wird neben Foren für den Informationsaustausch mit Funktionen für die Händler- und Werkstattsuche entsprechend der Postleitzahl erreicht. Die eCommerce-Applikation verfügt außerdem über Exportfunktionen, die den Versand des Online-Katalogs an die Druckerei zur Aufbereitung der Datenbestände in Papierform unterstützt. Die Verknüpfung der eCommerce-Installation mit den neu eingeführten Finanz-, Einkaufs- und Lagerverwaltungs-Applikationen von Oracle ist in der Projektphase (www.wolf-garten.de).

5   Fazit

Zur erfolgreichen Umsetzung von eCommerce-Projekten sollten Anwender Technologie-Partner hinzuziehen, die Erfahrung im Umgang mit Internet-Computing haben. Sie sollten sich in die Geschäftsprozesse des jeweiligen Kunden „reindenken" können – eine Voraussetzung, ohne die ein eCommerce-Projekt schnell zum Experimentierfeld für Berater werden kann. Bei der Partnerauswahl sollten Unternehmen außerdem auf ein möglichst umfassendes Lösungsspektrum achten, das neben vorkonfigurierten eCommerce-Applikationen wie beispielsweise Internet Commerce Server für Business-to-Consumer oder Web Customer/Web Supplier für Business-to-Business auch den Weg einer Individualentwicklung mit Web-konformen Programmier-Werkzeugen offenhält (Abb. 2). Die Auswahl einzelner Komponenten, die zunächst mit Produkten anderer Hersteller synchronisiert werden müssen, kann schnell zu Inkompatibilitäten führen und die Projektkosten in die Höhe treiben. Deshalb werden Durchgängigkeit und Zusammenspiel der verschiedenen Bausteine einer eCommerce-Lösung bevorzugt, die letztlich die Leistungsfähigkeit bestimmen. Die enge Kopplung der Komponenten erleichtert jedoch nicht nur den Aufbau und Einsatz der Software, sondern vor allem die Administration, so daß Unternehmen ihre installierten eCommerce-Lösungen schnellstmöglich an Marktänderungen und neue Geschäftsprozesse anpassen können.

Statt wie bisher mit einem möglichst breitgefächerten Web-Angebot aufzuwarten und den potentiellen Kunden die Suche nach etwas Passendem zu überlassen, übernehmen eCommerce-Installationen zukünftig den aktiven Part. Den neuen „Dienst am Kunden" verdeutlicht vor allem der hohe Personalisierungsgrad der Web-Seiten und die differenzierte, individuelle Preisgestaltung. Hier wird der Nutzen individualisierbarer eCommerce-Plattformen im Vergleich zu Standardlösungen mit fest vorgegebenem Funktionsumfang augenscheinlich. Um Kundeninformationen zwischen den verschiedenen Anwendungen austauschen und gemeinsam nutzen zu können, müssen alle Systeme integrierbar sein. Neue eCommerce-Softwarekomponenten für Personalisierung, Verkaufsförderung, Empfehlungen oder Preisgestaltung lassen sich bei einer komponenten-basierten eCommerce-Architektur als Zusatzmodule jederzeit bedarfsspezifisch entwickeln und einbinden.

Literatur

Computerwoche (Hrsg.) (1998): *Compendium Extended Enterprise*, München.
Oracle (Hrsg.) (1998a): *Capturing Electronic Commerce. Business White Paper*, Redwood Shores (USA).
Oracle (Hrsg.) (1998b): *Electronic Commerce White Paper: Collaborative Marketing*, Redwood Shores (USA).

IV   Realisierung des eCommerce im Unternehmen

2   Wie bekomme ich mein Geld? – Zahlungssysteme im Internet

Christopher Heinemann   *– Intershop*
Stefan Priess   *– Deutsche Telekom*

Überblick

- Payments bzw. Zahlungssysteme im Internet stellen den Geldkreislauf ohne Medienbruch sicher.

- Payments bilden bewährte Zahlungsverfahren wie z.b. Kreditkarte und Lastschriftverfahren ab und ergänzen diese später um Micro-Payments.

- Für den Verkauf von Produkten sind akzeptierte Payments ein wesentlicher Erfolgsfaktor.

- Die Akzeptanz von Payments im Internet ist gegenwärtig noch gering, da derzeit Sicherheitsbedenken seitens der Kunden vorliegen.

- Für Payments im Internet müssen sowohl die Anbieter als auch die Betreiber der Payment-Systeme Vertrauen beim Kunden aufbauen, damit dieser die einfache und bequeme Zahlungsweise des One-Stop Shop & Billing nutzt.

1 Zum Warenkreislauf gehört der Geldkreislauf

Ob Sie im Hanseviertel, auf der Kö oder im Internet einkaufen, eines wird sich niemals ändern: Wer etwas kaufen möchte, muß dafür auch bezahlen. Was im stationären Ladengeschäft und im klassischen Versandhandel nur noch eine untergeordnete Rolle spielt, kristallisiert sich im Internet-Shop zu den zentralen Fragestellungen heraus:

- Wie kann der Kunde bezahlen?

- Wie erhält der Händler sein Geld?

- Wie schützen sich Kunden und Händler vor Mißbrauch?

Im jungen eCommerce ist ein funktionierendes, sicheres und damit vertrauenswürdiges Zahlungssystem ein herausragender Einflußfaktor für den wirtschaftlichen Erfolg. Die Einnahmequellen im eCommerce sind vielfältig und abhängig von der Art des individuellen Geschäftsmodells.

Wie in Kap. I.2 ausgeführt, gibt es eine hinreichende Anzahl von Möglichkeiten, den Kauf und Verkauf von Produkten im Internet vorzunehmen. Doch auch Mitgliedsbeiträge können direkt „vor Ort" entrichtet werden. All dies sollte aufgrund von Effizienzgewinnen durch internetspezifische Zahlungssysteme ohne Medienbruch unterstützt werden. Der Vertrieb immaterieller und zeitkritischer Produkte im Internet wird durch ein Online-Payment oft erst ermöglicht.

Besondere Brisanz beinhaltet der Schutz vor dem Zahlungsausfall. Erfahrene Versandhandelsunternehmen, z.B. Otto (www.otto.de) und Quelle (www. quelle.de), berücksichtigen das Inkassorisiko zum einen durch Erfahrungswerte in der Preisfindung und ergreifen zum anderen mit Scoring-Cards, mit denen das Inkassorisiko einer jeden Adresse bewertet wird, wirksame Präventivmaßnahmen. Diese Informationen stehen dem in das Internet expandierenden stationären Handel und den Herstellern zur Absicherung des Zahlungseingangs oft nicht zur Verfügung. Gerade die Masse der zukünftigen eCommerce-Betreiber ist daher auf sichere, funktionierende und akzeptierte Zahlungsverfahren im Internet angewiesen.

2   Grundlagen der Zahlungssysteme im Internet

eCommerce verändert die traditionellen Geschäftsprozesse grundlegend. Die Geschwindigkeit der Transformation in die „Digital Economy" ist jedoch langsamer als häufig prognostiziert, da anfangs erst bestehende und akzeptierte Prozesse im Internet abgebildet und genutzt werden, bevor die medienspezifischen Vorzüge erkannt und zur Optimierung der Prozesse genutzt werden. Dieser sukzessive Transformationsprozeß gilt auch für die Zahlungssysteme im Internet.

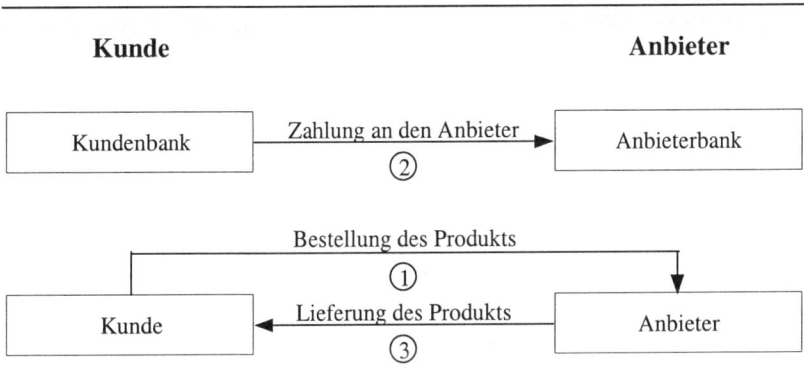

Abb. 1:   Generische Struktur von Zahlungssystemen

Abbildung 1 verdeutlicht den klassischen Bezahlvorgang: Ein Kunde bestellt ein Produkt bei einem Händler (1). Dann bezahlt er (2) und erhält im Gegenzug das Produkt (3). Da Ort und Zeitpunkt der drei Prozesse im eCommerce nicht zusammenfallen müssen, stößt dieses Zug-um-Zug-Geschäft auf eine Herausforderung. Diese ist vor allem von rechtlicher Relevanz für den wirksame Abschluß eines Kaufvertrags (Kap. V.1). Denn weder Anbieter noch Kunden können mit Bestimmtheit sagen, wer sich auf der jeweils anderen Seite befindet und welche Handlungsbefugnis der Partner tatsächlich besitzt. Erst der Einsatz authentischer Übertragungsverfahren, wie z.B. der digitalen Signatur, wird hier Abhilfe schaffen.

2.1 Klassifizierung der Zahlungssysteme

Zur Klassifizierung der Zahlungssysteme im eCommerce können verschiedene Ansätze genutzt werden.

Einerseits kann man zwischen account-basierten und cash-basierten Systemen unterscheiden. Während die account-basierten Anwendungen ein Konto bei einem Geldinstitut voraussetzen, sind cash-basierte Lösungen am herkömmlichen Bar- und Münzgeld orientiert. Andererseits setzt sich die Differenzierung nach der Höhe des jeweiligen Betrags durch (Armstrong und Hagel 1998, S. 61). Als Klassen können unterschieden werden (Bräuer und Stolpmann 1999, S. 96):

- Picopayments im Bruchteil von Pfennigen bis ca. DM 0,10,

- Micropayments im Bereich von DM 0,10 bis DM 20,00 und

- Macropayments ab DM 20,00.

Eine weitere Möglichkeit der Klassifizierung orientiert sich an den etablierten Zahlungsverfahren (Abb. 2).

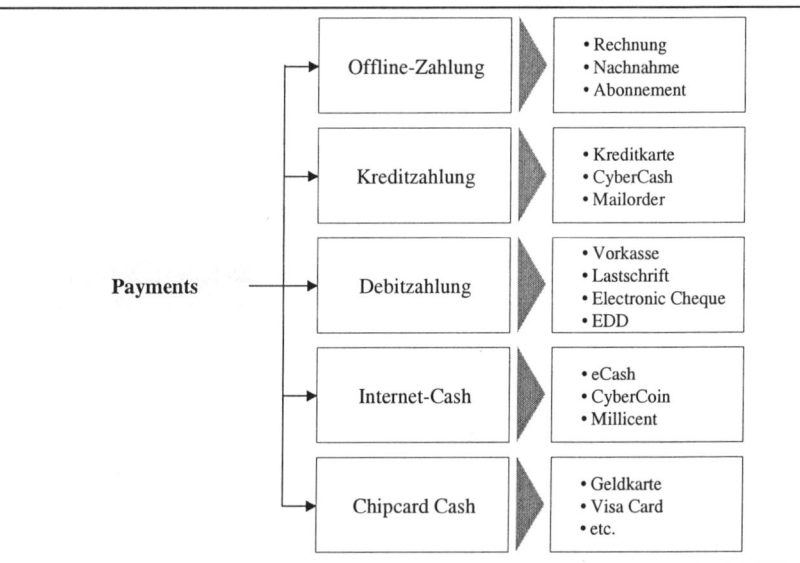

Abb. 2:   Zahlungssysteme im Internet (in Anlehnung an Stolpmann 1997)

168

Die Zahlungssysteme im Internet lassen sich in fünf Gruppen einteilen, von denen nur zwei mehr als die elektronische Abbildung realer Prozesse sind.

Die **Offline-Zahlung** findet außerhalb des Internet statt. Der Kunde bezahlt die Rechnung nach Erhalt der Ware per Überweisung, direkt beim Überbringer per Nachnahme oder über ein langfristiges Vertragsverhältnis per Abonnement.

Die **Zahlung per Kreditkarte** hat sich in den USA durchgesetzt, da es das einzige landesweit akzeptierte Zahlungsverfahren ist. Dem Euro-Scheck oder dem Lastschriftverfahren ähnliche Zahlungssysteme existieren aufgrund rechtlicher Restriktionen in den USA nicht. Deshalb kann die Bedeutung der Kreditkarte für eCommerce in den USA nicht auf den europäischen Markt übertragen werden.

Debitzahlungen haben sich bereits erfolgreich am „realen" Point-of-Sale durchgesetzt, da die Kosten für die Händler gering sind und der Konsument ein sechswöchiges Einspruchsrecht gegenüber unberechtigten Abbuchungen hat. Beim elektronischen Lastschriftverfahren bzw. Electronic Direct Debitting bleiben diese Vorteile für Anbieter und Kunden bestehen.

Internet-Cash entspricht dem Münzgeld. Bei Beträgen unter 5 DM erweisen sich die bislang dargestellten Zahlungsformen als zu komplex und zu teuer. Zugleich müssen bei der Verschlüsselung des Internet-Cash in individuellen Geldbörsen (wallets) auch nicht dieselben aufwendigen Sicherheitsmaßstäbe angelegt werden, da der Gegenwert pro Geldbörse für einen Fälscher zu gering ist.

Eine weitere Möglichkeit zur Bezahlung mit digitalem Kleingeld erlauben die **Chip- und Smartcards**, die sogenannten Geldkarten. Die Werteinheiten werden auf einem Chip gespeichert, der beispielsweise in fast jeder Euro-Cheque-Karte integriert ist. Allerdings ist zum Auslesen und Modifizieren der Informationen auf dem Chip ein Chipkarten-Reader notwendig, der kaum verbreitet ist. Wegen des hohen Verbreitungsgrads der Karten wird die Geldkarte jedoch als sehr vielversprechend angesehen; es bedarf zur weiteren Nutzung noch der standardisierten Integration der Reader beispielsweise in die PC-Tastaturen.

2.2 Anforderungen an Zahlungssysteme im Internet

Die trivial anmutende Forderung, daß der Händler sein Geld vom Käufer erhält, ist durch die gegenwärtige Anonymität der Vertragspartner im Internet oft nicht direkt zu erfüllen. Außerdem liegt keine rechtsverbindliche Unterschrift des Käufers vor. Daher ist die Verifizierung der Zahlungsdaten, das sogenanntes Clearing, von großem Interesse für den eCommerce-Anbieter. Das Clearing muß dabei einerseits kostengünstig und andererseits in Echtzeit erfolgen. Nur so kann das Inkassorisiko bei Produkten im Internet minimiert werden, beispielsweise bei der Electronic Software Distribution.

Die Transaktionssicherheit resultiert aus den im folgenden vertieften Komponenten Identifikation, Integrität, Abhörsicherheit, Nicht-Abstreitbarkeit und Anonymität. All diese Anforderungen an Zahlungssysteme im eCommerce müssen in der Technologie umgesetzt werden.

- *Identifikation*

Die eindeutige Identifikation sowohl des Auftraggebers als auch des Auftragnehmers sind in erster Linie von vertragsrechtlicher Relevanz. Retouren von standardisierten Angeboten verursachen beim Anbieter nur einen vergleichweise geringen Schaden, da sie weiterverkauft werden können. Die relative Schadenshöhe kann bei maßgeschneiderten eCommerce-Angeboten, die entsprechend für den einzelnen Kunden produziert werden, jedoch zunehmen. Ein beispielsweise besonders ausgestattetes oder lackiertes Auto läßt sich möglicherweise gar nicht weiterverkaufen.

In den weiteren Entwicklungsphasen wird die Identifikation auch für das Profiling und damit für die Individualisierung des Angebots nach den persönlichen Bedürfnissen eines jeden Nutzers wichtiger.

- *Integrität*

Die Zuverlässigkeit der übermittelten Daten ist elementare Voraussetzung für einen erfolgreichen Bezahlungsvorgang. Eine Manipulation Dritter muß daher ausgeschlossen werden. Da das Internet per se kein geschütztes Umfeld bietet, muß die Information durch Verschlüsselung für Dritte unzugänglich gemacht werden.

- *Abhörsicherheit*

Weder Kunde noch Händler haben ein Interesse, daß Dritte von ihrer Transaktion erfahren. Der Kunde möchte nicht, daß z.B. seine E-Mail-Adresse mit seiner Bestellung an einen Adressbroker weitergeleitet wird. Noch schwerwiegender ist es für einen Anbieter, wenn beispielsweise ein Wettbewerber die Transaktionsinformation zur eigenen Sortiments- und Preisgestaltung nutzt.

• *Nicht-Abstreitbarkeit*
Damit beide Parteien den Bestell- und Bezahlungsvorgang nicht abstreiten können, bedarf es einer dritten, unabhängigen Instanz, die alle Vorgänge bis zum Ablauf der Widerspruchsfrist dokumentiert.

• *Anonymität*
Die Anonymität der Kunden birgt eine besondere Brisanz. Dabei geht es weniger um den Kauf nicht „gesellschaftsfähiger" Produkte, sondern auch um die Auswertung dieser Daten für zielgruppenspezifische Marketing-Maßnahmen. So ließe sich aus dem Kauf beispielsweise bestimmter Zeitungen auch auf die politische Gesinnung des Kunden schließen.

2.3 Technologische Aspekte der Zahlungsysteme

Im Vordergrund der Technologie steht die Erfüllung der zentralen Forderungen nach einer sicheren Übertragung der Payment-Informationen, einer eindeutigen Identifizierung der jeweiligen Vertragspartner und einfach einsetzbaren Zahlungsprotokollen (Für Details zu den jeweiligen Technologien siehe: Nusser 1998; Furche und Wrightson 1996; Stolpmann 1997).

• Sichere Übertragungsverfahren

Mit der symmetrischen und der asymmetrischen Verschlüsselung lassen sich grundsätzlich zwei Verfahren unterscheiden.

Die **symmetrische Verschlüsselung** bezeichnet kryptographische Verfahren, die auf dem Einsatz des gleichen Schlüssels zur Ver- und Entschlüsselung von Daten beruhen. Der Schlüssel muß vom Absender an den Empfänger übergeben werden. Je mehr Teilnehmer symmetrisch verschlüsselt kommunizieren wollen, desto problematischer wird die sichere Übertragung aufgrund möglicher Wiederholungen der Schlüssel.

Der Data Encryption Standard (DES) gehört zu den bekanntesten symmetrischen Verfahren. DES verwendete ursprünglich einen 56-Bit langen Schlüssel und bot damit 2^{56} verschiedene Möglichkeiten der Kodierung. Inzwischen werden mit dem Triple DES, der durch eine 112-Bit Verschlüsselung nunmehr 2^{112} unterschiedliche Möglichkeiten bietet, und mit dem 128-Bit langen International Data Encryption Algorithm-Schlüssel (IDEA) deutlich komplexere und somit bessere kryptographische Verfahren angeboten.

Die Länge des Schlüssels ist für die Sicherheit von besonderer Relevanz, da vom ihm der relative Zeitaufwand zur Entschlüsselung abhängt (Box 1). Dabei ergibt sich mit zunehmender Schlüssellänge eine exponentielle Zunahme des Zeitaufwands. Zu berücksichtigen ist aber, daß immer leistungsstärkere Prozessoren auch immer längere Schlüssel notwendig machen.

Verfahren	Schlüssellänge	Zeitaufwand
DES	56 Bit	3,6 Std.
Triple DES	112 Bit	10^{13} Jahre
IDEA	128 Bit	10^{18} Jahre

Box. 1:   Relativer Zeitvergleich zwischen Brute-Force-Attacken (ITU 1999)

Im Gegensatz zu dem symmetrischen benötigt das **asymmetrische Verschlüsselungsverfahren** auf zwei unterschiedliche Schlüssel zur Ver- und Entschlüsselung. Um die zu übertragenden Informationen zu kodieren, wird der öffentliche Schlüssel (Public Key) des Empfängers eingesetzt. Der Empfänger kann die verschlüsselte Nachricht dann mit dem privaten Schüssel (Private Key) wieder dekodieren. Während der öffentliche Schlüssel des Internet-Nutzers möglichst breit distribuiert werden muß, darf der Private Key nur dem Nutzer zugänglich sein. Um per asymmetrischer Verschlüsselung kommunizieren zu können, muß somit jeder Nutzer einen privaten Schlüssel besitzen. Eine weitere Herausforderung der asymmetrischen Verschlüsselung liegt in der eindeutigen Zuordnung der Identität des Empfängers der Nachricht zu dessen öffentlichem Schlüssel.

•   Authentische Übertragungsverfahren

Zusätzlich zur integeren Übertragung der Information ist für den rechtlich wirksamen Abschluß eines Kaufvertrags die eindeutige Identifikation des Kunden als auch des Anbieters unerläßlich. Dazu gibt es gegenwärtig mit dem digitalen Fingerabdruck und der digitalen Signatur zwei verschiedene Verfahren.

172

Der digitale Fingerabdruck besteht jeweils aus einer Zeichenkette identischer Länge, die sich jedoch aus unterschiedlich langen binären Daten zusammensetzt. Diese binären Daten werden als Einweg-Funktion im sogenannten Hash-Verfahren als Prüfsumme berechnet. Damit dient der digitale Fingerabdruck als Grundlage für die digitale Signatur.

Die digitale Signatur erlaubt dem Empfänger festzustellen, von wem er die Nachricht tatsächlich erhalten hat und ob diese unversehrt ist. Grundlage der digitalen Signatur ist Art. 3 des Informations- und Kommunikationsdienste-Gesetzes (IuKDG) und das Signaturgesetz (SigG). Dieses legt auch die zentrale Rolle der Certificate Authorities fest, den sogenannten Trust Centern. Die Trust Center sind staatlich autorisierte Organisationen, z.B. Banken, Telekommunikationsunternehmen oder Handelskammern, die digitale Unterschriften nach einer Identitätspüfung der zu zertifizierenden Person ausgibt. Wie bei dem asymmetrischen Verschlüsselungsverfahren benötigen sowohl der Kunde als auch der Anbieter jeweils einen öffentlichen und einen privaten Schlüssel. Der öffentliche Schlüssel und der Name des Senders werden in einem digitalen Zertifikat zusammengefaßt. Dieses Zertifikat erlaubt Nachrichten zu verschlüsseln, Veränderungen zu erkennen und die eindeutige Identität des Senders zu bestimmen. Mit dem privaten Schlüssel werden die vertraulichen Nachrichten dekodiert.

- Sicherheitsprotokolle

Die gegenwärtig genutzten Sicherheitsprotokolle sind entweder browsergestützt oder beruhen auf asymmetrischen Verschlüsselungsverfahren mit einem privaten und öffentlichen Schlüssel für jeden Teilnehmer. Zur ersten Gruppe zählen das Secure-HyperText Transfer Protocol (S-HTTP) von Terisa Systems und das Secure Sockets Layer (SSL) von Netscape. Der zweiten Gruppe gehören z.B. Secure Electronic Transaction (SET) von Visa und Mastercard an.

S-HTTP ist eine Erweiterung der HyperText MarkUp Language (HTML) und des HyperText Transfer Protocols (HTTP) um die Übertragung verschlüsselter und/oder digital unterschriebener MIME-Entitäten in beide Richtungen. Die dadurch ermöglichte Absicherung von HTTP im Browser schafft die Grundlage für den Einsatz kryptographischer Verfahren.

SSL baut auf S-HTTP auf und sichert das Internet-Protokoll auf der Transportschicht. Dadurch können Anwendungen ohne weitere Modifikation um die symmetrische Verschlüsselung der zu übertragenden Nachricht und um die Authentifizierung der Kommunikationspartner mit Hilfe von Zertifikaten ergänzt werden. Dieses Zertifikat (X.509) enthält neben dem öffentlichen Schlüssel den eindeutigen Namen – engl.: Distinguished Name (DN) – sowie die Unterschrift der ausstellenden Zertifizierungsstelle (TrustCenter).

SET ist ein offener Standard, der aus einer Kombination des symmetrischen Verschlüsselungsverfahren DES und des asymmetrischen Verschlüsselungsverfahren RSA besteht. Eine typische Transaktion per SET beinhaltet drei Prozesse:

- den Purchase Request,

- die Payment Authorization und

- die spätere Abrechnung der Zahlung.

Während des Purchase Request überprüft der Kunde die Identität des Anbieters. Danach gibt er seine Bestellung auf und erstellt eine Zahlungsanweisung, die verschlüsselt wird. Beides wird mit der doppelten digitalen Signatur unterzeichnet; der Anbieter kann allerdings nur die Bestellung entschlüsseln. Der Anbieter überprüft seinerseits nun die digitale Signatur des Bestellers, sendet ihm eine Zahlungsbestätigung und leitet die Bestellung – wiederum verschlüsselt – zum Payment-Betreiber, an ein Payment-Gateway. Dort wird über die Unterschriften des Bestellers und des Anbieters überprüft, ob Bestellung und Zahlungsanweisung miteinander korrespondieren. Die eigentliche Bestellung kann jedoch von dem Payment-Betreiber nicht dekodiert werden. Wenn alle Informationen übereinstimmen, erhält der Anbieter vom Payment-Gateway einen Coupon im Wert des Rechnungsbetrags, der zur eigentlichen Abrechnung mit den Banken genutzt wird. Anbieter SET-basierter Zahlungsysteme sind NetLife, T-Secure Payment Server und HP Verifone.

3 Erfahrungen mit Zahlungssystemen im Internet

Neben den technologischen Anforderungen an die Zahlungssysteme im Internet bestimmt besonders die Alltagstauglichkeit ihren Erfolg.

Wie eine Untersuchung der in Deutschland akzeptierten Zahlungsverfahren im eCommerce ergab, nutzt mit 80% die überwältigende Mehrheit der Kunden die Bezahlung gegen Rechnung. Bereits 50% der Anbieter bieten verschlüsselte Übertragungsmöglichkeiten für die Bezahlung per Kreditkarte an (vgl. META Group Deutschland 1998). Dabei handelt es sich primär um SSL-kodierte Lösungen, da der SET-Standard erst kürzlich in die Payment-Software integriert wurde.

Sowohl die Anbieter als auch die Konsumenten sind an standardisierten Zahlungssystemen interessiert, damit das Investitionsrisiko in die Technologie minimiert und die Integration in die bestehenden Shop-Software-Lösungen erleichtert wird. Der Kunde hingegen möchte sich nicht in jedem eCommerce-Shop in ein neues Zahlungssystem einarbeiten. Daher sind auch diejenigen Zahlungssysteme erfolgreicher, die sich eng an den Vorgängen in der realen Welt orientieren. Je innovativer die Lösung, desto geringer ist das Vertrauen in die Technik und damit die Akzeptanz des Zahlungssystems.

3.1 Konsumenten

Die Akzeptanz der elektronischen Payments im Internet ist beim privaten Konsumenten noch nicht sehr verbreitet. Dies mag zum einen am mangelnden Vertrauen gegenüber den Zahlungsverfahren und der Sicherheit im Internet an sich, aber auch an wenig bekannten Anbietern liegen. Anderseits ist es der Konsument durch die etablierten Versandhandelsunternehmen gewöhnt, erst nach Erhalt und Akzeptanz des Produkts die Rechnung zu begleichen.

Im Business-to-Business-Handel im Internet zwischen Vollkaufleuten ist die direkte Bezahlung der Leistung analog zur realen Welt unüblich. Spannend ist hier jedoch der Trend zu sogenannten Purchase Cards zu beobachten, mit denen Mitarbeiter bei Lieferanten nach einem Berechtigungssystem Leistungen in Anspruch nehmen können, ohne erst die Einkaufsabteilung involvieren zu müssen. Anbieter dieser Verfahren sind Lufthansa AirPlus oder auch Visa.

	1999 Akzeptanz	1998 Angebot	2001 Angebot
Per Nachnahme/Rechnung	46% / 81%	60%	61%
Kreditkartenabrechnung	48%	29%	30%
Einzugsermächtigung	30%	24%	30%
Keine		19%	0%
Andere Transaktionen		13%	5%
Geldkarte		10%	14%
Kreditkartenabrechnung über SET	31%	8%	27%
Micropayment-Systeme	31%	3%	6%
Procurement Cards		3%	4%

Tab. 1:   Akzeptanz (W3B Hamburg 1999) und Zahlungsabwicklung im Internet (1998, 2001)
in Deutschland (META Group Deutschland 1998)

3.2   Händler und Anbieter

Die Betreiber von eCommerce-Angeboten entscheiden sich primär aus Kostengründen für oder gegen den Einsatz elektronischer Payments im Internet. Dabei wird das Inkassorisiko durch Forderungsausfall den Gebühren für die Payments und den Investitionen in Hard- und Software gegenübergestellt. Auch in der realen Welt schließen einige Händler einzelne oder auch alle Kreditkarten bei der Bezahlung aus, da die Gebühren als zu hoch empfunden werden. Bei der Auswahl der Zahlungsverfahren orientieren sich die Anbieter an dessen Verbreitungsgrad in ihrer Zielgruppe. Dadurch wird die Verbreitung der SET-Payments vorerst noch behindert, da erst wenige Konsumenten zertifiziert sind.

Liefert der Anbieter jedoch ins Ausland, so kann er zur Bezahlung meist nur auf Kreditkarten zurückgreifen. Das Inkassorisiko bei Lieferungen ins Ausland, insbesondere außerhalb der Europäischen Union, ist ungleich höher als im Inland. Lieferungen in diese Länder per Nachnahme werden von den Logistikdienstleistern oftmals nicht angeboten.

4   Entwicklung der Payments im Internet

Die weitere Verbreitung dieser neuen elektronischen Zahlungssysteme wird in erster Linie vom Vertrauen der Käufer bestimmt. Erst nachdem dieses Vertrauen aufgebaut worden ist, werden die Konsumenten erkennen, daß One-Stop Shopping & Billing komfortabler ist, als nach dem Erhalt der Ware einen Überweisungsträger auszufüllen.

Die Prognose der META Group (Tab. 2) zeigt ebenfalls eine positive Verbreitung SET-basierter Payments. Sie drückt jedoch auch aus, daß die Lieferung gegen Rechnung in naher Zukunft das dominierende Payment des Handels im Internet, dem eCommerce, bleiben wird.

Mit der Einführung der ersten SET-basierten Payments wird sowohl den gewünschten rechtlichen als auch den sicherheitstechnischen Anforderungen entsprochen. Damit steht nur die umständliche und teuere Zertifizierung sowohl der Anbieter als auch der Käufer einer schnellen Diffusion im Wege und könnte dadurch zum Bumerang werden. SSL-Verschlüsselungen dürften in vielen Fällen ausreichend sein, auch wenn die Vertragspartner nicht eindeutig zu identifizieren sind. Dieses Risiko kennen die meisten Anbieter bereits durch Bestellungen per Fax oder Telefon und haben es in den Preisen einkalkuliert.

Bei dem Verkauf sogenannter Soft Goods (z.B. Software, Information) hingegen ist das Online-Clearing im Internet unerläßlich. Daher werden hier bevorzugt SET-basierte Payments im Markt eingesetzt.

Literatur

Bräuer, M., und M. Stolpmann (1999): Schlau und Sicher – Technologische Trends bei E-Commerce-Lösungen, in: Bliemel, F., Fassott, G., und A. Theobald: *Electronic Commerce – Herausforderungen, Anwendungen, Perspektiven*, Wiesbaden, 84-104.

Furche, A. und G. Wrightson (1996): *Computer Money*, Heidelberg.

Hagel, J. und A.G. Armstrong (1998): *Net Gain – Profit im Netz – Märkte erobern mit virtuellen Communities*, Wiesbaden.

Gröndahl, B. (1998): Zur Kasse bitte, *ZD Internet Professionell*, 1.

Itoi, N.G. (1998): Promises, Promises – What ever Happened to SET?, *The Red Herring*, 2/98.

Nusser, S. (1998): *Sicherheitskonzepte im WWW*, Berlin et al.

Schuster, R., Färber, J., und M. Eberl 1997): *Digital Cash – Zahlungssysteme im Internet,* Berlin et al.

Stolpmann, M. (1997): *Elektronisches Geld im Internet. Grundlagen, Konzepte, Perspektiven,* Bonn et al.

Demo-Sites für Payments: www.intershop.de; www.sos-kinderdorf.de

IV Realisierung des eCommerce im Unternehmen

3 Wie binde ich eCommerce in das Unternehmen ein? – Interne Organisation

Christian Eggenberger   – *IBM*
Stefan Klein   – *Universität Münster*

Überblick

- Mit der internen Organisation werden auch die nach außen hin nicht sichtbaren Abstimmungs- und Einbindungsaktivitäten angesprochen, die Geschäfts- und Allianzpartner betreffen. Dies erfordert in aller Regel verbesserte interne Prozesse zur Leistungserstellung.

- Ein Fallbeispiel einer eCommerce-Lösung für den Handel mit Lebensmitteln und Haushaltsartikeln veranschaulicht die vielfältigen organisatorischen und technischen Herausforderungen, die sich aus der Umgestaltung des Verkaufsprozesses ergeben.

- Ein erfolgreiches eCommerce verlangt in vielen Fällen eine duale Organisation, um den unterschiedlichen Anforderungen des traditionellen und des elektronischen Geschäfts Rechnung zu tragen.

- Beim eCommerce muß die traditionelle Trennung zwischen IT und Organisation überwunden werden, da beim eCommerce die Technik die Geschäftspotentiale konstituiert.

179

1 Paradigmawechsel – vom wissenschaftlichen Netz zu eCommerce

Das World Wide Web, ursprünglich als Medium für die Kommunikation und Zusammenarbeit von Wissenschaftlern konzipiert, ist in den letzten Jahren zu einem Medium für den elektronischen Geschäftsverkehr oder eCommerce geworden. Innerhalb kurzer Zeit hat sich eine Fülle von Anwendungsformen, wie etwa Electronic Malls, Preis-Agenten oder Online-Auktionen entwickelt. Angesichts der Vielzahl betrieblicher Einsatzfelder und der schnell steigenden Komplexität der Anwendungen ist eine sorgfältige strategische Positionierung des eCommerce unerläßlich (Klein 1998). Die Ausweitung der Informationsangebote, die immer mehr Abteilungen und Bereiche betreffen, und die zunehmende Komplexität der technischen Realisierung erfordern in dem dynamischen Umfeld des Web eine sorgfältige organisatorische und technische Integration, um die Nachhaltigkeit des eCommerce-Auftritts zu ermöglichen und zu sichern.

1.1 Gestaltungsdimensionen und Einflußfaktoren des Web-Auftritts

Bei der Gestaltung des Web-Auftritts stehen zunächst Dimensionen wie inhaltliches Angebot, Funktionalität (*features*), Design und technische Gestaltung im Vordergrund (Abb. 1). Diese beschreiben gewissermaßen die Präsentation und Außensicht des Angebots. Als Rahmenbedingungen sind die (technische) Verfügbarkeit von Informationen sowie Budgetrestriktionen zu berücksichtigen. Die Beurteilung des jeweiligen Angebots orientiert sich dabei an unternehmensinternen Kriterien wie der strategischen Positionierung und der damit verbundenen Prioritätensetzung bei den Anwendungsbereichen. Diese sind immer dann, wenn es sich um Web-Sites mit Kommunikations- und Interaktionsangeboten handelt, um organisatorische Facetten zu ergänzen. Dabei handelt es sich beispielsweise um die Gestaltung von Prozessen zur Abwicklung von Kundenanfragen oder der Formulierung organisatorischer Regelungen für die Aktualisierung und Pflege von Inhalten. Nach außen orientiert sich die Bewertung des Web-Angebots zunächst an spezifischen Merkmalen des Mediums WWW, wie z.B. der Interaktion oder der Bildung von Communities. Der Erfolg des Web-Auftritts bemißt sich primär an den Reaktionen der Zielgruppe. Die Differenzierung und Individualisierung des Angebots für verschiedene Zielgruppen des Unternehmens stellen dabei besondere Anforderungen. Ein wesentlicher Einflußfaktor für den

180

Web-Auftritt ist das Wettbewerbsumfeld. Die hohe Sichtbarkeit und Vergleichbarkeit der Web-Angebote führt zu einem intensiven Wettbewerb um die Aufmerksamkeit der Kunden. Damit einher geht ein starker Imitationswettbewerb, da in den meisten Fällen recht schnell funktional äquivalente Web-Angebote erstellt werden können. So entsteht für die Gestalter der Web-Angebote ein Dilemma zwischen dem Interesse an einem inhaltlich reichen Angebot für die Kunden und dem Risiko, zu viel Information zu schnell Wettbewerbern preiszugeben.

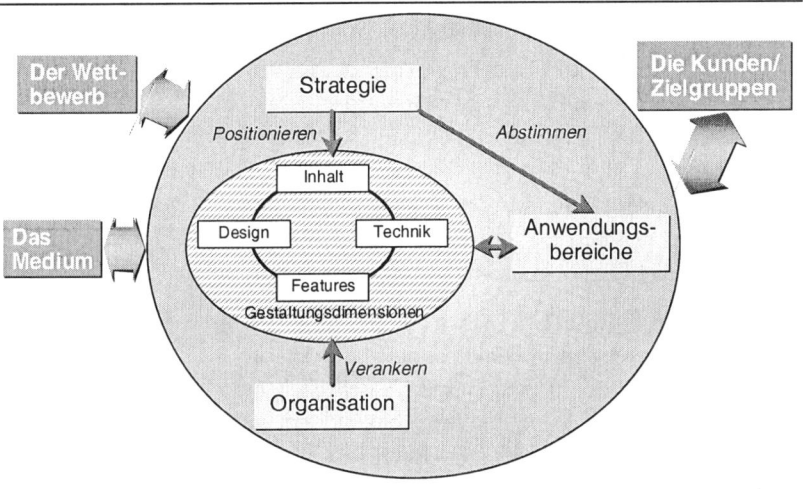

Abb. 1: *Gestaltungsdimensionen und Einflußfaktoren des Web-Auftritts*

1.2 Dimensionen der organisatorischen und technischen Integration des eCommerce

Die Bewältigung der organisatorischen Herausforderungen stellt somit eine Möglichkeit der strategischen Differenzierung dar. Dafür ergibt sich eine Reihe von Ansatzpunkten:

Aus **aufbauorganisatorischer Sicht** stellt sich die Frage, wo und wie eCommerce in die bestehenden Aktivitäten eingebunden werden kann. Häufig hat sich die Positionierung als eigenständige Filiale oder als eigenständiger Vertriebskanal bewährt. Innerhalb eines solchen Bereichs sind entsprechende Regelungen für Stellen, Funktionen, Rollen und Verantwortlichkeiten zu definieren, da Aufgaben mit neuen Kompetenzprofilen, aber zugleich zahlreichen Schnittstellen zu traditionellen Bereichen wie Marketing entstehen. Die aufbauorganisatorische Integration des eCommerce stellt viele Unternehmen vor erhebliche Herausforderungen, da es sich um einen neuen, häufig schnell wachsenden Bereich handelt, der zunächst nicht nur quer zur etablierten Organisation, sondern auch zur gewachsenen Kultur steht. Häufig kommen die ersten Impulse aus dem Marketing und nicht aus der EDV-Abteilung. Der Aufbau der Web-Angebote erfordert ein interdisziplinäres, abteilungsübergreifendes Team. Umsatzrenditen werden in den meisten Fällen erst nach Jahren erzielt, so daß sich die Frage der Erfolgsmaßstäbe und Anreizstrukturen stellt. Diese Frage wird um so dringlicher, da qualifizierte Mitarbeiter in diesem Bereich rar und entsprechend umworben sind. Größere Verantwortung und Handlungsspielräume stellen zwar Anreize für engagierte Mitarbeiter dar, sie stehen allerdings auch häufig im Widerspruch zu bestehenden Machtstrukturen und der Unternehmenskultur. Da zumindest das Risiko besteht, daß der neue Vertriebskanal die alten (partiell) kannibalisiert, bedarf es Regeln zur Begrenzung der entstehenden Konflikte (Kap. III.1).

Aus **ablauforganisatorischer Sicht** stellt sich die Aufgabe der internen Integration der Aktivitäten im Hinblick auf die einzelnen Phasen der Geschäftsabwicklung. Für die Informationsphase stellt sich z.B. die Aufgabe der Aktualisierung von Katalogen und die Sicherung der Responsefähigkeit auf die Kontaktwünsche der Kunden. Im Rahmen der Vereinbarungsphase erfolgt mitunter die genaue Spezifikation der Leistung (Maßschneidern). Hierbei sind – gewissermaßen im Hintergrund – die Bedingungen der Leistungserfüllung zu klären (zulässige Konfigurationen, Liefertermin, Preis). Im Rahmen der Abwicklungsphase erfolgt die Koordination von Logistik und Zahlungsverkehr und eventuell eine Unterstützung bei der Verbuchung der Transaktion beim Kunden. After-Sales-Aktivitäten erfordern in der Regel eine sorgfältige Verwaltung der Kundeninformationen und umfassen mitunter auch die Organisation von virtuellen Gemeinschaften (Paul und Runte 1999).

Aus Sicht des Informationsmanagement geht es um die Organisation des Aufbaus und der Pflege der Informationsangebote, um Aktualität, Konsistenz und Vollständigkeit zu gewährleisten. Große Web-Sites mit z.T. weit über 100.000 miteinander verlinkten Seiten stellen erhebliche Herausforderungen an die Instrumente des Informationsmanagement dar.

Bei der technischen Realisierung ist die Integration der Web-Anwendungen in operative Systeme, speziell Datenbanken, eine Voraussetzung, um komplexe Web-Anwendungen wirtschaftlich betreiben zu können.

Die organisatorischen Herausforderungen wie auch konkrete Lösungsansätze werden in den folgenden Abschnitten am Beispiel eines Online-Shopping-Projekts im Lebensmittelhandel veranschaulicht.

2 Handel mit Frischprodukten

Häufig wird diskutiert, welche Produkte und Dienstleistungen erfolgreich über das Web vertrieben werden können (Kap. I.2). Während sich digitalisierbare Produkte wie Software oder gut beschreibbare Artikel wie CDs und Bücher offensichtlich besonders für den Verkauf über das Web eignen, wird vom Vertrieb von Frischprodukten bisher dagegen weitgehend Abstand genommen. Peapod in den USA (www.peapod.com), ruokaNet in Finnland (www.ruokanet.fi) und der Migros Online-Shop in der Schweiz (www.migros-shop.ch) sind drei nennenswerte Ausnahmen. Der Grund für die abwartende Haltung der großen Mehrheit der Lebensmittelhändler ist nicht sofort ersichtlich, wenn man in Erinnerung ruft, daß der Blumenverkauf über das Web eines der ersten Erfolgsbeispiele gewesen ist.

Untersuchungen in den USA haben ergeben, daß ein Konsument 20% seines Einkaufsbudgets für Lebensmittel ausgibt. Für diese Einkäufe braucht er durchschnittlich 2,5 Ladengänge, die ihn pro Woche insgesamt 1,5 Stunden kosten. Milch, Brot, Fleisch, Agrarerzeugnisse, Delikatessen, Papierprodukte und Mineralwasser machen 85% der eingekauften Artikel aus. Eine Umfrage im Jahre 1990 hat ergeben, daß der Lebensmitteleinkauf in der Beliebtheits skala von 22 Tagesaktivitäten an zweitletzter Stelle vor dem Unterhalt des Haushalts rangiert.

Lebensmitteleinkäufe konnten bereits in den achtziger Jahren über proprietäre Online-Services, z.B. Prodigy (Buskin 1998, S. R6), über dedizierte Verkaufs-Fernsehkanäle und später auch über das Web getätigt werden. Bis heute sind jedoch selbst in den USA die Verkaufszahlen ernüchternd: Es wurden gerade 0,2 Prozent des jährlichen Gesamtumsatzes des Einzelhandels über die angesprochenen Kanäle getätigt. Davon betreffen allein 40% die Verkäufe von Juwelierwaren. Als Ursache für die Zurückhaltung der Kunden wird allerdings nicht ein grundsätzlicher Mangel an Akzeptanz für die neuen

Kanäle gesehen, sondern eher das eingeschränkte Sortiment und die Unsicherheit, ob bei frischen oder leichtverderblichen Produkten wirklich die gewünschte Ware geliefert wird. Sobald die Kunden Lebensmittel oder Arzneimittel über das Web kaufen können, werden die Online-Verkaufszahlen deutlich zunehmen. Marktanalysten prognostizieren, daß der Einzelhandel von virtuellen Läden profitieren würde. So können bei Zentralisierung der Auslieferung die Ressourcen besser verteilt werden. Dadurch können die Gefahr von Nachschubengpäßen bei Lieferschwierigkeiten reduziert, unrentable und teure Standflächen abgebaut, aber auch Verkaufspersonal eingespart bzw. besser eingesetzt werden. Durch solche Maßnahmen sind Einsparungen von 25 bis 30% möglich (Burke 1998, S. 248; IMRG 1998, S. 10). Zusätzlich kann der Anbieter über einen virtuellen Laden selbst in abgelegenen Einkaufsgebieten das volle Sortiment anbieten oder Nischenprodukte vertreiben, für die das Einzugsgebiet einer Filiale bisher zu klein war. Auf den ersten Blick scheint es deshalb nicht ersichtlich, warum Lebensmittelhändler mit Online-Shopping-Angeboten in Verzug sind.

3 Fallstudie Migros

Migros, der größte Schweizer Einzelhändler, war mit einem Konzern-Umsatz von über 17 Mrd. CHF 1997 eines der 500 größten Unternehmen der Welt. Von der Organisation her setzt sich das Unternehmen aus dem Migros-Genossenschaft-Bund (Verwaltung), 10 Vertriebs-Genossenschaften, 11 Produktionsbetrieben und 21 weiteren Dienstleistungsunternehmen – von der Tankstelle bis zum Reiseunternehmen – zusammen. Dank der eigenen Produktionsbetriebe, die alle erdenklichen Lebensmittel und Haushaltsprodukte herstellen, führt Migros einen hohen Anteil an eigenen Handelsmarken. Die weitgehend autonomen, regionalen Vertriebs-Genossenschaften betreiben im Inland ein dichtes Verkaufsnetz. Neben dem Gastronomie-Bereich, Fachmärkten und Spezialläden unterhält Migros insgesamt 538 Supermärkte, die Lebensmittel und Non-Food-Artikel vertreiben.

3.1 Herausforderung

Migros hatte 1997 erkannt, daß in der Schweiz, wie auch in anderen Ländern, die Bevölkerung immer weniger Zeit für alltägliche Aufgaben hat, zu denen auch das Einkaufen von Lebensmitteln gehört. Jedoch verfügte weder Migros noch einer ihrer Konkurrenten zu diesem Zeitpunkt über ein Online-Bestellsystem. Da Migros ihren Marktanteil vergrößern und sich einen Namen als der technologisch führende Einzelhändler in der Schweiz schaffen wollte, entschloß sie sich, den Online-Markt zu erschließen.

3.2 Projekt Migros Online

Um diese Herausforderung in die Tat umzusetzen, arbeitete Migros von der Ausarbeitung der Strategie zur Inbetriebnahme der Online-Dienstleistung eng mit der IBM zusammen. In einer ersten Testphase, die vom Dezember 1997 bis April 1998 dauerte, konnten Migros- und IBM-Mitarbeiter via Extranet aus rund 1.200 Lebensmitteln und Hartwaren ihre Bestellung zusammenstellen (Loeb 1997, S. 45). Die bestellten Artikel wurden direkt in den beteiligten Filialen zusammengesucht. Seit Mai 1998 ist die Online-Dienstleistung über http://www.migros-shop.ch öffentlich zugänglich. Mittlerweile kann aus einem Sortiment von über 3.300 Artikeln, das sind etwa 2 bis 3% des Vollsortiments, bestellt werden. Aus den in Abschnitt 2 genannten Gründen werden die Bestellungen nicht mehr in den Filialen, sondern in einem zentralen Lager zusammengestellt. Sofern die Bestellung werktags vor 11 Uhr bzw. am Samstag vor 6 Uhr morgens eingeht, erfolgt die Zulieferung noch am selben Tag oder zu einem gewünschten Datum. Der Kunde kann sich die Bestellung nach Hause liefern lassen, an eine von 40 Filialen (sogenannte „Pickup Points") oder, sofern ein Abkommen mit dem Arbeitgeber des Kunden besteht, an seinen Arbeitsplatz (Decurtins 1999, S. 27). Für die Heimlieferung werden zusätzlich 9 CHF verrechnet. Die Bezahlung erfolgt entweder mit Kreditkarte über eine verschlüsselte Verbindung oder gegen Rechnung. 50 Tage nach der öffentlichen Bekanntmachung konnten bereits 100.000 Zugriffe verzeichnet werden und 7.000 Besucher haben sich Online registriert. Binnen 7 Monaten wurden über 10.000 Bestellungen im Gesamtwert von 1,2 Mio. CHF ausgeführt.

3.3 Bestellabwicklung

Der Konsument muß sich zuerst elektronisch registrieren, um Artikel bestellen zu können. Nach der Registrierung wird ein Paßwort generiert, mit dem der Benutzer den Online-Shop betreten kann. Im elektronischen Laden werden die Produkte mit Namen, Preis und einem kleinen Bild präsentiert. Mit Doppelklick auf das Bild erhält der Kunde zusätzliche Informationen, und auf dieser Ebene hat er die Möglichkeit, den aktuellen Artikel in seine ständige Einkaufsliste aufzunehmen, um die künftige Bestellung von Standardartikeln zu beschleunigen. Um Artikel ohne großen Aufwand zu finden, sind die Produkte einerseits in Kategorien aufgeteilt und andererseits steht eine Site-spezifische Suchmaschine zur Verfügung. Nach Abschluß seines Einkaufrundgangs kommt der Kunde über den „Checkout"-Knopf an die virtuelle Kasse. An dieser gibt der Benutzer bekannt, wohin die Ware geliefert werden soll und mit welchem Zahlungsmittel er bezahlen möchte. Bezahlt er mit Kreditkarte, so wird er aufgefordert, Nummer und Verfalldatum einzugeben, die anschließend durch einen Kreditkarten-Broker überprüft werden. Ganz zum Abschluß erhält der Kunde eine Bestellnummer übermittelt, mit der er jederzeit den Status seiner Bestellung überprüfen kann.

3.3.1 Organisatorische Integration der Online-Bestellung

Auch bei einem Online-Shop ist es erforderlich, nach außen ein einheitliches Image zu vermitteln. Dies bedingt bei einem Unternehmen mit autonomen Verkaufsgesellschaften wie der Migros klare organisatorische Regelungen.

Stoßen Kunden bei der Online-Bestellung auf Probleme, die sie selbst nicht lösen können, z.B. lückenhafte Artikelbeschreibung, Bedienungsschwierigkeiten oder zugriffstechnische Probleme, so brauchen sie eine zentrale Anlaufstelle, die sie fachlich wie auch technisch unterstützt. Für das Betreiben eines Helpdesks fehlen dem Händler möglicherweise qualifizierte Fachkräfte. Sollte dies der Fall sein, ist zu prüfen, ob der Helpdesk für technische Fragen ausgelagert werden soll und der Händler nur noch die produktspezifischen Anfragen selbst beantwortet.

3.3.2 Technische Integration der Online-Bestellung

In den bestehenden Informationssystemen fehlt eine marketing- und endkundengerechte Darstellung der Produkte, angefangen von der Beschreibung der Produktzusammensetzung bis zu Bilddaten mit Dimensionsangaben.

Bei allen größeren Lebensmittelhändlern kann im physischen Laden bekanntlich nicht gegen Rechnung eingekauft werden. Für den Online-Shop wurde diese Option eingeführt, weil Kunden ohne Kreditkarte nicht ausgeschlossen werden sollen. Sofern dieses Zahlungsmittel beibehalten wird, ist bei zunehmenden Verkaufszahlen mit Delkredere im größeren Umfang zu rechnen. Dies erfordert bei steigenden Online-Verkaufszahlen die Einführung einer Debitorenbuchhaltung.

Mit der Einführung von Rechnungen besteht theoretisch die Möglichkeit, unter falschem Namen eine Bestellung auszulösen. Diesem Mißbrauchspotential kann mit entsprechenden technischen und teilweise organisatorischen Maßnahmen, z.b. den von den Versandhändlern praktizierten, begegnet werden.

3.4 Rüst- und Auslieferungsprozeß

Wenn eine Bestellung elektronisch im Zentrallager eintrifft, druckt der Vorarbeiter die Rüstliste aus und gibt diese dem Magaziner. Dieser entnimmt die entsprechenden Artikel aus dem Lager, vermerkt die Entnahme und begibt sich an den Rüsttisch. Am Rüsttisch scannt er die Artikel zur Preisbestimmung und zur Aktualisierung des Lagerbestands. Danach packt er die Frischprodukte in einen Kühlbehälter und diesen mit dem Rest der Bestellung in eine Dispo-Box. Die Bestellungen werden dann in Kühlwagen von der Migros und von Partnerunternehmen (Post, private Transportunternehmen) zu den regionalen „Pick up Points", in die Wohnungen oder an die Arbeitsplätze der Kunden transportiert.

3.4.1 Organisatorische Integration des Rüst- und Auslieferungsprozesses

Für das Einpacken von Lebensmitteln und zerbrechlichen Materialien muß ein Mehraufwand betrieben werden, der zusätzliche Kosten verursacht und die Umwelt belastet.

Die Rüster benötigen neue Verpackungsrichtlinien, um die Kühlkette nicht zu unterbrechen und damit die Lebensmittelverordnung nicht zu verletzen. Eine solche Richtlinie kann beispielsweise anordnen, daß der vakuumverpackte Fisch erst kurz vor Auslieferung aus dem Tiefkühllager in eine innerhalb des Transportgefäßes separate Kühlbox gelegt wird.

Im Online-Shop müssen verschiedene Entscheidungen, beispielsweise bezüglich des Reifegrades der Früchte oder der Käsemenge, die der Kunde bis dahin fällte, durch den zuständigen Rüster getroffen werden. Der Rüster muß auf seine neue Rolle hin entsprechend geschult werden. Es ist angezeigt, daß der Einzelhändler dem Kunden ein Qualitätsversprechen abgibt, das bei Online-Bestellungen garantiert, nur erstklassige Produkte zu liefern.

Direkten Kontakt mit dem Kunden haben im Online-Shop anstelle der Verkäufer die Transporteure der Partnerunternehmen. Sie bilden nun den verlängerten Arm der Migros zum Kunden. Die Transporteure müssen auf ihre „Sense & Respond" Funktion vorbereitet werden. Ein entsprechender Ausbildungs- und Qualitätssicherungs-Prozeß muß eingeführt werden.

3.4.2 Technische Integration des Rüst- und Auslieferungsprozesses

Die Web-Infrastruktur kann auch für die Einbindung von Lieferanten in den elektronischen Geschäftsdatenaustausch verwendet werden (Lindemann und Klein 1997).

Durch die zeitliche Entkoppelung von Bestellung und Auslieferung verschafft sich der Anbieter einen zeitlichen Dispositionsspielraum und Informationsvorsprung. Durch die Integration der Lagerhaltung mit dem Online-Shop hat der Rüster die Chance, auf gewisse Bestellengpässe noch rechtzeitig zu reagieren. Andererseits macht die zeitliche Entkoppelung von Bestellung und Auslieferung eine flexiblere Preis-Datenbank notwendig, bei der Artikel mit Tagespreisen und Sonderangebote getrennt geführt werden können.

Die bisher gespeicherten Artikelinformationen sind auf interne Anforderungen ausgerichtet und weniger auf die Kundenbedürfnisse. Entsprechend sind zusätzliche Analysewerkzeuge und Datenbanken einzuführen, die mit neu zu erfassenden Informationen, eventuell mit Hilfe von Kunden und Partnern, zu füllen sind.

4 Konsequenzen und Perspektiven

Seit Ende der fünfziger Jahre bis in die Gegenwart hat es Versuche gegeben, die ideale Organisationsform anhand externer Einflußfaktoren zu finden. Dabei haben sich als ein Extrem hoch formalisierte, zentralisierte Organisationen mit klar spezifizierten Zielsetzungen herausgebildet. Auf der anderen Seite stehen informellere Organisationen, die mehr von den Initiativen der Teilnehmer abhängen und deren Zielsetzungen nicht umfassend definiert sind. Welche Form die geeignete ist, wird durch das wirtschaftliche Umfeld bestimmt, in dem sich die Organisation bewegt. In einem homogenen, stabilen Umfeld sind formalisierte und hierarchische Formen angebrachter. Anders in einem heterogenen Umfeld mit sich ständig ändernden Anforderungen und Zielsetzungen: Hier sind weniger starre, informellere Organisationsformen geeigneter (Nolan und Galal 1998, S. 304).

Die etablierten Einzelhändler unterhalten bereits ein engvermaschtes traditionelles Verteilernetz, in dem sich eine eCommerce-Lösung ihren Platz erkämpfen muß. Die Prozeßabläufe sind auf das traditionelle Stammgeschäft ausgerichtet und die IT über Jahre gewachsen und primär operativ ausgerichtet. Demgegenüber haben Neugründungen wie z.B. Amazon.com, der größte virtuelle Buchladen, den Vorteil, ohne Rücksicht auf bestehende Strukturen aufgebaut werden zu können. Daher stellt sich für etablierte, größere Unternehmen die Frage, ob und wie sie dieser Herausforderung begegnen können.

Der eCommerce-Auftritt trägt in einem großen Unternehmen am Anfang nur wenig zum Geschäft bei, generiert aber einen erheblichen Abstimmungs- und Integrationsaufwand. Der Aufwand der Bemühungen schlägt nicht unmittelbar, sondern eher langfristig zu Buche. In diesem Fall wird der Shareholder-Value gedrückt. Zusätzlich werden Mitarbeiter oft nach ihrem Beitrag zum positiven Geschäftsergebnis im laufenden Geschäftsjahr gemessen. Das Ergebnis der für eCommerce verantwortlichen Mitarbeiter wird geschmälert, sofern nicht Sonderregelungen getroffen werden.

Insbesondere bei Großunternehmen, die über Jahre ihre Prozesse optimiert haben und deshalb gegenüber neuen Geschäftsfeldern, die nicht in diese Abläufe passen, eher träge reagieren, ist die Option eines Spin-offs zu überprüfen. Dabei ist zu klären, ob der Markenname der Muttergesellschaft den Einstieg ins eCommerce erleichtert oder ein losgelöster Marktauftritt vorzuziehen ist. Andererseits ist zu prüfen, inwieweit der Markenname der Muttergesellschaft Schaden nehmen könnte, wenn der eCommerce-Auftritt mißlingt.

Die Notwendigkeit eines interdisziplinären Teams und die strategische Bedeutung des eCommerce erfordert eine differenzierte Bestimmung zwischen In- und Outsourcing. Starke Partnerschaften erlauben es, das Risiko zu verteilen und die Marktmacht zu erhöhen.

Der dynamische Geschäftsverlauf im eCommerce-Umfeld verlangt kurze Projektlaufzeiten von 6 Monaten oder weniger. Zudem muß angesichts des durch die Transparenz im Web verschärften Wettbewerbs das eigene Angebot fortlaufend evaluiert und weiterentwickelt bzw. modifiziert werden. Die daraus sich ergebenden Anforderungen entsprechen dem einer lernenden Organisation par excellence, die ständig Impulse vom Wettbewerb, den Kunden, den Geschäftspartnern und aus dem eigenen Haus aufnehmen und verarbeiten muß.

Literatur

Burke, R.R. (1998): Real Shopping in a Virtual Store, in: Bradley, S. P. und R. L. Nolan (Hrsg.): *Sense & Response - Capturing Value in the Network Era*, Boston, 245-260.

Buskin, J. (1998): Buying the Goods: Tales From the Front: A firsthand look at buying online. It's a whole new world, *The Wall Street Journal*, www.wsj.com, December 7, R6.

Decurtins, D. (1999): Geteilte Freude am Einkauf per Maus-Click, *Tages-Anzeiger*, 107(7), 27.

IMRG (1998): *Electronic Commerce in Europe - An Action Plan for the Marketplace*, July, IMRG White Paper, www.imrg.org.

Klein, S. (1998): Konzepte und Vorgehensmodelle für die Web-Evaluation, in: Korte, W. B. und U. Reinhard (Hrsg.): *Who is Who in Electronic Commerce*, Heidelberg, 200-209.

Lindemann, M. und S. Klein (1997): Die Nutzung von Internet-Diensten im Rahmen des Elektronischen Datenaustauschs - Architekturvarianten und ein Anwendungsszenario, in: Krallmann, H. (Hrsg.): *Wirtschaftsinformatik '97*, Berlin, 513-531.

Loeb, R. (1997): Electronic Shopping, *Migros Annual Report 1997*, 44-46.

Nolan, R.L. und H. Galal (1998): Virtual Offices: Redefining Organizational Boundaries, in: Bradley, S. P. und R. L. Nolan (Hrsg.): *Sense & Response - Capturing Value in the Network Era*, Boston, 299-318.

Paul, C. und M. Runte (1999): Virtuelle Communities, in: Albers, S., M. Clement und K. Peters (Hrsg.): *Marketing mit Interaktiven Medien. Strategien zum Markterfolg*, 2. Auflage, Frankfurt am Main, 151-164.

V   Recht und Steuern

1   Wie schließe ich Verträge? –
Rechtliche Aspekte im Internet

Tobias H. Strömer – Strömer Rechtsanwälte
Ute Roßenhövel   – Strömer Rechtsanwälte

Überblick

- Digitale Verträge sind grundsätzlich ebenso wirksam wie solche, die auf herkömmliche Art und Weise abgeschlossen werden – es besteht jedoch ein Problem, sobald der Vertragsabschluß bewiesen werden soll. Verträge, die Schriftform erfordern, können zumindest zur Zeit noch nicht verbindlich auf elektronischem Wege abgeschlossen werden.

- Bei Verträgen via Internet entsteht immer auch die Frage nach dem anzuwendenden Recht und dem Ort, an dem im Streitfall geklagt werden muß. Diese Frage beantwortet sich nach Vereinbarungen zwischen den Parteien oder nach Übereinkünften und nationalen Vorschriften zum „Internationalen Privatrecht".

- Auch auf digitale Verträge sind die allgemeinen Gesetze anzuwenden – beim eCommerce müssen daher insbesondere auch Jugendschutz- und Verbraucherschutzvorschriften sowie das Gesetz über die Allgemeinen Geschäftsbedingungen beachtet werden.

191

1   Digitale Verträge

Im Internet steht neben der Präsentation von Unternehmen und dem Einsatz neuer Formen der Erstellung von Verbraucherprofilen heute das Angebot von Waren und Dienstleistungen auf elektronischem Weg im Vordergrund. In den USA ist vor Weihnachten 1998 geradezu eine Internet-Shopping-Welle ins Rollen gekommen: der Internetversandhändler Amazon.com hat seinen Umsatz im Vergleich zum Vorjahr fast vervierfacht, der Softwareanbieter Beyond.com hat die Verkäufe an einem Wochenende um rund 700 Prozent gesteigert, der Internetcomputerhändler Cyberian Outpost konnte erstmals mehr als eine Million US$ Tagesumsatz verbuchen. Sobald jedoch die Nutzung des Internet privatrechtliche Folgen wie z.B. den Abschluß eines Kaufvertrages mit sich bringen soll, stellt sich die Frage der rechtlichen Einordnung und Verbindlichkeit von digitalen Verträgen.

Der digitale Vertrag kommt ebenso wie „normale" Verträge dadurch zustande, daß Willenserklärungen abgegeben werden, die dem Empfänger zugehen. Grundsätzlich sind für einen Vertragsabschluß nur zwei Erklärungen erforderlich, in denen einer etwas anbietet und der andere dies annimmt. Jeder schließt täglich Verträge: Selbst wer verschlafen wortlos eine Wasserflasche an der Supermarkt-Kasse vorzeigt, macht damit ein Kaufangebot. Durch das ebenso wortlose Einlesen des Preises in die Kasse wird dieses Angebot angenommen, der Vertrag ist perfekt. Ausnahmen von dieser unkomplizierten Formfreiheit existieren dort, wo das Gesetz vor unüberlegten Schnellschüssen eine Hürde errichten wollte. Im Internet werden Willenserklärungen letztlich durch die Betätigung einer Maustaste bzw. einer Tastaturtaste abgegeben. Daß das Anklicken eines Buttons „Ja, einverstanden" oder einer ähnlichen Aufschrift eine Willensbetätigung darstellt, kann inzwischen nicht mehr angezweifelt werden. Dies entspricht auch der bereits im Zusammenhang mit Bildschirmtextangeboten ergangenen Rechtsprechung.

Der wirksame Abschluß eines digitalen Vertrages steht und fällt mit der Frage, ob diese Willenserklärungen rechtsverbindlich für und gegen den Absender wirken. Zum einen ist dazu erforderlich, daß eine Willensbetätigung einer bestimmten Person zugerechnet werden kann. Bei dem Wasserflaschen-Beispiel stehen sich die Erklärenden gegenüber, die Parteien „kennen" einander. Im Internet ist die Frage der Zurechenbarkeit jedoch wesentlich schwieriger zu beantworten. Zum anderen kann es darauf ankommen, wann eine

Willenserklärung dem anderen zugegangen ist, z.B. dann, wenn dieser ein Kaufangebot erst zwei Monate später annehmen will. Von besonderer Bedeutung ist auch, ob die digitale Willenserklärung beweisbar ist, insbesondere, wenn der vermeintliche Käufer nicht zahlen will. Schließlich bestehen bei bestimmten Verträgen nach deutschem Recht Formerfordernisse, deren Erfüllung bei elektronischer Kommunikation zumindest fraglich ist.

1.1 Zugang

Um einen digitalen Vertrag entstehen zu lassen, müssen die abgegebenen Willenserklärungen den jeweils anderen Vertragspartner erreichen. Das Bürgerliche Gesetzbuch (BGB) unterscheidet zwischen dem Zugang „unter Anwesenden" und „unter Abwesenden". „Anwesend" sind für den Gesetzgeber Gesprächspartner, die sich gegenüber sitzen, „abwesend" solche, die sich Briefe oder Telegramme zukommen lassen. Online-Kommunikation mit sofortiger Antwortmöglichkeit, so z.B. bei Videokonferenzen, ist den Gesprächen per Telefon vergleichbar, die rechtlich der Kommunikation unter Anwesenden gleichgestellt sind. Ein solcher Vertrag kommt nur dann zustande, wenn das Angebot sofort angenommen wird, um der Interessenlage der Parteien gerecht zu werden.

Bei übermittelten Willenserklärungen per Datentransfer handelt es sich dagegen um Erklärungen unter Abwesenden. Sie sind zugegangen, wenn der Vertragspartner unter gewöhnlichen Umständen von ihnen hätte Kenntnis nehmen können. Eine im Briefkasten eingegangene Nachricht kann innerhalb einer kurzen Frist regelmäßig vom Empfänger gelesen werden und ist ihm daher zugegangen. Das Unterhalten einer E-Mail-Adresse ist insoweit mit dem Unterhalten eines Briefkastens oder eines Faxempfanges zu vergleichen. Auf ein tatsächliches Lesen kommt es aus rechtlicher Sicht für den Zugang nicht an. Es kann jedem Inhaber eines E-Mail-Accounts nur geraten werden, in regelmäßigen Abständen die Eingänge zu prüfen, denn ein Vertragsangebot unter Abwesenden kann nur innerhalb einer im Einzelfall zu bestimmenden Frist angenommen werden. Nach der Rechtsprechung muß beispielsweise ein Angebot per Telex spätestens innerhalb von vier Tagen angenommen werden, damit ein wirksamer Vertrag zustande kommt. Diese Frist dürfte auch gelten, wenn E-Mail als Kommunikationsweg gewählt wird.

1.2 Zurechenbarkeit und Beweisbarkeit

Die größere Unsicherheit für den eCommerce besteht jedoch eher darin, wem die einzelne Willenserklärung nachweisbar zuzurechnen ist. Diese Frage taucht immer dann auf, wenn der (vermeintliche) Vertragspartner die Zahlung mit dem Hinweis darauf verweigert, er habe keine elektronische Willenserklärung abgegeben. Der Unternehmer steht dann vor dem Problem der Durchsetzbarkeit des geltenden Rechts. Der Nachweis, ob und mit wem ein wirksamer Vertrag geschlossen wurde, obliegt nämlich demjenigen, der eine Forderung aus diesem Vertrag geltend machen will.

Bei Verträgen, die auf konventionellem Weg geschlossen wurden, kann meistens ein schriftlicher Vertrag oder eine schriftliche Bestellung vorgelegt und damit der sogenannte „Urkundsbeweis" geführt werden. Für einen Urkundsbeweis genügt es jedoch nicht, die E-Mail einfach auszudrucken oder im Streitfall dem Richter auf dem Bildschirm eines Laptop zu präsentieren. Eine „Urkunde" ist nach der Zivilprozeßordnung (ZPO) eine Gedankenäußerung, die verkörpert ist und deren Aussteller erkennbar ist. Bei digitalen Verträgen liegt mit der reinen Datenspeicherung jedoch gerade keine Verkörperung der Willenserklärung selbst vor. Die Visualisierung auf dem Bildschirm und der Computerausdruck sind nur das Abbild des gespeicherten Dokuments.

Auch Zeugen, denen der Absender der Nachricht von der Abgabe der Erklärung – z.B. am Telefon – erzählt hat, stehen selten zur Verfügung. Solange noch Manipulationsmöglichkeiten des Inhalts oder der Sendeangaben besteht, wird sich der Richter mit der herkömmlichen E-Mail allein auch nicht von der überwiegenden Wahrscheinlichkeit der Urheberschaft überzeugen lassen. Dieser mißlichen Lage soll in Zukunft mit Hilfe von sogenannten digitalen Signaturen begegnet werden. Diese werden nach dem am 1. August 1997 in Kraft getretene Gesetz zur digitalen Signatur (SigG) sowie der seit dem 1. Oktober 1997 das weitere Verfahren regelnden Verordnung zur digitalen Signatur (SigV) von staatlich überwachten Zertifizierungsstellen ausgegeben. Die Einrichtung solcher Stellen läßt zur Zeit leider immer noch auf sich warten. Die Signatur soll sicherstellen, daß sowohl die Absenderidentität als auch der unveränderte Inhalt einer Mitteilung zuverlässig festgestellt werden kann. Die Nachricht wird vom Absender mit seinem privaten Schlüssel, der den ihm zugeordneten kryptographischen Code enthält, digital signiert. Jedem privaten Schlüssel wird ein öffentlicher Schlüssel zugeordnet, mit dem überprüft werden kann, ob das Dokument unverändert von dem genannten Absender stammt. Man könnte die Vergabe einer solchen Signatur mit der Ausgabe eines Personalausweises vergleichen. Der Unterschied zu dem bisher bereits verwendeten Verfahren „Pretty Good Privacy" besteht eben darin, daß die Schlüssel von staatlichen überwachten Zertifizierungsstellen ausgegeben werden (Kap. IV.2).

Wer der bis dahin unsicheren Beweislage entgehen und gleichwohl nicht auf Online-Geschäfte verzichten möchte, der sollte sich den Abschluß eines Vertrages noch einmal auf herkömmliche Weise bestätigen lassen. Nicht unberücksichtigt bleiben sollte andererseits, daß trotz eines ähnlichen Beweisproblems bei telefonisch geschlossenen Verträgen hohe Umsätze erzielt werden. Dabei ist der Ausfall in der Regel bereits im Preis kalkuliert. Wie die geringe Anzahl von Streitfällen zeigt, ist das prozentuale Ausfallrisiko bei Online-Verträgen annähernd gleich hoch. Insofern hat die Beweisschwierigkeit von Online-Verträgen zumindest bisher in der Praxis keine wesentlich größeren Auswirkungen.

1.3   Formvorschriften

Für bestimmte Verträge ist nach deutschem Recht die Einhaltung von Schriftform oder notarieller Beurkundung erforderlich, so z.B. für Verträge im Zusammenhang mit Grundstücken, Bürgschaften, bestimmten Krediten und Teilleistungen, um die Vertragspartner von übereilten Entschlüssen abzuhalten und die besondere Bedeutung der Geschäfte zu unterstreichen. Dann bedarf es für die Gültigkeit des Rechtsgeschäfts einer in einer Urkunde niedergelegten Willenserklärung, die vom Aussteller eigenhändig mittels Namensunterschrift zu unterzeichnen ist. Eine kopierte, gefaxte oder eingescannte Unterschrift ist nicht mehr die Originalunterschrift und wahrt die Schriftform deshalb nicht.

Möglicherweise wird bei einem mit einer zertifizierten Signatur versehenen Dokument die Eigenhändigkeit der Signatur in Zukunft anerkannt werden, so daß das Problem der Eigenhändigkeit bei elektronischen Erklärungen künftig gelöst sein könnte. Es bleibt dann aber noch das Problem, daß E-Mails in ihrem Original nur in elektronischer Form auf Datenträgern gespeichert sind. Gespeicherte Dokumente sind nach heute ganz überwiegender Ansicht gerade keine Urkunden. Solange der Gesetzgeber den Anforderungen der modernen Kommunikation an die Gesetze nicht nachkommt, können daher Verträge, die Schriftform oder notarielle Beurkundung erfordern, digital nicht geschlossen werden.

2 Anwendbares Recht

Die Internationalität des Internet führt immer wieder zu der Frage, nach welchem Recht die Verträge mit ausländischen Parteien im Konfliktfall zu lösen sind. Grundsätzlich können die Parteien das ihrer Vereinbarung zugrunde liegende Recht frei bestimmen. Selbstverständlich kann auch ein deutsches Unternehmen mit einem deutschen Kunden absprechen, daß z.b. das japanische Recht gelten soll. Ist keine vertragliche Regelung getroffen, so bestimmt sich das anzuwendende Recht bei Verträgen mit Auslandsbezug entweder nach internationalen Vereinbarungen, z.B. bei gewerblichen Kaufverträgen nach dem UN-Übereinkommen von 1980, oder nach dem jeweiligen „Internationalen Privatrecht" (IPR) des Landes, dessen Gericht im Streitfall angerufen wird. Auslandsbezug liegt immer dann vor, wenn eine Partei im Ausland ihren Sitz hat, eine fremde Vertragssprache oder Währung vereinbart ist. Aufgrund des EG-Schuldvertragsübereinkommens (EVÜ) gelten innerhalb der EU weitestgehend die gleichen Regelungen, die in Deutschland im Einführungsgesetz zum Bürgerlichen Gesetzbuch umgesetzt wurden. Danach gilt das Recht der Vertragspartei, die die vertragswesentliche Leistung erbringt, also z.B. die Ware liefert. Maßgeblich bleibt bei besonderen Umständen aber immer die Beurteilung im Einzelfall.

3 Formularverträge

Wer im „normalen" Handelsleben Allgemeine Geschäftsbedingungen (AGB) und Formularverträge nutzt, der wird die ihm daraus bekannten Vorteile für den gleichen Vorgang auch im Internet nutzen wollen, wenn eine Vielzahl von gleichartigen Vertragsabschlüssen angestrebt wird. Zu beachten ist, daß jede vorformulierte Vertragsbedingung, die nicht jedes Mal individuell vereinbart wird, sondern in gleicher Weise für eine unbestimmte Anzahl von Verträgen gelten soll, am Gesetz über die Allgemeinen Geschäftsbedingungen (AGBG) gemessen wird. Also auch ein computergesteuerter Standardtext, in den lediglich Leistungen nach einem vorgegebenen Leistungsverzeichnis variabel eingefügt werden. Davon zu unterscheiden sind Beschreibungen, die keine inhaltliche Regelungen des Vertrages treffen. Sie bedürfen keiner Kontrolle durch das AGBG, da sie die Rechte des Kunden nicht beeinträchtigen.

Dabei stellt sich die Frage, ob vorhandene AGB für den eCommerce inhaltlich verändert werden müssen oder einfach übernommen werden können. Letztlich ist das nur im Einzelfall zu beurteilen. Insbesondere sollten die vorgesehene Zahlungsweise und Anforderungen des Datenschutzes berücksichtigt werden. Oft bietet sich hier eine Überprüfung der AGB durch einen Rechtsanwalt an, der auch die neueste Rechtsprechung im Bereich des AGB-Gesetzes und des Online-Rechtes berücksichtigen kann.

Bei der Anwendung deutschen Rechts gilt das AGBG. Gleiches gilt auch bei zugrunde gelegtem ausländischen Recht, wenn der Vertrag aufgrund eines Angebots im Internet als öffentliches Medium mit einem Deutschen zustande kommt. Gegenüber den als weniger schutzbedürftig angesehenen Kaufleuten ist der Schutz des AGBG allerdings nur eingeschränkt anzuwenden.

Ist eine Klausel nach den Normen des AGBG unwirksam, bleibt der Vertrag gleichwohl wirksam, sofern nicht wesentliche Regelungspunkte des Vertrags, etwa die Leistungs- oder Preisvereinbarung, berührt sind. An die Stelle der nichtigen Regelung tritt die gesetzliche Regelung. Eine gesetzliche Regelung der Frage, welche Leistungen bei einem Internetzugang- oder Webhostingvertrag oder einem Domain-Übertragungsvertrag zu erbringen sind, existiert nicht. Oft sind sich auch die Parteien selbst über den Inhalt des von ihnen geschlossenen Vertrags nicht hundertprozentig sicher, ebenso geht es wahrscheinlich dem im Streitfall angerufenen Gericht. Auf die Formulierung von AGB – insbesondere im Bereich des eCommerce – sollte daher große Sorgfalt verwendet werden.

AGB werden nur dann wirksam in einen (digitalen) Vertrag einbezogen, wenn der Anbieter bei Vertragsabschluß auf sie deutlich hinweist und der Kunde in zumutbarer Weise von den AGB Kenntnis nehmen kann. Zumutbar ist es wohl einem deutschen User auch, englische AGB zu erfassen, wenn er sich auf eine englischsprachige Web-Site begibt und einen englischen Vertragstext akzeptiert.

Einige Gerichte vertreten die Auffassung, wenigstens die wichtigsten AGB-Klauseln sollten am Bildschirm während des Vertragsschlusses dargestellt werden. Daran hält sich die gerade beim Abschluß von Benutzerverträgen mit

Onlinediensten zu beobachtende und empfehlenswerte Praxis, den Kunden zu einem Klick auf einen mit „EINVERSTANDEN" beschriebenen Button zu veranlassen, bevor er das übrige Angebot abrufen kann. Diese Ansicht kann jedoch wegen des technischen Fortschritts revidiert werden, da die heute verwendeten Browser ganz andere Möglichkeiten bieten als die Btx-Decoder, die der genannten Rechtsprechung zugrunde lagen. Abgerufene Seiten können bequem im Cache gespeichert und später in aller Ruhe offline gelesen oder mit Volltextsuche durchsucht werden. Zudem ist der typische Internet-User an die Nutzung von Links und anderen deutlichen Hinweisen gewöhnt. Es kann von ihm erwartet werden, daß er einen entsprechenden Hinweis auf die an anderer Stelle abgespeicherten AGB zur Kenntnis nimmt und nachgeht. Entsprechend der Rechtsprechung zu AGB in Papierform genügt es daher nach inzwischen vorherrschender Ansicht der deutschen Gerichte, einen Hypertext Link aufzunehmen, der gewissermaßen auf die „Rückseite" der Web-Site verweist.

4   Verbraucherschutzvorschriften

Soweit der Handel im Internet den deutschen Gesetzen unterliegt, sind schon bei der Vorbereitung des eCommerce auch die hier geltenden Verbraucherschutzvorschriften zu beachten, um spätere Überraschungen zu vermeiden. Diese bezwecken, ein zugunsten des Unternehmens verschobenes Machtverhältnis wieder auszugleichen. Wichtigstes Instrument des Verbraucherschutzes ist das Widerrufsrecht des Kunden. Die Frist kann z.B. nach der Fernabsatz-Richtlinie der EU vom Unternehmen beeinflußt werden, wenn bestimmte Voraussetzungen erfüllt sind. Noch nicht abschließend geklärt ist jedoch, welche Schutzgesetze auf digitale Verträge anzuwenden sind.

4.1   Fernabsatz-Richtlinie

Bis zu ihrer Umsetzung in nationales Recht entfaltet die Fernabsatz-Richtlinie der EU zwar normalerweise noch keine unmittelbare Wirkung im Rechtsverkehr, könnte aber in ihren Grundsätzen bereits von den Gerichten angewandt werden. Der Schutz durch die Fernabsatz-Richtlinie ist um so wichtiger, je deutlicher man sich vor Augen führt, daß die Hemmschwelle zu einem „Mausklick" niedriger ist als bei sonstigen Arten der Willenserklärung. Zwar mag es sein, daß einige Neulinge im Internet wesentlich vorsichtiger sind beim Absenden von Informationen oder Anforderungen als andere.

Ebenso denkbar ist es aber, daß erfahrene User mit dem relativ neuen kommerziellen Teil leichtfertig umgehen, so daß allgemein Schutzbedürftigkeit besteht. Wer nicht ermessen kann, daß er durch einen Mausklick Verträge abschließt, befindet sich gegenüber dem Betreiber der Web-Site im Nachteil.

Diesen Nachteil soll die Fernabsatz-Richtlinie mittels verschiedener Schutzmechanismen aufheben. Im Sinne der Richtlinie liegt Fernabsatz vor, wenn ein Vertrag per Drucksache oder mit Hilfe eines elektronischen Kommunikationsmediums ohne gleichzeitige körperliche Anwesenheit des Unternehmers und des Verbrauchers abgeschlossen wird. Dann hat der Verbraucher ein Widerrufsrecht von sieben Tagen. Zudem müssen ihm ausführliche Informationen bereitgestellt werden. Bei Dienstleistungen beginnt diese Frist mit dem Tag, an dem ihm diese mit der ausdrücklichen Bestätigung seitens des Anbieters zugeht. Während der Bedenkzeit gilt also der Grundsatz „Zufrieden oder Geld zurück". Sieht die Bestellung mehrere Teillieferungen vor, so beginnt die Bedenkzeit einen Tag nach der ersten Lieferung.

4.2 Haustürwiderrufsgesetz (HaustürWG)

Das HaustürWG soll den Verbraucher vor dem unüberlegten Abschluß solcher Verträge schützen, die ihm an für Geschäftsabschlüsse ungewöhnlichen Orten angetragen werden. Er soll beim Direktvertrieb nicht überrumpelt und im persönlichen Verkaufsgespräch keine Leistungen aufgedrängt bekommen. Solange es sich nicht um eine sofort erbrachte Leistung mit einer Zahlung von höchstens 80,00 DM handelt, kann der Kunde innerhalb einer Woche bei entsprechender Belehrung durch das Unternehmen bzw. ohne Belehrung bis zum Ablauf eines Monats nach beiderseitiger Vertragserfüllung den Vertrag widerrufen. Soweit daher ein Vorhaben im Internet in den Schutzbereich des HaustürWG fällt, ist es empfehlenswert, sich vom Kunden eine unterschriebene Belehrung auf herkömmliche Weise übersenden zu lassen.

Bei den zur Zeit üblichen Shopping-Malls ist rein äußerlich betrachtet die Situation des am heimischen PC sitzenden Kunden, der per Mausklick einen Vertrag abschließt, derjenigen des an der Haustür Kaufenden ähnlich. Bisher werden aber am PC keine mündlichen Verkaufsverhandlungen geführt. Der Kunde kann vielmehr das Angebot in aller Ruhe prüfen: Er wird lediglich visuell, nicht aber mündlich von einem rhetorisch und psychologisch geschulten Verkäufer beeinflußt. Bei dieser Art des Vertragsschlusses auf einer In-

ternetseite greift der Schutz des HaustürWG daher nicht. Ob dies bei Fort-
entwicklung der technischen Möglichkeiten auch noch gelten wird, ist fraglich. Bei einer Videokonferenz kann der Kunde ebenso unter Druck gesetzt
werden wie bei einem an der Haustür geführten Gespräch. Solange der Kunde die Online-Verbindung indes selbst herstellt, sich also bewußt „in das Geschäft" des Anbieters begibt, kennt er die „Gefahr" eines folgenden Ver-
kaufsangebots. Er kann allenfalls von der entstehenden mündlichen Ver-
handlung überrascht werden, solange eine solche via Internet noch die Ausnahme darstellt. Vergleicht man diese Situation aber mit dem körperlichen
Betreten eines Selbstbedienungsladens in der Absicht, sich umzusehen, und
einem darauf folgenden Verkaufsgespräch, so wird man auch bei digitalen
Verkaufsräumen die Anwendbarkeit des HaustürWG ablehnen müssen.

Größere Vorsicht ist dagegen auch heute schon geboten bei Angeboten, die
z.B. im Rahmen eines auf elektronischem Wege durchgeführten Spiels präsentiert werden. Der Verbraucherschutz greift nämlich auch dann, wenn der
Kunde durch ein Freizeiterlebnis in eine freizeitlich unbeschwerte Stimmung
versetzt wird, selbst, wenn die Freizeitveranstaltung in den (virtuellen) Räumen eines Unternehmens stattfindet.

4.3 Verbraucherkreditgesetz (VerbrKrG)

Ein Widerrufsrecht steht dem Kunden auch dann zu, wenn er mit einem Ge-
werbetreibenden einen Kredit-, Kreditvermittlungsvertrag oder einen Vertrag
über eine Lieferung in Teilleistungen oder regelmäßige Lieferung von Sachen
gleicher Art abschließt. Nicht unter das VerbrKrG fallen elektronische Kopi-
en oder Datenübertragungen als Lieferungsgegenstand, da der Abruf lediglich
den Download auf den Rechner des Kunden auslöst und dort eine Kopie herstellt.

5 Anfechtbarkeit und Nichtigkeit digitaler Verträge

Neben den bereits beschriebenen Widerrufsrechten, die zur rückwirkenden
Aufhebung des Vertrags führen, kann selbstverständlich auch eine digitale
Vereinbarung nichtig oder anfechtbar sein. So wird vor allem denjenigen ge-
holfen, die sich über den Inhalt ihrer Erklärung, nämlich der (rechtlichen)
Bedeutung ihres Mausklicks, nicht im Klaren waren oder deren Erklärung in-
folge fehlerhafter Übermittlung inhaltlich verändert wurde. Sie können ihre

Erklärung unverzüglich nach Kenntnis von der tatsächlichen Bedeutung anfechten. Es verbleibt aber eine Schadenersatzpflicht für die Aufwendungen, die der andere im Vertrauen auf die Gültigkeit des digitalen Vertrags gemacht hat. Für Unternehmen, die die Vorteile des virtuellen Shoppings ausnutzen wollen, ist noch zu bedenken, daß dieser Anspruch dann in der Höhe beschränkt sein kann, wenn ihre Webpräsentation den Irrtum verursachte.

Darüber hinaus können digitale Verträge nach den allgemeinen Regeln nichtig sein. In der Praxis betrifft dies solche Verträge, die sittenwidrig sind oder gegen gesetzliche Verbote, insbesondere Vorschriften des Jugendschutzes verstoßen. Natürlich ist es auch im Internet verboten, Kinderpornographie, Sodomie oder harte Pornographie zu verkaufen, zu verleihen oder sonst (entgeltlich) zugänglich zu machen.

Mit sittenwidrigen Verträgen haben sich auch die Gerichte in der Vergangenheit beschäftigt. Im Gegensatz zu Telefonsex beurteilten sie Sex-Dialoge in Chat-Systemen gegen Entgelt als nicht sittenwidrig. Der wesentliche Unterschied soll darin liegen, daß das für die Annahme der Sittenwidrigkeit entscheidende entwürdigende Element des „käuflichen Partners" wegen der technisch bedingten großen Fluchträume und gewöhnlich gegebener Anonymität nicht gegeben sei. Auch der Einsatz von nicht erkennbaren „Animateuren" zur Belebung des Angebots ist nach Ansicht der Rechtsprechung nicht generell unzulässig, wenn beim Einstieg in das System deutlich darauf hingewiesen wird.

Demgegenüber sind Peepshows im Internet höchstwahrscheinlich sittenwidrig und entsprechende Verträge nichtig, da das persönliche Element, das die Herabwürdigung der anbietenden Person begründet, durch die Bildübertragung gegeben ist. Zu dem visuellen Eindruck kommt, daß der Kunde - jedenfalls im Prinzip - auch interaktiv in das Geschehen eingreifen können soll. Gleichwohl kann der vorleistende Kunde seine Zahlungen nicht zurückfordern, da ihm durch das Zugucken ebenfalls ein Sittenverstoß zur Last fällt.

6   Gerichtsstand

Bei Streitigkeiten im Zusammenhang mit eCommerce stellt sich auch immer die Frage, wo geklagt werden muß. Die Vereinbarung ausländischen Rechts bedeutet nicht automatisch, daß auch im Ausland zu klagen ist. Vielmehr können die Vertragsparteien in Deutschland vereinbaren, vor welchem Gericht sie ihre Streitigkeiten austragen wollen – sofern sie Vollkaufleute sind (§ 38 ZPO). Sitzen die Streitparteien in unterschiedlichen Ländern, wird eine Klage im Ausland nicht nur komplizierter, sondern auch wesentlich teurer. Darum legt häufig der Unternehmer in seinen AGB einen bestimmten Ort fest, an dem er seine Prozesse führen möchte. Dies ist in allen EU-Staaten nach dem EuGVÜ schriftlich oder mündlich mit anschließender schriftlicher Bestätigung möglich. Da, wie ausgeführt, die Übersendung einer E-Mail zur Wahrung der Schriftform nicht ausreicht, ist es jedem Anbieter, der ins Ausland verkauft, dringend zu empfehlen, einen „Medienbruch" durchzuführen und die Übersendung eines Schriftstücks zu veranlassen.

Literatur

Arnold, D. (1997): Verbraucherschutz im Internet, *Computer und Recht*, 13, 526-532.

Bachmann, B. (1997): *Internet und Internationales Privatrecht, Internet und Multimediarecht*, Stuttgart.

Baumbach, A. und J. Albers (1998): *Zivilprozeßordnung mit Gerichtsverfassungsgesetz*, München.

Ebbing, F. (1996): Schriftform und E-Mail, *Computer und Recht*, 12, 271-278.

Fritzsche, J. und H.M. Malzer (1995): Ausgewählte zivilrechtliche Probleme elektronisch signierter Willenserklärungen, *Deutsche Notarzeitung*, 3-25.

Hance, O. (1996): *Internet-Business & Internet-Recht*, Brüssel.

Heun, S.-E. (1995): Elektronisch erstellte oder übermittelte Dokumente und Schriftform, *Computer und Recht*, 11, 2-7.

Koch, F.A. (1998): *Internet-Recht*, München et al.

Martinek, M. (1998): Verbraucherschutz im Fernabsatz, *Neue Juristische Wochenschrift*, 51, 207-208.

Palandt, O. (1998): *Bürgerliches Gesetzbuch mit Einführungstext*, München.

Redeker, H. (1984): Geschäftsabwicklung mit externen Rechnern im Bildschirmtext, *Neue Juristische Wochenschrift*, 37, 2390-2394.

Schwerdtfeger, A. (Hrsg.) (1996): *Zustandekommen von Verträgen und Problemen der Willenserklärung*, Stadtbergen.

Strömer, T.H. (1997): *Online-Recht - Rechtsfragen im Internet und in Mailboxnetzen*, Heidelberg.

Waldenberger, A. (1996): Grenzen des Verbraucherschutzes beim Abschluß von Verträgen im Internet, *Betriebs-Berater*, 51, 2365-2371.

V   Recht und Steuern

2   Was ist mit dem Fiskus? –
Steuerliche Aspekte im Internet

Günther Strunk – Universität Hamburg

Überblick

- Weitgehende Unsicherheit über die Besteuerung von Geschäften im Internet führt zu Chancen, z.b. in der Ausnutzung eines internationalen Steuerbelastungsgefälles oder der Erlangung der Nichtsteuerbarkeit von Einkünften oder Umsätzen.

- Risiken hinsichtlich der Besteuerung können in der Gefahr der Mehrfachbesteuerung, des Verlustes des Vorsteueranspruches sowie in erhöhten Steuerhaftungsrisiken liegen.

- Steuerinduzierte Wettbewerbsverzerrungen können über Erfolg oder Mißerfolg im Internet mitentscheiden.

- Steueroptimale Vertriebsstrukturen setzen eine genaue Analyse der Kunden sowie der zu vertreibenden Waren und Dienstleistungen voraus.

---

1 Warum müssen Unternehmen wissen, wie Geschäfte im Internet besteuert werden?

Während Unternehmen zu Beginn der kommerziellen Nutzung des Internet dieses Medium weitgehend als zusätzliche Werbeplattform zur Präsentation von Produkten oder des Unternehmens selber gesehen und verwendet haben, verschiebt sich das Interesse nun auf die Effizienzsteigerung innerbetrieblicher Abläufe mittels des Internet (Strunk und Zöllkau 1998a, S. 609) sowie der Vornahme von rechtsgeschäftlichen Transaktionen mit fremden Dritten. Der Verkauf von Waren und Dienstleistungen unter Einsatz des Internet weist zahlreiche rechtliche Schwierigkeiten auf, deren Kenntnis und Überwindung eine unverzichtbare Voraussetzung für eine erfolgreiche Umsetzung von Internet-Geschäftsideen ist. Da für das Internet und die dort vorgenommenen Umsätze und erzielten Einkünfte keine Steuerfreiheit vorgesehen ist, müssen Unternehmen die Geschäftätigkeit im Internet stets unter Berücksichtigung der Wirkung der Steuern betrachten. Für die anbietenden Unternehmen ergeben sich sowohl steuerliche Gestaltungsvorteile als auch Risiken der Mehrfachbesteuerung sowie Gefahren der Haftung für Steuern. Aber auch Unternehmen, die weder derzeit Geschäfte im Internet abwickeln noch beabsichtigen, dies in der Zukunft zu tun, müssen die steuerlich induzierten Wettbewerbsverzerrungen durch dieses Medium bekannt sein, um ihre eigene Geschäftätigkeit an die geänderten Rahmenbedingungen anzupassen.

Unternehmen müssen aufgrund der zum Teil weitreichenden steuerlichen Konsequenzen (Wettbewerbsverzerrungen wegen Nicht-/Steuerbarkeit von inländischen Einkünften und Umsätzen ausländischer Unternehmen; Einkunftsabgrenzung zwischen selbständigen und unselbständigen Unternehmensteilen sowie unterschiedliche umsatzsteuerliche Behandlung sonstiger Leistungen) exakt wissen, wie Geschäfte im Internet besteuert werden und wie sich die tatsächlichen Geschehensabläufe so gestalten lassen, damit es zu steueroptimalen Konsequenzen für sie kommt. Hierbei zeigt sich die besondere technische und wirtschaftliche Ausgestaltung der Internetgeschäfte als ein zeit- und raumungebundenes Tätigwerden als entscheidend für die steuerliche Beurteilung. Durch diese weitgehende Unabhängigkeit von bestimmten Standorten im Gegensatz zu Geschäften in der physischen Welt kann dieser auch oder ausschließlich nach rechtlichen und/oder steuerlichen Vorteilhaftigkeitsüberlegungen gewählt werden. Voraussetzung für die Vornahme einer solchen steuermotivierten Standortentscheidung ist die genaue Kenntnis der Wirkung von Steuern auf die jeweiligen Geschäftsaktivitäten und die sich hieraus ergebenden Einkünfte. Der Frage der steuerlichen Ansässigkeit von Unternehmen kommt dabei wegen des unterschiedlichen Umfangs der Steuerpflichten (Welteinkommensprinzip bei der unbeschränkten Steuerpflicht sowie das Territorialprinzip bei der beschränkten Steuerpflicht) besondere Bedeutung zu. Unter Ansässigkeit versteht man den Ort an dem eine natürliche oder juristische Person aufgrund gesetzlich gegebener Anknüpfungsmerkmale (z.B. Wohnsitz, gewöhnlicher Aufenthalt, Sitz und Ort der Geschäftsleitung) eine so enge Verbindung zu einem Staat herstellt, daß dieser der Person eine unbeschränkte, personenbezogene Steuerpflicht auferlegt. Diese ist gegenüber der objektbezogenen beschränkten Steuerpflicht, die nicht im Inland ansässige Personen nur mit sogenannten inländischen Einkünften der Steuerpflicht unterwirft, dann ungünstiger, wenn, wie im Falle der Bundesrepublik Deutschland ein im internationalen Vergleich hohes Steuerniveau im Ansässigkeitsstaat gegeben ist.

2 Welche Auswirkung haben Steuern auf den Erfolg von Internet-Geschäften?

Es sind drei Fallgruppen von Umsatzgeschäften durch Internetanbieter denkbar, die unterschiedliche steueroptimale Gestaltungen nach sich ziehen:

- Reine Inlandssachverhalte, bei denen das anbietende Unternehmen wie der Kunde im Inland ansässig ist,

- Outbound-Sachverhalte, bei denen ein im Inland ansässiges Unternehmen Geschäfte mit im Ausland ansässigen Personen vornimmt und hierdurch Einkünfte erzielt,

- Inbound-Sachverhalte, bei denen ein im Ausland ansässiges Unternehmen Geschäfte mit im Inland ansässigen Personen vornimmt und hierdurch Einkünfte erzielt.

Die Frage ist aus ertragsteuerlicher Sicht (ESt, KSt und Gewerbesteuer) hierbei stets, ob und inwieweit das anbietende Unternehmen die Einkünfte der inländischen, also der vergleichsweise hohen deutschen Besteuerung (Kombinierter Ertragsteuersatz aus Körperschaftsteuer/Solidaritätszuschlag und Gewerbeertragsteuer beträgt ca. 58% und ist im internationalen Vergleich neben der Belastung in Japan am höchsten) unterwerfen muß. Umsatzsteuerlich ergibt sich vor allem die Frage der Steuerbarkeit im Inland sowie die Anwendung des Regelsteuersatzes und der Möglichkeit der Kunden, den Vorsteuerabzug geltend zu machen.

2.1 Reine Inlandssachverhalte

Aus Vereinfachungsgründen wird bei den folgenden Betrachtungen stets von einer Kapitalgesellschaft ausgegangen, die gemäß § 8 Abs. 2 KStG in Verbindung mit § 2 Abs. 2 GewStG stets Einkünfte aus Gewerbebetrieb erzielt und somit der Gewerbesteuer unterliegt. Bei reinen Inlandssachverhalten ist die inländische Kapitalgesellschaft gemäß § 1 Abs. 1 KStG mit den weltweit erzielten Einkünften unbeschränkt steuerpflichtig. Die Einschränkung durch Zuweisung von Besteuerungsrechten im Rahmen von Doppelbesteuerungsabkommen kommen aufgrund der angenommenen Sachverhaltsgestaltung nicht zum Tragen. Das anbietende Unternehmen erzielt Einkünfte aus Gewerbebetrieb im Sinne des § 15 Abs. 1 EStG in Verbindung mit § 8 Abs. 2 KStG und unterliegt darüber hinaus der Gewerbesteuer gemäß § 2 Abs. 2 GewStG. Insoweit unterscheidet sich die Vornahme dieser Geschäfte durch nichts von Geschäften, die über traditionelle Vertriebswege wie feste Verkaufsstellen oder Geschäftslokale abgewickelt werden. Gleiches gilt für die Umsatzbesteuerung, da in jedem Fall die Tatbestandsvoraussetzungen des § 1 Abs. 1 UStG erfüllt sind. Besonderheiten für die anbietenden Unternehmen sowie die empfangenden Kunden ergeben sich nur in den folgenden Bereichen:

Bei der **Gewerbesteuer** (die Steuerbelastung kann zwischen 0 und über 11% betragen) können unterschiedliche gemeindliche Hebesätze dahingehend ausgenutzt werden, daß Internet-Server als Betriebsstätten ausgestaltet werden und bewußt in Gemeinden verlegt werden, in denen die sich ergebende gewerbesteuerliche Belastung aufgrund günstiger gemeindlicher Hebesätze sehr niedrig ist und somit mittels der Zerlegung des Steuermeßbetrages gemäß §§ 28 ff. GewStG sich der Gewerbeertrag auch oder im wesentlichen auf diese verteilt. Dies gilt nicht, wenn das anbietende Unternehmen Geschäftsleitung und Sitz nur an einem Ort unterhält, an dem ein gemeindlicher Hebesatz von 0% gegeben ist (wie dies zum Beispiel in der Gemeinde Norder-

Friedrichskoog der Fall ist) und die in anderen Gemeinden erzielten Erträge nicht der dortigen Gewerbesteuerbelastung unterliegen.

Bei der **Umsatzsteuer** ist demgegenüber folgende Schwierigkeit festzustellen. Da eine elektronische Fakturierung nicht als Rechnung im Sinne des § 14 UStG angesehen wird, läuft der empfangende Kunde, sofern er zum Vorsteuerabzug als Unternehmer gemäß § 15 Abs. 1 UStG berechtigt ist, Gefahr, diesen nicht in Anspruch nehmen zu können. Die Finanzverwaltung beharrt bisher (möglicherweise zu unrecht) darauf, elektronischen Belegen die Urkundseigenschaft einer Rechnung im Sinne des § 14 UStG abzusprechen. Wenngleich dies juristisch gesehen zutreffend ist, sollte dem technischen Medium Internet jedoch insoweit Rechnung getragen werden, daß auch elektronisch erstellte Belege mittels eines als sicher qualifizierten Computerprogramms als für den Vorsteuerabzug ausreichend angesehen werden. Da selbst die Fakturierung durch den Internet-Service-Provider für den Content-Provider den Empfänger der Rechnung nicht zum Vorsteuerabzug für die in Rechnung gestellten Leistungen des Content-Providers berechtigt (OFD Hannover vom 13.01.1997), ist auch an dieser Stelle dringend anzumahnen, seitens des Gesetzgebers und der Finanzverwaltungen gesetzliche Klarstellungen und verfahrensmäßige Erleichterungen zu schaffen, wie sie im Referentenentwurf zur Unternehmenssteuerreform 2001 durch Änderungen der Abgabenordnung sowie des Umsatzsteuergesetzes vorgesehen sind.

Gelingt dies nicht, wäre eine zusätzliche Versendung von Rechnungen in Papierform zumindest bei unternehmerischen Kunden nötig, die einen Großteil der Effizienzvorteile des Mediums Internet schwinden lassen würden, wobei dies gleichermaßen auch bei inländischen Unternehmen von Drittstaatenanbietern gelten würde.

2.2 Outbound-Sachverhalte

Führt ein im Inland ansässiges Unternehmen Geschäfte über das Internet mit Kunden außerhalb des Inlandes aus, so sind neben den steuerlichen Regelungen des Inlandes auch die des jeweiligen Auslandes sowie eines möglicherweise abgeschlossenen Doppelbesteuerungsabkommens (nachfolgend als DBA zitiert) zu beachten. Hierdurch erhöhen sich die potentiellen Schwierigkeiten bei der Vornahme der Besteuerung sowie der Kalkulation der zu erwartenden Gesamtsteuerbelastung. Neben die sich nach § 1 Abs. 1 KStG ergebende unbeschränkte Steuerpflicht im Inland kann die beschränkte Steuerpflicht im Ausland hinzutreten. Zur Vermeidung einer hierdurch eintretenden Doppelbesteuerung bei Sachverhalten ohne DBA sieht § 26 KStG die Anrechnung der im Ausland gezahlten, gleichartigen Steuern auf die inländische Körperschaftsteuerschuld vor. Dies geschieht jedoch nur dann, wenn es sich um ausländische Einkünfte gemäß § 34d EStG handelt. Die Bestimmung richtet sich hierbei nach innerstaatlichen Einkunftsqualifizierungen. Hieraus können dann Probleme resultieren, wenn der ausländische Staat mittels der Internetaktivitäten gewerbliche Einkünfte annimmt, gleichwohl nach innerstaatlichem inländischem Steuerrecht keine Betriebsstätte im ausländischen Staat gegeben ist (siehe § 34d S. 1 Nr. 2 Buchst. a) EStG). Die im Ausland besteuerten Einkünfte führen in diesen Fällen nicht zur Anrechnung der ausländischen Steuern auf die inländische Körperschaftsteuerschuld, da es an der materiellrechtlichen Voraussetzung des Vorliegens ausländischer Einkünfte im Sinne des § 34d EStG fehlt. Zur Vermeidung solcher Schwierigkeiten sollte das inländische Unternehmen stets sicherstellen, daß im Ausland eine Betriebsstätte unterhalten wird oder abschließend geklärt ist, daß der ausländische Staat, ähnlich der innerstaatlichen deutschen Regelung, Direktgeschäfte aus dem Ausland nicht im Inland besteuert. In jedem Fall kommt es mindestens zur Hinaufschleusung der Steuerbelastung auf das deutsche Niveau, gegebenenfalls auf eine noch höhere Belastung. Auf die vorteilhafte Zwischenschaltung einer ausländischen Kapitalgesellschaft und der Thesaurierung der Gewinne soll hier nicht näher eingegangen werden (Strunk und Zöllkau 1998b, S. 589 ff.).

Demgegenüber ist in DBA-Fällen eine andere Vorgehensweise zu empfehlen. Der deutschen Abkommenspraxis folgend sehen die meisten DBA vor, daß die Einkünfte, die ein in Deutschland ansässiges Unternehmen im DBA-Ausland mittels einer dort gelegenen Betriebsstätte erzielt, nur dort besteuert und von der deutschen Besteuerung freigestellt werden. Insofern stellt diese völkerrechtliche Vereinbarung eine Einschränkung des Universalitätsgedankens des Welteinkommensprinzips des deutschen Einkommen- und Körperschaftsteuerrechts dar. Hintergrund dieser Regelung ist, daß im Wettbewerb befindliche deutsche Unternehmen auf Auslandsmärkten nicht durch steuerliche Regelungen von vornherein benachteiligt werden, da sie einer höheren Ertragsteuerbelastung unterliegen als ihre ausländischen Konkurrenten. Während die Belastung mit Körperschaftsteuer sowohl in Deutschland als auch den meisten anderen industrialisierten Staaten um 30% schwankt, tritt in Deutschland die Gewerbesteuer als Unternehmenssteuer hinzu, die eine zusätzliche Belastung von mehr als 20% ausmacht. Daher haben die meisten DBA-Staaten eine niedrigere Ertragsteuerbelastung als die Bundesrepublik Deutschland. Es kann daher für inländische Unternehmen sinnvoll sein, Geschäfte mittels einer im Ausland gelegenen Betriebsstätte auszuführen und die Freistellungsklausel des DBA gegenüber der deutschen Finanzverwaltung in Anspruch zu nehmen. Erforderlich hierfür ist die Begründung einer Betriebsstätte, die entweder bereits durch das unmittelbare Aufstellen eines in der eigenen Verfügungsmacht befindlichen Internet-Servers begründet wird oder durch weitere Maßnahmen und Tätigkeitsverlagerungen in das Ausland, um auch durch die Anwesenheit von Personen in der festen Einrichtung die Qualifizierung als Betriebsstätte zu erlangen (Portner 1998b). Trotz der in der Literatur zum Teil heftig geführten Diskussion, ob ein Internet-Server selbst eine Betriebsstätte im Abkommenssinne begründen kann (Strunk 1997, S. 256 ff., Bernütz 1997, S. 353 ff., Holler und Heerspink 1998), ist festzuhalten, daß immer dann, wenn der Steuerpflichtige eine Betriebsstätte für steuerlich sinnvoll erachtet, er die Möglichkeiten hat, dieses leicht zu bewirken.

Ein im Inland ansässiges Unternehmen erzielt mit Kunden in den USA Einkünfte. Während bisher die Geschäfte als sogenannte Direktgeschäfte ausschließlich im Inland der hohen deutschen Besteuerung unterlagen, errichtet das inländische Unternehmen nun eine Betriebsstätte in den USA, um die Steuerfreistellung im Inland zu erlangen und in Höhe der Steuerbelastungsdifferenz in Höhe von ca. 20 Prozentpunkten einen Vorteil zu erlangen.

Box 1:   Beispiel für eine Gestaltungsempfehlung zur Erlangung der Steuerfreiheit im Inland

Die neue Technik „Internet" läßt eine solche Vorgehensweise nun möglich erscheinen und führt somit erstmals zu einer Gestaltungsvariante, die bisher wirtschaftlich und/oder technisch nicht möglich war. Die oben dargestellte Standortelastizität ermöglicht es, dem inländischen Unternehmen mit geringem Kosten- und Personalaufwand eine Betriebsstätte zu begründen. Der gewünschte Steuervorteil wird sich jedoch nur dann einstellen, wenn durch die Verlagerung der Aktivitäten aus dem inländischen Stammhaus in die ausländische Betriebsstätte keine Entstrickung und Versteuerung im Inland angesammelter stiller Reserven hervorgerufen wird und die deutsche Finanz-verwaltung einen Großteil des erzielten Gesamtgewinns der Betriebsstätte zuweist und im Inland von der Besteuerung freistellt. Die deutsche Finanz-verwaltung hat bereits erklärt, daß einer ausländischen Betriebsstätte tenden-ziell nur ein sehr kleiner Anteil am Vertriebsgewinn zugewiesen werden kann (Wichmann 1998, S. 75 f.). Dieser Auffassung ist entschieden entgegenzu-treten, da es zunächst auf die Beurteilung des Einzelfalls ankommt. Dies mag nicht ausschließen, daß in bestimmten Fällen die von der Verwaltung vertre-tene Auffassung zutreffend ist. Beim überwiegenden Teil der Fälle ist jedoch von einer substantiellen anteiligen Zuweisung des Vertriebsgewinns zur Be-triebsstätte auszugehen, wenn mittels der Homepage weitgehend die Ver-triebsfunktion übernommen wird. Im Ergebnis bleibt jedoch festzuhalten, daß der Steuerpflichtige mindestens bei bewußten Gestaltungen der Einkunfts-verlagerung mit Schwierigkeiten und Diskussionen seitens der Finanzver-waltung über die angemessene Aufteilung der Einkünfte zwischen Stamm-haus und Betriebsstätte rechnen muß.

Aber auch in Fällen, in denen keine steuerlichen Gründe die Motivation für eine bestimmte Ausgestaltung der Geschäftsaktivitäten ist, kann es zu Gefah-ren der Doppelbesteuerung kommen, wenn die betroffenen Finanzverwaltun-gen unterschiedliche Zuweisungen der Einkünfte zwischen den Unterneh-mensteilen als gegeben ansehen.

Umsatzsteuerlich kann die Annahme einer Betriebsstätte im entsprechenden Ausland mittels eines Internet-Servers ebenfalls von Vorteil sein, da gemäß § 3a Abs. 1 S. 2 UStG der Ort der Leistung dort ist, von wo aus das Unter-nehmen mittels einer Betriebsstätte sein Unternehmen betreibt. Von ent-scheidender Bedeutung ist somit die Frage, ob das Unternehmen die Ge-schäftstätigkeit mit den ausländischen Kunden tatsächlich durch die Betriebs-stätte „Internet-Server" ausübt. Wenngleich das Umsatzsteuergesetz hin-sichtlich dieser Regelung die Rechtsfolgen nicht an ein zivilrechtliches Tä-tigwerden der Betriebsstätte knüpft, muß doch als Risiko festgehalten wer-den, daß es keineswegs als gesichert angesehen werden kann, daß ein Umsatz einer Betriebsstätte „Internet-Server" zugerechnet wird. Insoweit ergeben sich für den anbietenden inländischen Unternehmer bei sonstigen Leistungen über das Internet zahlreiche Abgrenzungsschwierigkeiten. Bei Leistungsbe-ziehungen von Unternehmen untereinander kommt es bereits aufgrund der Vorschrift des § 3a Abs. 3 UStG nicht zu einer Umsatzbesteuerung im Inland. Deshalb muß daß das anbietende Unternehmen sehr genau wissen, wer ihre vornehmlichen Kunden sind, um zu entscheiden, welche zivilrechtlichen und/oder organisatorischen Maßnahmen zu ergreifen sind, um steuerlich optimale Ergebnisse zu erzielen. Bei Umsatzgeschäften über physische Lieferungen ergeben sich keinerlei Besonderheiten des Internet-Handels gegenüber traditionellen Vertriebsformen, so daß insoweit auf die allgemein bekannten Prinzipien hinzuweisen ist (Vellen 1998, S. 273 ff.).

2.3 Inbound-Sachverhalte

Ist das anbietende Unternehmen im Ausland ansässig und beabsichtigt es, Geschäfte mit Kunden im Inland vorzunehmen, ergeben sich für dieses durch den Einsatz des Internet je nach Ausgestaltung der Aktivitäten höchst unterschiedliche Besteuerungsfolgen. Diese können von dem anbietenden Unternehmen durch Vermeidung der Steuerpflicht im Inland und ausschließlicher Besteuerung im niedriger besteuernden Ansässigkeitsstaat zum eigenen Vorteil genutzt werden und lassen inländische Anbieter auf dem inländischen Markt mit Wettbewerbsnachteilen zurück.

Das ausländische Unternehmen unterliegt neben der unbeschränkten Steuerpflicht in seinem Ansässigkeitsstaat der beschränkten deutschen Steuerpflicht, wenn es inländische Einkünfte im Sinne des § 49 EStG erzielt. Hierfür ist es erforderlich, daß ein je nach Einkunftsart unterschiedlich stark ausgeprägter Inlandsbezug vorhanden ist. Beim eCommerce im engeren Sinne ist grundsätzlich von einer Handelsaktivität auszugehen, aus der sich steuerlich gewerbliche Einkünfte im Sinne des § 15 EStG in Verbindung mit § 49 Abs. 1 Nr. 2 EStG ergeben. Unbestritten ist diese Beurteilung beim Verkauf von physischen Produkten, z.B. dem immer stärker zunehmenden Pkw-Verkauf über das Internet, der in den nächsten Jahren bis zu 20% des weltweiten Autoabsatzes ausmachen wird. Schwieriger wird die Einkunftsqualifizierung bei digitalisierten Produkten wie der Überlassung von Software, von Musikstücken, von Videosequenzen oder von Buchinhalten, da hier abweichend von gewerblichen Einkünften von solchen aus Vermietung und Verpachtung bzw. im Abkommensrecht von Lizenzeinkünften auszugehen sein könnte. Gegen eine solche Qualifizierung spricht die Erscheinungsform im üblichen Geschäftsverkehr sowie der Umstand, daß mit dem Herunterladen der entsprechenden Dateien dem Kunden kein umfassendes Recht zur Nutzung eingeräumt wird, sondern nur ein auf das wirtschaftlich Gewollte beschränkte Recht zur beabsichtigten individuellen Nutzung. Insbesondere liegt in der Nutzungsüberlassung von Software eben nicht die Einräumung und Überlassung von Urheberrechten. Vielmehr beinhaltet die Zurverfügungstellung der Informationen gleichzeitig eine Art „Freistellung" oder „Genehmigung" zur Urheberrechtsverletzung, allerdings nur in dem Umfang, wie er zur vertragsgemäßen Bestimmung und Benutzung erforderlich ist. Insofern liegen auch bei der Überlassung von Informationen in der Regel keine Einkünfte gemäß § 49 Abs. 1 Nr. 6 EStG (Einkünfte aus Vermietung und Verpachtung) vor, sondern gewerbliche Einkünfte, da es sich hierbei um eine gewerbliche Dienstleistung handelt. Die OECD vertritt ebenfalls diese Abgrenzungsauffassung und hat Anfang Oktober 1998 diese auch in Art. 12 des OECD-Musterabkommens-Kommentar übernommen. Damit wird dem Quellenstaat für die meisten Fälle der Überlassung von digitalisierten Produkten kein Besteuerungsrecht aus Art. 12 OECD-Musterabkommen zugestanden. Vereinfacht bedeutet dies, daß auch das Down-Loading von Standardprodukten, die nicht nach individuellen Wünschen eines Auftraggebers angefertigt wurden, ertragsteuerlich so behandelt wird wie der entsprechende Verkauf in materieller Form über traditionelle Vertriebswege.

Im weiteren soll trotz der grundsätzlichen Anerkenntnis aller anderen Einkunftsarten im Internet eine Beschränkung auf die gewerblichen Einkünfte erfolgen. Entscheidend für die Annahme gewerblicher inländischer Einkünfte ist das Vorliegen einer Betriebsstätte oder eines ständigen Vertreters, durch die bzw. mittels derer die Einkünfte erzielt werden. Wie bereits oben ausgeführt, liegt es weitgehend im Ermessen des anbietenden Unternehmens, eine Betriebsstättenbegründung hervorzurufen oder zu verhindern. Während bei Outbound-Sachverhalten die Begründung einer Betriebsstätte für das inländische Unternehmen vorteilhaft war, ergibt sich nun für die Inbound-Sachverhalte der umgekehrte Fall, da die Vermeidung der Betriebsstättenbegründung oder der Begründung eines Ständigen Vertreters eine Besteuerung mit „hohen" deutschen Ertragsteuern ausschließt. Der sich so ergebende steuerinduzierte Wettbewerbsvorteil kann in Einzelfällen sehr erheblich sein. Die bisher in der Literatur diskutierten Ansätze zur Annahme einer Betriebsstätte bei Internet-Geschäften sind vermutlich nicht geeignet, aufgrund der geltenden Rechtslage eine Betriebsstätte anzunehmen (Portner 1998a, S. 533 f. sowie Holler und Heerspink 1998, S. 712).

Ein in Japan ansässiges Unternehmen bietet seinen im Inland ansässigen privaten Endkunden Standardsoftware an, die in vergleichbarer Qualität auch von einem im Inland ansässigen Unternehmen angeboten wird. Während beim Down-Loaden der Software vom japanischen Unternehmen weder deutsche noch japanische Umsatzsteuer anfällt, ist dies bei Geschäften des inländischen Unternehmens anders, so daß sich dieses einem Preisnachteil von 16% Umsatzsteuer ausgesetzt sieht.

Box 2:   *Beispiel für die umsatzsteuerlichen Vorteile für Anbieter aus Drittstaaten*

Umsatzsteuerlich können sich vor allem bei Geschäften über digitalisierte Produkte mit privaten Endkunden Steuervorteile für Anbieter aus Drittstaaten ergeben (Korf 1997, S. 744).

Der Ort der Leistung richtet sich bei den oben dargestellten digitalisierten Produkten, die als sonstige Leistung zu qualifizieren sind (Vellen 1998, S 283), nach § 3a Abs. 1 UStG, so daß die Umsätze nicht im Inland steuerbar sind. Im Gegensatz zu sogenannten Telekommunikationsleistungen im Sinne des § 3a Abs. 4 Nr. 12 UStG, wie zum Beispiel die Zugangsverschaffung zum Internet, erbringen Content-Provider zumeist Teledienste oder digitalisierte Güter, die nicht unter abweichende Ortbestimmungsregeln fallen und somit im Inland unbesteuert bleiben. Handelt es sich um Anbieter aus dem übrigen Gemeinschaftsgebiet, können sich steuerliche Vorteile durch die Wahl des Registrierungslandes ergeben, doch dürfte dies in der Regel zu einer Registrierung in Deutschland führen, so daß die Rechtsfolgen wie oben unter den Inlands-Sachverhalten dargestellt greifen.

3   Welche Konsequenzen ergeben sich für die Content-Provider im Rahmen des eCommerce?

Wie die vorstehenden Ausführungen gezeigt haben, ist der Einsatz des technisch als auch betriebswirtschaftlich ungewohnten und neuen Mediums Internet auch steuerlich ein nicht zu unterschätzendes Phänomen. Dies erfordert die genaue Kenntnis über die steuerlichen Auswirkungen, die in der Regel nur qualifizierte Steuerberater oder interne Steuerabteilungen vorhalten können. Nichtsdestotrotz müssen Entscheider in Unternehmen, aber auch Berater außerhalb des steuerrechtlichen Bereichs Grundzüge der steuerlichen Auswirkungen kennen. Anhand folgender beispielhaft genannter drei Kriterien

soll aufgezeigt werden, welchen Fragestellungen sich ein Unternehmen ausgesetzt sieht.

- *Wer sind meine Kunden?*

Bei Privatpersonen oder solchen Personen, die nicht zum umsatzsteuerlichen
Vorsteuerabzug berechtigt sind, ist die Umsatzsteuer Preisbestandteil und bei
preissensiblen Kaufentscheidungen damit ein entscheidender Faktor in der
Wettbewerbssituation eines Unternehmens. In diesen Fällen kommt es auf die
Optimierung der umsatzsteuerlichen Belastung an. Gleichwohl ist es in diesen Fällen ebenfalls unerheblich, ob der Bestell-, Rechnungs- und Zahlungs-
vorgang rein elektronisch oder auf dem Papierwege erfolgt, da dem Kunden
der Vorsteuerabzug grundsätzlich nicht zusteht.

- *Welche Art von Produkten oder Leistungen wird verkauft?*

Bei digitalisierten Produkten sind Produktion und Vertrieb weitgehend stand-
ortelastisch hinsichtlich der Steuer, so daß die Entscheidung, von wo eine
Tätigkeit ausgeübt wird, nahezu ausschließlich durch steuerliche Gründe mo-
tiviert sein kann. Werden demgegenüber Waren verkauft, ergeben sich zumindest keine umsatzsteuerlichen Gestaltungsmöglichkeiten für Angebote
aus und Lieferungen in Drittstaaten. Auch bei eigener physischer Auslieferung der Ware durch ein im Inland gelegenes Warenlager kann für ausländische Anbieter eine Besteuerung im Inland aufgrund der abkommensrechtli-
chen Vorschrift des Art. 5 Abs. 4 OECD-MA vermieden werden.

- *Sind die Gesellschafter an einer fortlaufenden Ausschüttung oder an einer Wertsteigerung ihrer börsennotierten Anteile interessiert?*

Diese bei Steuergestaltungen auch außerhalb der Geschäftsaktivitäten im Internet stets interessierende Frage hat Einfluß auf den Einsatz von Kapitalge-
sellschaften in Steueroasen. In diesen Fällen muß zur Erlangung eines Steu-
erstundungseffektes eine Ausschüttung im Inland an die Gesellschafter möglichst lange unterbleiben. Der Zufluß der im Ausland niedrig besteuerten
Einkünfte an die im Inland ansässigen Gesellschafter, soweit sie natürliche
Personen sind, führt zu einer Hinaufschleusung auf das hohe deutsche Steuerniveau. Insoweit kann ein steuerlicher Vorteil nur dann und insoweit entstehen, als die Gesellschafter an einer Ausschüttung kein Interesse haben.

4   Fazit

Die noch vorliegende weitgehende Unsicherheit der Besteuerung von Geschäften im Internet bietet eine Reihe an Möglichkeiten zur Beeinflussung der Steuerbelastung. Dies betrifft insbesondere die Gewerbe- und Umsatzsteuer. Deswegen sind Unternehmen gut beraten, neben den technischen und organisatorischen Gestaltungsmöglichkeit auch die Möglichkeiten der Besteuerung im eCommerce detailliert zu untersuchen.

Literatur

Bernütz, S. (1997): Ertragssteuerung grenzüberschreitender Internet-Transaktionen: Anknüpfung an eine deutsche Betriebsstätte?, *Internationales Steuerrecht*, 6, 353-357.

Grotherr, S., C. Herfort und G. Strunk (1998): *Internationales Steuerrecht*, Achim.

Holler, G. und F. Heerspink (1998): Betriebsstättenbegründung durch Errichtung eines Verkaufsservers im Internet, *Betriebsberater*, 49, 771-773.

Korf, R. (1997): Neuregelung des Leistungsortes von Telekommunikationsdienstleistungen, *Der Betrieb*, 49, 744-750.

Portner, R. (1998a): Betriebsstätte durch grenzüberschreitende Internet-Transaktionen?, *Internationales Steuerrecht*, 7, 553-557.

Portner, R. (1998b): Verrechnungspreisbestimmung bei Internet-Transaktionen?, *Internationales Steuerrecht*, 7, 549-552.

Strunk, G. (1997): Grenzüberschreitende Aktivitäten durch das Internet als weißer Fleck der Besteuerung?, *Internationales Steuerrecht*, 6, 257-262.

Strunk, G. und Y. Zöllkau (1998a): Die beschränkte Steuerpflicht nach § 49 EStG in einer virtuellen Geschäftswelt, *Die Information über Steuer und Wirtschaft*, 52, 609-612.

Strunk, G. und Y. Zöllkau (1998b): Steueroptimale Vertriebsstrukturen unter Einsatz des Internets - Chancen und Risiken im In- und Outbound-Geschäft, *Finanz-Rundschau*, 80, 589-596.

Vellen, M. (1998): Umsatzbesteuerung der Transaktionen im elektronischen Handel, *Kommunikation und Recht*, 1, 273-283.

Wichmann, M. (1998): Aufteilung der Einkünfte und des Vermögens auf rechtlich selbstständige und unselbstständige Unternehmensteile, in: Fischer, L. und G. Strunk (Hrsg.): *Steuerliche Aspekte des Electronic Commerce*, Köln, 65-80.

VI Beispiele

1 jaxx.de

Rainer Jacken   *– fluxx.com*
Stefan Selchau-Hansen   *– fluxx.com*

Überblick

- jaxx.de ist die erste virtuelle Lotto-Annahmestelle im Internet, in der Online-User an den Lotterien des Deutschen Lotto- und Totoblocks sowie innovativen Gewinnspielen teilnehmen können.

- Durch gezielten Aufbau und Pflege des Angebots durch Produktdiversifizierungen sowie erweiterte Serviceangebote wird jaxx.de zur Marke.

- Die Marketing-Kommunikation basiert sowohl auf Site-Promotion im Internet, zum Beispiel durch Werbebanner und Einträge in Suchmaschinen, als auch auf klassischer Kommunikation.

- Nach der Etablierung des Markennamens wird JAXX zur Dachmarke, unter der sich unterschiedliche Produkte und Dienstleistungen auf verschiedenen Kommunikationskanälen ansiedeln.

---

1   Produktidee

Klassische Glücksspiele erleben durch das Internet eine Renaissance. Nach einer Datamonitor-Studie liegt das weltweite Potential für Online-Glücksspiele bis zum Jahr 2002 bei ca. 3,5 Mio. Internet-Usern (Datamonitor 1998). Einige Unternehmen und Institutionen haben dieses Potential erkannt und umgesetzt. In Liechtenstein zum Beispiel veranstaltet das Internationale Rote Kreuz eine Internet-Lotterie, die 1997 einen Umsatz von rund 470 Millionen DM erwirtschaftete. Auf Grund dieser günstigen Rahmenbedingungen entwickelte die fluxx.com e-commerce GmbH (www.fluxx.com) im Jahre 1997 ein Konzept, um einen deutschsprachigen Lottokiosk im Internet zu etablieren. Im Gegensatz zu anderen Lotterieangeboten im WWW sollte der Lottokiosk allerdings keine eigene Lotterie veranstalten, sondern als Vermittler für die Lotterien des Deutschen Lotto- und Totoblocks (Lotto am Samstag, Lotto am Mittwoch sowie der Fußballtoto-Ergebniswette) fungieren. Die Entscheidung für diese Vorgehensweise fiel zum einen auf Grund der sehr hohen Akzeptanz des Deutschen Lottos in der Bevölkerung und zum anderen wegen der restriktiven rechtlichen Rahmenbedingungen, die einer Erteilung der Genehmigung für die Veranstaltung von Glücksspielen entgegenstanden.

Wesentliches Kriterium für die Konzeption des virtuellen Lottokiosks war darum, daß die geplante Dienstleistung keineswegs als Veranstaltung einer eigenen Lotterie qualifiziert werden durfte. Zur Gewährleistung dieser notwendigen Bedingung wurde die Kerndienstleistung von jaxx.de als sogenannter Geschäftsbesorgungsvertrag ausgestaltet, das heißt unter der Web-Adresse www.jaxx.de werden lediglich Spielverträge zwischen dem Deutschen Lotto- und Totoblock und den Kunden vermittelt. Für diese Dienstleistung erhebt jaxx.de eine Handling-Gebühr von 1,20 DM pro Lottoschein und 0,20 DM pro gespieltem Feld. Diese zusätzliche Gebühr ist solange nötig, bis durch die direkte technische Anbindung an das Rechenzentrum einer staatlichen Lottogesellschaft Kostenvorteile entstehen, die an die Kunden weitergereicht werden können. Ende 1999 wurde über eine 100%ige Tochter der fluxx.com e-commerce GmbH, der e-sales.com GmbH, ein Geschäftsbesorgungsvertrag mit NordWestlotto Schleswig-Holstein geschlossen, der solche Kostenvorteile realisierbar erscheinen läßt.

Neben der Klärung der rechtlichen Rahmenbedingungen gehörte die genaue Analyse der Märkte und Zielgruppen zu den grundlegenden Aufgaben während der Konzeptionsphase. Das virtuelle Glücksspielportal agiert dabei vor allem auf dem Lotto-Markt und dem Marktplatz Internet. Auf dem deutschen Lotto-Markt wurden 1999 rund 15 Milliarden DM umgesetzt. 13 Millionen Menschen geben jede Woche ca. 17 Millionen Lottoscheine in den konventionellen Annahmestellen des Deutschen Lotto- und Totoblocks ab. Dabei ist die Entwicklung der Lotto-Umsätze bei einem leichten Wachstum stabil. Sehr viel dynamischer entwickelt sich die Nutzung des Internet in Deutschland. Zwar verfügten bei der Einführung von jaxx.de im Februar 1998 erst ca. 5 Millionen Deutsche über einen Online-Zugang. Die prognostizierten Wachstumsraten sind aber gigantisch. Bis sich das Internet in allen Bevölkerungsschichten durchgesetzt hat, unterscheiden sich die demographischen Profile der Online-User von denen der deutschen Grundgesamtheit. Besonders deutlich wird das beim Vergleich der Altersstrukturen von Internet-Nutzern und klassischen Lottospielern:

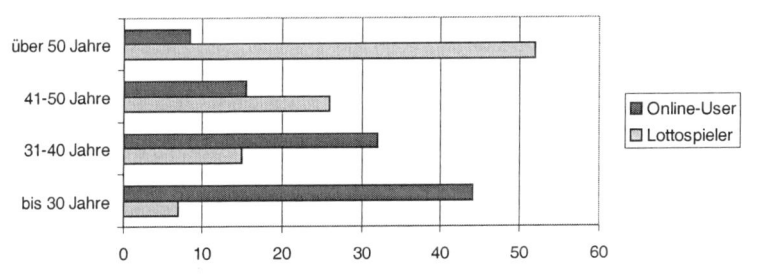

Tab. 1: *Altersprofile der Lottospieler und Online-User in Deutschland (Burda Medien-Forschung, 1997)*

Trotz des gegenläufigen Aufbaus der Altersstrukturen ergibt sich ein genügend großes Kundenpotential für jaxx.de. fluxx.com erwartet, daß sich die Demographie der Online-Nutzer immer mehr dem Bevölkerungsdurchschnitt angleicht und damit schon in kurzer Zeit ein enormes Kaufpotential entfaltet.

2   Vom Produkt zur Marke

Die anfängliche Internet-Zurückhaltung klassischer Marktführer verschaffte virtuellen Pionieren den nötigen Know-how-Vorsprung im WWW und damit die Möglichkeit, eine neue Marke zu etablieren. Dieser Strategie folgt auch die Konzeption von jaxx.de. Bedingt durch eine Vielzahl an komplexen institutionellen und rechtlichen Rahmenbedingungen war innerhalb eines absehbaren Zeithorizontes nicht damit zu rechnen, daß nach der Einführung von jaxx.de Nachahmer in den Markt eintreten würden. Ziel war es, innerhalb kürzester Zeit die Marktführerschaft im Segment unterhaltsamer Glücksspiel-Dienstleistungen zu erlangen und die Marke als feste Größe im deutschsprachigen Internet zu etablieren. Um diese Ziele zu erreichen, sollte jaxx.de die zentrale Anlaufstelle für Lottospieler im Internet werden. Nach der Einführung weiterer Angebote wie z.B. Fußballtoto, Pferdewetten, elektronische Rubbellose und Sportwetten stellt jaxx.de das zentrale Glücksspielportal im deutschsprachigen WWW dar. Auf dieser Grundlage soll jaxx.de zur Plattform für verschiedenste eCommerce-Angebote werden. Notwendige Bedingung zur Erlangung dieser Ziele ist die Positionierung von jaxx.de als Marke. Die Glaubwürdigkeit einer Marke bietet im Internet die Möglichkeit, eine Anlaufstelle zu begründen und damit die Chance, neue Produkte und Dienstleistungen unter dem Dach einer Marke anzusiedeln. So spielte vor allem bei der Markt-Einführung von jaxx.de das „Branding" eine zentrale Rolle.

2.1   Kunden-Service

Das Angebot gliedert sich klar in zwei Bereiche: zum einen in die Dienstleistung „Teilnahme an seriösen Glücks- und Gewinnspielen" und zum anderen in ein redaktionelles Umfeld zum Themenbereich „Glücksspiel". Letzteres ist für alle Internet-Surfer frei zugänglich und beinhaltet mehr als nur die Veröffentlichung der entsprechenden Gewinnzahlen und -quoten. Vielmehr geht es gerade beim Wettgeschäft darum, den Kunden einen Informationsmehrwert zu bieten. Ein mehrköpfiges Redaktionsteam sorgt für den Mix aus Informationen und Boulevard-Themen. Der redaktionelle Teil von jaxx.de generiert zwischen 30% und 40% des gesamten Traffic auf der Site. Um die eigentliche Dienstleistung in Anspruch zu nehmen – die Teilnahme an Glücks- und Gewinnspielen – müssen sich die User registrieren. Im Gegensatz zum redaktionellen Teil von jaxx.de ist der gesamte Bereich, der sich mit der Teilnahme an Glücksspielen befaßt, über SSL (Secure Socket Layer) verschlüsselt. Der bewußt aufwendig gestaltete Registrierungsprozeß dokumentiert den hohen Sicherheitsstandard. Denn der ausgefeilteste Internet-Auftritt und der zuverlässigste Service nutzen wenig, wenn die Online-Kunden auch nur den leisesten Verdacht hegen, daß die Angaben seiner Person nicht absolut vertraulich behandelt werden. Das hohe Vertrauen der Kunden zeigt sich auch in der sogenannten „Fake-Quote", das heißt in der Anzahl der falschen bzw. nicht ernstgemeinten Registrierungen. Gerade in der Anfangszeit der eCommerce-Angebote bestellten zeitweilig mehr „Donald Ducks" und „Helmut Kohls" als echte Kunden. Bei jaxx.de liegt diese Quote seit der Einführung konstant unter 1%!

Auch bei der Abwicklung des Zahlungsverkehrs müssen hohe Sicherheitsstandards gesetzt werden (Kap. IV.2). Denn die Skepsis der Verbraucher gegenüber Online-Transaktionen kann die Entwicklung von eCommerce-Angeboten empfindlich hemmen. Bei jaxx.de zahlen die Kunden ihre Einsätze per Kreditkarte (online oder per Telefax), per E-Cash oder mittels Abbuchungsauftrag. Das weitaus größte Transaktionsvolumen wird dabei über die Kreditkarte online abgewickelt – über 80%.

Neben der Möglichkeit, vom heimischen PC aus Lotto zu spielen und das redaktionelle Umfeld zu konsumieren, bietet jaxx.de weitere Vorteile, die den Nutzern die zusätzliche Gebühr wert sind. Dazu gehört zum Beispiel die Möglichkeit, die gesamte Historie der Transaktionen und gespielten Lottoscheine jederzeit abrufen zu können. Außerdem bekommen die Kunden eine Quittungs-E-Mail mit allen relevanten Daten ihres Lottotips, sobald der Lottoschein in einer klassischen Lottozentrale erfaßt wird. Sie erhalten eine weitere Mail direkt nach der jeweiligen Lotto-Ziehung, in der sowohl die Gewinnzahlen als auch die Mitteilung steht, ob der Kunde gewonnen hat. Sofort nach der offiziellen Bekanntgabe der Quoten bekommen die Kunden nochmals eine E-Mail, in der die Höhe ihres Gewinns errechnet wird. Dieser Gewinn wird automatisch auf das individuelle Spielerkonto gutgeschrieben. Für jaxx.de-Kunden spielt sich der gesamte Prozeß des Lottospielens im Internet ab. Der große Erfolg gibt dieser Konzeption recht: Bereits nach zwei Jahren haben sich rund 100.000 Kunden registriert.

Um die Nähe zur Zielgruppe und die Kundenbindung noch zu erhöhen, wurde im Februar 1999 der JAXXClub eingeführt. Gegen eine monatliche Gebühr von 5 DM halbieren sich für Club-Mitglieder die Lotto-Handling-Gebühren. Außerdem bietet der JAXXClub exklusiv die Möglichkeit, Lotto-Vollsysteme zu spielen. Damit erhöhen sich die Gewinn-Chancen – und die Einsätze. Darum erteilen Club-Mitglieder jaxx.de einen Abbuchungsauftrag, über den die Einsätze gebucht werden. Das hat zum einen den Vorteil, daß die Club-Mitglieder bis zu einem individuellen Limit auf Kredit spielen können, und zum anderen den Nebeneffekt, daß die Gebühren der Kreditkartenfirmen eingespart werden und diese Ersparnis an die Kunden weitergereicht werden kann.

Kunden-Service bedeutet eine direkte und individuelle Kommunikation mit den Kunden. Zwar signalisieren fast alle Web-Sites die Bereitschaft zur Kommunikation mit den Kunden, dieses Versprechen wird aber nicht immer eingehalten. Wenn auf eine losgeschickte E-Mail nicht reagiert wird oder die Beantwortung erst Tage später stattfindet, dann verzichtet der Kunde zukünftig auf das Angebot. Negative Erfahrungen im eCommerce graben sich tief ins Bewußtsein. Dieser Vertrauensverlust ist nur schwer wieder aufzuarbeiten. Bei jaxx.de wird jede Kunden-E-Mail garantiert innerhalb von 24 Stunden beantwortet. Schon früh wurde das Potential der E-Mails erkannt. Denn für das Marketing liegen hier neue Möglichkeiten der Auswertung und Kundenbefragung. Dabei ist nicht mehr die absolute Anzahl der eingehenden Mails entscheidend, sondern vielmehr die Qualität. Jede einzelne E-Mail wird Gegenstand einer systematischen inhaltlichen Auswertung und damit zur ungesteuerten Kundenbefragung.

Für Kunden ist es nicht immer leicht, zwischen seriösen und unseriösen Web-Angeboten zu unterscheiden. Darum spielt der Markenaufbau im Internet eine entscheidende Rolle. Starke Marken signalisieren Kompetenz, Zuverlässigkeit und Vertrauen. Kunden erwarten eine gewissenhafte Durchführung der Dienstleistung und eine vertrauliche Bearbeitung der persönlichen Daten. In den Markenaufbau von jaxx.de wurden darum bereits im ersten Jahr rund 5 Millionen DM investiert. Die Grundregeln des Marketing gelten dabei auch für Marken im World Wide Web: ein durchgängiges Erscheinungsbild in allen Medien und ein hoher Wiedererkennungswert.

2.2 Marketing-Kommunikation

Technisch bedingt wird jeder Nutzungsvorgang bei jaxx.de in real-time protokolliert. Damit ist eine schnelle, direkte und umfangreiche Erfolgskontrolle möglich. Dank dieser Werkzeuge zur Erfassung und Analyse des Nutzerverhaltens kann auch die Effizienz der Marketing-Kommunikation erhöht werden. Das gilt unmittelbar für die Werbung im Internet via Kunden-E-Mails oder Werbebanner. Mittelbar wirkt sich das aber auch für das klassische Marketing aus. Das gilt sowohl für die Preis- und Produktgestaltung als auch für die Marktbearbeitung. Denn genauere Erkenntnisse über die Zielgruppen helfen bei der Steuerung und Abstimmung sämtlicher Werbemaßnahmen. Die systematische Datenerfassung bietet viel Analyse-Spielraum. Mögliche Fragestellungen reichen von „Welche Werbebanner sind am erfolgreichsten?" bis zu „Auf welcher Seite verlassen die Kunden jaxx.de?" Die Datenerhebung ist dabei das geringste Problem. Vielmehr erfordert die Interpretation der Datenmengen fundierte Markt-Kenntnisse und ausgeprägtes Know-how im Online-Marketing.

Die Marketing-Kommunikation basiert auf drei Säulen: Werbebanner im Internet, Print-Anzeigen und Public Relations. Die Werbeaufwendungen für Banner im Internet machen dabei den Löwenanteil aus: gut 60% des Millionen-Budgets flossen 1998 in die Gestaltung und Platzierung von jaxx. de-Bannern im WWW. Je 20% wurden in klassische Printanzeigen und PR gesteckt.

Ein wesentlicher Faktor für die Schaltung von Werbebannern ist die Existenz und Höhe eines Lotto-Jackpots. So verwundert es nicht, daß mit wachsendem Jackpot und der damit verbundenen Berichterstattung in Off- und Online-Medien auch die Klickraten der Banner steigen. Sinkt ceteris paribus ein jaxx.de-Werbebanner unter die zuvor definierte Klickrate, so wählt ein Banner-Managementsystem einen neuen Banner aus und ersetzt den alten (Kap. II.3). Diese Vorgehensweise ermöglicht eine Optimierung in der Bannergestaltung. Auf diese Art und Weise haben sich bestimmte Gestaltungsrichtlinien für Banner als besonders erfolgreich herauskristallisiert. Gute Ergebnisse liefern optisch auffällige Banner mit knappen, produktbezogenen Aussagen, aus denen der Nutzen der Dienstleistung sofort erkennbar wird. Hohe Klickraten allein implizieren allerdings noch keine Steigerung bei den Neuregistrierungen. So sorgte ein kurzzeitiger Test mit knalligen Bannern zwar für deutlich höhere Klickraten – die Zahl neuer jaxx.de-Kunden stieg allerdings nur unterproportional! Neben den Werbebannern gehören auch andere online-spezifische Maßnahmen zu den unverzichtbaren Instrumenten erfolgreicher Site-Promotion. Dazu zählen vor allem die Einträge in den Suchmaschinen. Die Suchmaschine „Fireball" listet für den Suchbegriff „Lotto" ca. 12.000 Treffer auf. Regelmäßige Einträge und eine genaue Analyse der Funktionsmechanismen der Suchmaschinen sind aber keine Garantie für eine Platzierung unter den Top-ten in der jeweiligen Kategorie. Eine elegante Lösung des Problems besteht im sogenannten „Keyword-Advertising". Dahinter verbirgt sich die Buchung von Werbeplätzen bei Suchmaschinen. Dabei taucht immer dann ein bestimmter Werbebanner auf, wenn die Nutzer der Suchmaschine einen vorher definierten Schlüsselbegriff eingeben. Wenn jemand zum Beispiel „Lotto" eingibt, erscheint automatisch ein jaxx.de-Werbebanner über den aufgelisteten Internet-Adressen. Die Schaltkosten von „Keyword-Advertising" übersteigen zwar die üblichen Preise für einen Tausenderkontakt, dafür richten sich die Banner aber auch an eine klare Zielgruppe (Abb. 1).

Ein halbes Jahr nach dem Produktlaunch wurden neben der Online-Werbung auch Print-Anzeigen geschaltet. Platziert wurden die Anzeigen in affinen Computer-Zeitschriften und Online-Magazinen. Die Gestaltung der Anzeigen orientierte sich dabei am Design der Werbebanner im Internet, um einen Wiedererkennungseffekt zu erzielen. Die aufmerksamkeitsstarken Anzeigen beinhalteten ein Response-Element, bei dem die Eingabe eines Codes beim Registrierungsprozeß die Teilnahme an der Verlosung einer Reise sicherte.

Abb. 1: Keyword-Advertising für jaxx.de in einer Suchmaschine

Mindestens ebenso wichtig wie klassische Werbung ist die kontinuierliche PR-Arbeit. Der ständige Kontakt zu den Redaktionen der Computer-Zeitschriften und Online-Magazine ist dabei unverzichtbar. Eine positive redaktionelle Berichterstattung in Fach- und Publikumspresse stärkt sowohl das Markenprofil als auch die Positionierung von jaxx.de. Die Erfahrungen haben gezeigt, daß die Meinungsführerschaft bestimmter Print-Titel bei der Kundengewinnung außerordentlich wirkungsvoll ist. Sehr gute Testergebnisse in Magazinen wie zum Beispiel „com!", „Online Today" oder „Tomorrow" ziehen eine dauerhafte Steigerung der Klickraten auf den Bannern nach sich. Den festgestellten idealtypischen Zusammenhang zwischen redaktioneller Berichterstattung und Klickraten verdeutlicht folgende Abbildung:

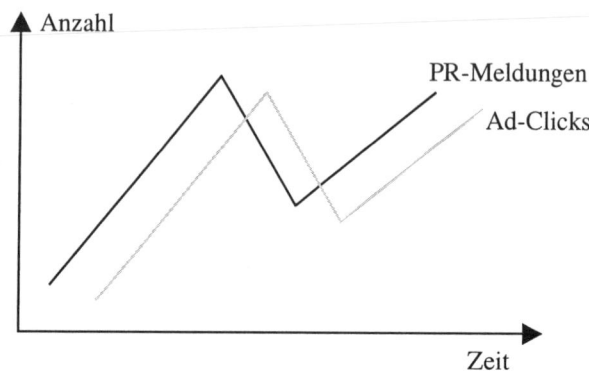

Anzahl

PR-Meldungen

Ad-Clicks

Zeit

Abb. 2:   *Korrelation zwischen positiver Berichterstattung über jaxx.de und Klickraten der*
         Werbebanner im Internet

Daneben sorgen inszenierte PR-Events dafür, daß jaxx.de positive Schlagzeilen macht. So suchte das JAXXJournal im Oktober 1998 über das Internet nach dem ältesten Internet-Surfer Deutschlands. Sowohl während des vierwöchigen Aktionzeitraumes als auch danach stieß der Event auf eine breites Medien-Echo – on- und offline. Die allgemeine Berichterstattung sorgte für eine zusätzlich Penetration des Markennamens.

2.3   Vertrieb

Auch in einem noch so jungen Medium wie dem Internet gibt es bereits gewachsene Nutzerstrukturen. Bestimmte Web-Angebote verfügen über einen festen Besucherstamm, der das Informations- und Dienstleistungsangebot der Site nutzt, ohne sich auf die Suche nach speziellen Dienstleistern im Internet zu machen. Vor diesem Hintergrund fiel die Entscheidung leicht, daß jaxx.de auch „Filialen" unter dem Dach anderer Internet-Angebote eröffnen würde. Denn auch im Internet muß man die Kunden da abholen, wo sie sich aufhalten. Von Beginn an gehörten SAT.1 online und ran online zu den Kooperationspartnern. Später folgten Focus Online, Praline Online und das deutschsprachige Angebot des weltweit größten Online-Dienstes AOL/Bertelsmann. In all diesen Angeboten gibt es die Möglichkeit, Lotto zu spielen. Die eigentliche Abwicklung der Dienstleistung, das sogenannte Backoffice, findet dabei auf den Servern von jaxx.de statt. Trotz des teilweise angepaßten Layouts der Web-Sites bleibt jaxx.de als Produzent des Lottokiosks klar erkennbar. So kann jaxx.de über einen Image-Transfer von den Markennamen der großen Kooperationspartner profitieren. Nachdem jaxx.de sich bei den Marktführern der deutschsprachigen Internet-Angebote etablieren konnte, tritt jetzt die zweite Stufe der Kooperationen in kraft. Mit dem Programm „jaxx'n'Co." soll die Vertriebsstruktur auf eine sehr viel breitere Basis gestellt werden. Jedem privaten und kommerziellen Anbieter von deutschsprachigen Web-Inhalten wird damit die Möglichkeit gegeben, Kooperationspartner zu werden. Das im März 1999 gestartete Programm hat eine erhöhte Marktpräsenz zum Ziel und soll die Marke jaxx.de im Internet penetrieren.

3   Von der Marke zur Dachmarke

In einem Jahr konnte jaxx.de in puncto Kundenservice, Zuverlässigkeit und Sicherheit Maßstäbe setzen. Die über das Internet ermittelten Gewohnheiten und Bedürfnisse der Kunden führen dabei zu einer ständigen Verbesserung des Angebots. Diese Erkenntnisse manifestieren sich nicht nur in neuen Kundenbindungsmaßnahmen, sondern auch in diversifizierten Waren- und Dienstleistungsangeboten unter dem Dach von jaxx.de. So wird es einen jaxx.de-Shop geben, in dem den Kunden über das Internet maßgeschneiderte Produkte angeboten werden. Darüber hinaus werden weitere Gewinn- und Glücksspiele die Palette erweitern. Dazu zählen zum Beispiel ein elektronisches Pferderennen, das erste virtuelle Rubbellos namens RubbelJAXX und ein Internet-Real-Time-Casino. Auf der anderen Seite werden auch die Kommunikationskanäle zur jaxx.de-Site erweitert: Neben PCs, Telefonen, Bankterminals, Handys und Mobiltelefonen mit WAP (Wireless Application Protocol)-Standard werden in Zukunft neue Medien wie Surfstations oder Digital TV den Zugriff auf das Angebot von jaxx.de auf eine noch breitere Basis stellen.

VI Beispiele

2 ricardo.de – The Auction Channel

Stefan Glänzer – ricardo.de
Björn Schäfers – ricardo.de

Überblick

- Internet-Auktionen sind revolutionäre Absatz- und Kommunikationskanäle für Produkte jeder Art und gehören zu den erfolgreichsten Geschäftsmodellen im eCommerce.

- Erfolgreiche Online-Versteigerer kombinieren die Schnäppchen-Chance mit Spannung, Spaß und Information rund um die Produkte und das Auktionsgeschehen.

- ricardo.de ist das erfolgreichste Internet-Auktionshaus in Deutschland und veranstaltet – weltweit einzigartig – *live moderierte* Versteigerungen von Markenprodukten.

- *Auctainment* – die gezielte Zusammenführung von Auktion und Entertainment – steht für die Programmgestaltung bei ricardo.de.

- Mit ricardoBIZ.com verfügt das Unternehmen zusätzlich über die führende Plattform für den professionellen Handel zwischen Unternehmen.

1 ricardo.de

In der Vielfalt der virtuellen Auktions- und Shopping-Angebote nimmt die ricardo.de Aktiengesellschaft die Führungsrolle im deutschsprachigen Raum ein. Mit über 500.000 registrierten Mitgliedern (Stand Februar 2000) verfügt das Unternehmen über die größte Shopping-affine Community in Deutschland. Mit 80% Bekanntheit in der Online-Bevölkerung wurde innerhalb von 18 Monaten eine der bekanntesten Internet-Marken geschaffen (Fittkau & Maaß 2000). Benannt ist ricardo.de nach dem britischen Volkswirt und Begründer der theoretischen Nationalökonomie David Ricardo (1772-1823), der unter anderem nachwies, daß Freihandel für Volkswirtschaften vorteilhaft sei (Ricardo 1965). Das Unternehmen veranstaltet zum einen *Business-to-Consumer-Versteigerungen* im Internet. Herstellerunabhängig und quer über alle Produktgruppen (von Haushalt bis Computer) werden Markenartikel an den meistbietenden Konsumenten versteigert. Diese Business-to-Consumer-Ebene wird aber auch von anderen Unternehmen (z.B. Otto-Versand) genutzt, die in einem gesondert gekennzeichneten Kanal ausschließlich ihre eigenen Produkte anbieten. Zum anderen stellt ricardo.de eine Auktionsplattform zur Verfügung, auf der Privatpersonen in Eigenregie *Consumer-to-Consumer-Versteigerungen* durchführen können. Das Unternehmen fungiert also gleichzeitig als Auktionator und Provider. Insgesamt wird rund um die verschiedenen Auktionskanäle eine Oberfläche angeboten, auf der Schnäppchen-Jäger, Entertainment-Suchende oder Sammler die neuesten Markenartikel, Produkte aus dem privaten Fundus und Raritäten finden. Mit ricardo-BIZ.com stellt das Unternehmen seit Januar 2000 auch eine Plattform für den Handel zwischen Unternehmen dar. In diesem neuen Geschäftsfeld *Business-to-Business* stehen Unternehmen aller Branchen neben der Auktion auch andere Preismechanismen zur Verfügung, um den besonderen Anforderungen und Gepflogenheiten der unterschiedlichen Branchen Rechnung zu tragen. Die kurze Übersicht der unterschiedlichen Geschäftsfelder verdeutlicht, warum gerade David Ricardo Namensgeber dieser innovativen Form des Handels wurde.

Mit einem monatlichen Wachstum von über 20%, bezogen auf monetäre Größen wie Umsatz und internetspezifische Erfolgsgrößen wie Page Impressions, gehört ricardo.de zu den erfolgreichsten eCommerce-Projekten in Europa. Für das erste vollständige Geschäftsjahr (bis Juni 2000) ist ein Umsatz von 38,6 Millionen DM geplant, die Anzahl der *monatlichen* Page Impressions liegt derzeit (Stand Januar 2000) bei über 30 Millionen (IVW 2000).

Einen Grund für den Erfolg von ricardo.de bildet nicht nur die Tatsache, daß die Auktionsplattform einen *virtuellen Marktplatz* repräsentiert, auf dem Angebot und Nachfrage direkt über den Preis reguliert werden, sondern insbesondere die konsequente Nutzung des Internet als *Medium*. Dieser Ausrichtung folgt ricardo.de konsequent, verfügt es doch beispielsweise als weltweit einziges Internet-Auktionshaus über einen *live*-moderierten Auktionskanal, in dem täglich mehr als zehn Stunden Markenware moderiert gegen Höchstgebot versteigert wird. Die Strategie erlaubt es dem Unternehmen, einem sehr heterogenen Konsumentenverhalten gerecht zu werden, das der traditionelle und auch der digitale Handel nur mühsam mit unterschiedlichen Typen von Einkaufsstätten (vom Erlebnishandel bis zum Discounter) abzudecken versucht. Dieses Konzept wird bereits von weiteren virtuellen Filialen in Europa getragen (z.B. England und Frankreich), die sich bewußt an den unterschiedlichen länderspezifischen Bedürfnissen orientieren. Die ricardo.de AG ist am Neuen Markt notiert und gehörte 1999 zu den wachstumsstärksten Unternehmen in diesem Segment.

2   Auktionen im Internet

Formal versteht man unter Auktionen eine Markttransaktion mit expliziten Regeln (Auktionsform, Dauer etc.), bei der Produkte in einem Bieteverfahren an denjenigen verkauft werden, der den höchsten Preis zu zahlen bereit ist (eine wissenschaftlichere ausgelegte Formulierung wählen McAfee und McMillan 1987). Die unterschiedlichen Gebote resultieren dabei aus den jeweiligen Präferenzen und Informationen über die Produkte.

Diese Definition läßt nur schwer erahnen, welche Möglichkeiten sich mit einer Verlagerung von Auktionen auf das Medium Internet ergeben. Einsparungen bei den Transaktionskosten, die „Anywhere"- „Anytime"- und „Anyhow"-Zugänglichkeit sowie die internetspezifischen Möglichkeiten in der Ansprache des Kunden (z.B. Multimedia, Individualisierung, Interaktivität) sorgen für eine neue Dimension. Die eingeschränkte Nutzbarkeit traditioneller Auktionen (kleine Kundensegmente mit hohem Involvement, Seltenheitsgüter bzw. Unikate) ist aufgehoben. Internet-Auktionen stellen ohne Einschränkung bei Produkten oder bei der Ansprache des Massenmarktes einen zeitgemäßen Absatz- und Kommunikationskanal dar (Skiera 1999).

Die insgesamt mit Online-Auktionen in Deutschland erzielten Umsätze weisen mit einem Wachstum von 1700% in Deutschland in 1999 noch deutlich höhere Wachstumsraten als die ohnehin schon beeindruckenden Zuwachsraten des eCommerce auf (Boston Consulting Group 1999). In den USA werden Business-to-Business-Auktionen im Jahr 2002 ca. 52 Milliarden US$ (Forrester Research 1998) umsetzen, konsumorientierte Auktionen (also Business-to-Consumer und Consumer-to-Consumer) im Jahr 2003 ca. 19 Mrd. US$ (Forrester Research 1999).

Mit der Handels-Plattform ricardoBIZ.com ist die ricardo.de AG auch in dem zukünftig umsatzstärksten Feld des eCommerce tätig. Mit dem Slogan „The World of Dynamic Commerce" differenziert sich das Unternehmen bewußt von dem bisherigen Angebot von ricardo.de, das sich vorwiegend an Endkonsumenten richtet. Die Strategie von ricardoBIZ.com wird in diesem Beitrag in Kapitel 4 vorgestellt.

Business-to-Consumer- und Consumer-to-Consumer-Auktionen rücken zunehmend ins Interesse der Internet-Nutzer und damit auch der werbetreibenden Wirtschaft. Hohe monatliche Zuwachsraten der Teilnehmerzahlen erfolgreicher Auktionshäuser (Mediametrix 1999) sowie die mit durchschnittlich 61 Minuten pro Woche höchsten Verweildauern auf Shopping-Sites im WWW (www.netratings.com), lassen den Schluß zu, daß sich Internet-Auktionshäuser mit ihrem Zusatzangebot von Newsgroups und Chat-Foren zu äußerst lukrativen virtuellen Communities (Kap. III.4) entwickeln.

3   Auctainment bei ricardo.de – Auktionen für Endkonsumenten

Unter www.ricardo.de können Interessenten jederzeit den Verlauf einer der vielen, parallel laufenden Auktionen aktiv als Bieter bzw. passiv als Zuschauer mitbestimmen und verfolgen oder gar selbst in die Rolle des Auktionators schlüpfen. Derzeit stehen dafür drei sogenannte Auction Channels zur Verfügung: *Live Auktion*, *Nonstop Auktion* und *Private Auktion*.

Stellvertretend für die Programmgestaltung bei ricardo.de steht der Begriff *Auctainment* als „Symbiose" aus Auction und Entertainment. Die Auktionsplattform wird entsprechend den Eigenschaften des Internet als Marktplatz und Medium quer durch das Programm mit einem Höchstmaß an Unterhaltung verbunden.

Abb. 1: *Auction Channels von ricardo.de*

Voraussetzung für ein erfolgreiches Auctainment ist aber u.a. die interaktive Teilnahme der Nutzer, insbesondere der Bieter. Die Teilnahme wird durch eine benutzerfreundliche Oberfläche sowie den Verzicht auf Eintrittsbarrieren (z.B. Gebühren) so einfach wie möglich gestaltet. Mit Hilfe des Auction Tool *Registrieren* meldet sich der Interessent kostenlos an, indem er seine Adressdaten und die gewünschte Zahlungsweise mitteilt sowie einen Benutzernamen und Password auswählt, mit dem er sich später in den Auktionsraum einloggt. Nach einer Überprüfung der Angaben wird der Account umgehend freigeschaltet.

Der Kanal **Live Auktion** sorgt mehrmals täglich für Highlights bzw. Auctainment der besonderen Form. In diesem Auction Channel werden im 10-Minuten-Rhythmus Markenprodukte aus allen erdenklichen Kategorien versteigert. Weltweit einzigartig ist dabei die Moderation der einzelnen Gebote durch einen Auktionator, bei dem es sich im Wechsel z.B. um lokale Radiomoderatoren und Entertainer oder aber um Prominente wie die Rockgruppe Scorpions, die Sportlegenden Mark Spitz und Bob Beamon oder den als TV-Pastor bekanntgewordenen Talkmaster Jürgen Fliege handelt, die jeweils Benefizauktionen moderierten.

Abb. 2:   Ausschnitt aus einer Live Auktion

Befindet sich ein registrierter Teilnehmer im Auktionsraum, so kann er das aktuelle Gebot jederzeit um einen gewünschten Betrag erhöhen. Damit keine unerwünschten Gebote zustande kommen, ist eine Bestätigungsfunktion integriert und auch der Spielraum für Erhöhungen auf einen, dem jeweils angebotenen Produkt angemessenen Rahmen, beschränkt (markiert, in Abb. 2: minimal 10 DM, maximal 50 DM). Zur Orientierung ist die unverbindliche Preisempfehlung des Herstellers angegeben, sofern diese existiert. Nach Abgabe eines Gebotes erscheint dieses mit dem selbst gewählten Benutzernamen umgehend aktualisiert auf dem Bildschirm. Analog zu traditionellen Offline-Auktionen (i.d.R. englische Auktionsform) erhält der Bieter mit dem höchsten Gebot nach Ablauf der Auktion den Zuschlag und ein Bestätigungsschreiben per E-Mail mit der Ankündigung, daß das ersteigerte Produkt umgehend zugesandt wird.

Wählt sich der Nutzer in den Auction Channel **Nonstop Auktion** ein, so kann er unabhängig von Wochentag und Uhrzeit seine Gebote abgeben.

In der linken Navigationsleiste befinden sich Produktkategorien, denen alle aktuell in der Versteigerung befindlichen Produkte zugeordnet sind. Jedes Produkt ist mit einem Startpreis und einem Hyperlink ausgewiesen, der zu einer Präsentation des Produktes führt und die verfügbare Stückzahl, die letzten Gebote und den Zuschlagstermin anzeigt. In der Rubrik *Endspurt*

234

werden alle Produkte aufgelistet, bei denen ein Zuschlag kurz bevor steht. Entscheidet sich der Nutzer für eine Erhöhung eines Gebotes, so kann er aus den Pop-Up-Menüs den gewünschten Betrag und die Stückzahl festlegen. Nach Eingabe von Benutzername und Password sowie nochmaliger Bestätigung wird ein Gebot gültig. Auf Wunsch kann ein *Auktionsagent* den Kunden mit einer E-Mail informieren, falls sein Gebot überboten wurde. Wird in der Nonstop Auktion der Zuschlag an den Meistbietenden erteilt, so wird dieser wieder umgehend mit einer Bestätigungs-Mail benachrichtigt.

Abb. 3:   Nonstop Auktion

Im Auction Channel **Private Auktion** kann der Nutzer in der Rolle des Hobby-Auktionators selbst Produkte anbieten.

Ein *Sellers-Guide* erklärt dem Nutzer, wie er in sechs einfachen Schritten seine eigene Auktion einrichten kann. Eine personalisierte Auktions-Site entsteht, da der potentielle Auktionator von der Beschreibung des zu versteigernden Produktes bis hin zur Dauer der Auktion und der Zahlungsart alle

235

Komponenten selbst bestimmt. Der Erlös einer Auktion geht zu 100% Prozent an den Auktionator, eine gesonderte Gebühr wird derzeit nicht verlangt, um die Teilnehmergewinnung zu beschleunigen und von Netzeffekten zu profitieren. Alles Wissenswerte für Bieter regelt der *Buyers-Guide*. Unterstützung können Bieter zudem durch einen *Bietagenten* erfahren. Auf Wunsch übernimmt dieser die Erhöhung der Gebote bis zu einem vom Nutzer festgelegten Limit, wobei auch die einzelnen Schritte individuell festgelegt werden können.

Abb. 4: Private Auktion

Für ordnungsgemäße Abläufe aller Auktionen im Private Auktion-Kanal trägt einerseits das Unternehmen ricardo.de Rechnung, indem es sich den Ausschluß von Teilnehmern bei einem groben Verstoß gegen die Verhaltensmaßregeln vorbehält. Andererseits sorgen aber vor allem die Teilnehmer selbst – Bieter wie Hobby-Auktionatoren – für eine vertrauenswürdige Plattform. Beide Seiten werden nach einer gelungenen Transaktion automatisch über die

(Un-) Zufriedenheit mit der anderen Seite befragt. Auf diese Weise entsteht ein Index – die Differenz der positiven und negativen Feedbacks ins Verhältnis gesetzt zu allen Feedbacks (inkl. der neutralen) –, der jeden Teilnehmer kennzeichnet und auf der Oberfläche für potentielle Bieter oder Auktionatoren einzusehen ist.

Zusätzliche Sicherheit für Privatauktionen bietet auch der in Zusammenarbeit mit S-ITT, einem Dienstleistungscenter der Sparkassen, angebotene Treuhandservice. Eine kostenlose Registrierung von Käufer und Verkäufer bei S-ITT vorausgesetzt, kann der Käufer nach einem erfolgreichen Zuschlag den Geldbetrag an das S-ITT-Treuhandkonto überweisen. Nachdem der Verkäufer über den Zahlungseingang informiert worden ist, versendet er die Ware. Ist der Käufer mit dem Produkt zufrieden, überweist S-ITT den Betrag an den Verkäufer. Reklamiert der Käufer die Ware, wird die Zahlung zurückgehalten. Während des gesamten Verfahrens werden beide Kunden kontinuierlich über den Status der Transaktion informiert.

Dem Bedürfnis nach *Personalisierung* entspricht ricardo.de mit dem Auction Tool *My Account*. Mit dieser Funktion kann sich der Teilnehmer jederzeit – und nur für ihn einsehbar – den Stand seiner Gebote quer über alle Auktionen oder die Liste seiner bisher ersteigerten Produkte anzeigen lassen. Mit dieser Komponente kann er auch selbständig Änderungen in der präferierten Zahlungsweise, den Adressdaten oder dem Abonnement der Newsletters vornehmen. Letzterer informiert nach Wunsch über interessante Events und aktuelle Auktionskataloge.

Mit einer auf Auctainment ausgerichteten Programmgestaltung hat ricardo.de im Rahmen der Wertschöpfungskette die Rolle eines Absatzmittlers inne, aber auch die eines Medienunternehmens. Diese zwei Dimensionen lassen zugleich Rückschlüsse auf die angewandten Erlösmodelle zu. So kann das Unternehmen an jeder *Einzeltransaktion* (Spanne) verdienen, im Gegensatz zum klassischen Handel trägt es aber auch das Risiko, ein Produkt unter Einkaufspreis abgeben zu müssen. Während dieses Erlösmodell quasi die Eigenschaft der Auktion als Distributionsplattform widerspiegelt, deutet die andere Einnahmequelle *Werbung* auf die Dimension Medium hin. Je mehr aktive und passive Teilnehmer sich auf den Auktionsseiten einfinden, desto mehr werden Erlöse durch Werbefinanzierung generiert. Eine dritte Erlösform liegt in den *Lizenzgebühren*, die aus der Weitergabe der Auktionssoftware an Un-

ternehmen resultieren, die eigenständig Business-to-Consumer-Versteigerungen durchführen wollen. Zur Steigerung des Bekanntheitsgrades betreibt ri-
cardo.de seine Marketing-Aktivitäten nicht nur online, sondern bedient sich
auch der klassischen, insbesondere der Print-Medien.

4   ricardoBIZ.com – Handel zwischen Unternehmen

Unter der Adresse www.ricardoBIZ.com finden Unternehmen eine in Europa
völlig neue Art der Handelsplattform – ausschließlich für den professionellen
Bereich. Laut Forrester Research wird sich das Volumen dieses Marktes
weltweit von 3,9 Milliarden US-Dollar im Jahr 1998 auf 128 Milliarden US-
Dollar im Jahr 2002 mehr als verdreißigfachen.

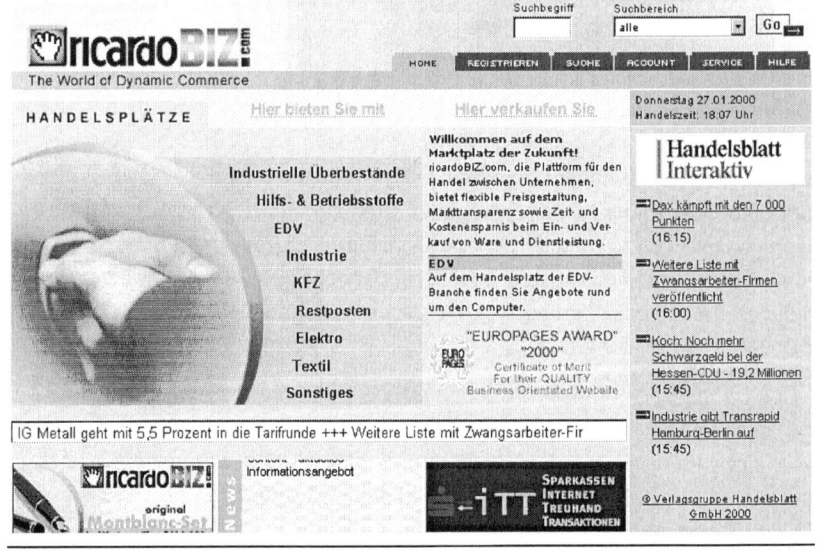

Abb. 5:   ricardoBIZ.com

Unternehmen, die e-commerce mit ricardoBIZ betreiben, haben vor allem einen Vorteil: Sie können ihre Kosten erheblich senken. Seit Januar 2000 bietet
ricardoBIZ zunächst neun Handelsplätze: Hilfs- und Betriebsstoffe, Restpo-
sten, industrielle Überbestände, Textil, EDV, KFZ, Elektro, Industrie und
Sonstiges. Den Ausbau um weitere Handelsplätze folgt. Neben den traditionellen Auktionen werden zusätzliche Handelsformate angeboten wie umge-

238

kehrte Auktionen (sogenannte „reverse auctions"), Bartergeschäfte, Fixpreise und Mischformen. Nach einer kostenlosen Einführungsphase wird ein kleiner Prozentsatz des gehandelten Warenwerts als Provision fällig. Für Unternehmen bedeutet dies, daß zukünftig Waren und Dienstleistungen der verschiedenen Branchen bei ricardoBiz.com schnell, sicher und vor allem kostensparend über das Internet gehandelt werden können. Das Angebot gibt es auch in englischer Sprache.

Ziel ist die Verknüpfung von Warenangebot mit allgemeinen Wirtschafts- und speziellen Brancheninformationen sowie dem Meinungsaustausch unter den Teilnehmern.

Um eine möglichst umfassende Handelsplattform anzubieten, kooperiert ricardoBIZ mit verschiedenen Partnern aus ausgewählten Branchen. Partner für Produkt-Informationen ist Kompass, die mit über zwei Millionen Produktbeschreibungen über die größte Datenbank der Welt in diesem Bereich verfügen. Diese Datenbank steht den Unternehmen von ricardoBIZ kostenlos zur Verfügung. Wirtschaftsinformationen aus den einzelnen Branchen liefert Handelsblatt interaktiv - stündlich aktualisiert.

5   Ausblick

Mit der Verbreitung des eCommerce wird auch die ohnehin schon hohe Akzeptanz von Online-Auktionen (GVU 1998) weiter ansteigen. Standards bei der Bezahlung und Sicherheit werden ihren Beitrag dazu leisten. Der Fortschritt neuer Technologien läßt die Gestaltung der Auktionsplattformen als „Virtual Reality"-Marktplätze zu. Diese Entwicklung wird ricardo.de weiter aktiv mitgestalten. Dabei wird auch zukünftig der Schwerpunkt auf das gesamte Auctainment gelegt, anstatt – wie das Gros der Wettbewerber bisher – einzig auf Verbesserungen der Eigenschaften als Distributionsplattform.

So werden laufend neue Auktionskanäle mit Sonderformen von Auktionen eröffnet, in denen die Unterhaltung und Spannung dadurch erhöht wird, daß nicht nur der Meistbietende einen Zuschlag erhält. Neben der Aktivierung neuer Kundensegmente im Netz wird ricardo.de gezielt das nichtvernetzte Publikum ansprechen und zum Mitsteigern einladen. Dies ist revolutionär, da zwar bisher auch in Print-Medien geworben wurde, die Teilnahme an einer der Auktionen jedoch immer den Zugang über das Internet voraussetzte. Die Interaktivität der nichtvernetzten Teilnehmer im Rahmen dieser Events wird mit Hilfe klassischer Kommunikationskanäle hergestellt. Der häufig zu lesende Begriff Online-Auktion bezieht sich nun nicht mehr ausschließlich auf das Medium Internet und wird seinem Namen damit gerechter. Die Verknüpfung von On- und Offline-Auktionen und den Schritt aus dem Medium Internet in ein klassisches Medium vollzieht ricardo.de wiederum als Pionier.

Literatur

Boston Consulting Group (1999): *E-Commerce in Deutschland: Vom Goldrausch zur Goldgewinnung*, München, S. 9.

Erwin, B., G. Lanpher, M. Modahl und M. Putman (1998): *Internet Auctions*, Business Trade & Technology Strategies, Forrester Research, Cambridge.

Fittkau & Maaß (2000): 9. W3B-Benutzeranalyse Oktober-Dezember 1999.

Forrester Research (1998): *Internet Auctions – Business Trade & Technology Strategies*, March, Cambridge.

Forrester Research (1999): *Consumer Catch Auction Fever*, March, Cambridge.

GVU (1998), *GVU's Tenth WWW User Survey*, (http://www.cc.gatech.edu/gvu/user_surveys/survey-1998-10/graphs/privacy/q14.htm).

IVW (2000), *Online-Nutzungsdaten Januar 2000*, (http://www.ivw.de).

McAfee, P.R. und J. McMillan (1987): Auctions and Bidding, *Journal of Economic Literature*, 25, 699-738.

Mediametrix (1999), *Shopping Sites Show Remarkable Growth in Unique Visitors*, (http://www.mediametrix.com/PressRoom/Press_Releases/01_26_99.html), Stand: 19.02.1999.

Netratings (1998), *Ecommerce Statistics*, (http://netratings.com/nrpm/owa/nrpublic-reports.ecommerce), Stand: 19.02.1999.

Ricardo, D. (1965): *The principles of political economy and taxation*, London.

Skiera, B. (1999): Auktionen, in: Albers, S., M. Clement und K. Peters (Hrsg.): *Marketing mit Interaktiven Medien*, 2. Auflage, Frankfurt am Main, 297-310.

VI Beispiele

3 BOL – Bertelsmann Online

Alexander Thun   *– BOL*
Thomas Schnieders

Überblick

- One-to-One-Marketing rückt den einzelnen Kunden wieder in den Mittelpunkt der Marketing-Bemühungen und umwirbt ihn individuell.

- Innovative Informations- und Kommunikationstechnologien ermöglichen erstmals die Umsetzung des One-to-One-Marketing im Massenmarkt.

- Telematische Medien wie das Internet sind aufgrund des Interaktionspotentials für das One-to-One-Marketing geradezu prädestiniert.

- Die „Learning Relationship" modelliert die Anbieter-Kunden-Beziehung als adaptiven Regelkreis, der bei jeder Iteration an Wissen gewinnt.

- Lernfähige und trainierbare Systeme können die „Learning Relationship" im Rahmen der Site-Personalisierung automatisieren.

- Adaptierbarkeit mittels Regelsteuerung und Autoadaption mittels Collaborative Filtering verschaffen erhebliche Vorteile im Wettbewerbsumfeld des eCommerce.

---

1   BOL – das internationale eCommerce Geschäft von Bertelsmann

BOL (www.bol.de) repräsentiert einen Medienvertrieb im Internet, der sich mit virtuellen Filialen in Deutschland, Frankreich, Großbritannien, Holland, Spanien und der Schweiz sowie der Kooperation mit „Barnes and Noble" in den USA trotz internationaler Präsenz an den spezifischen Erfordernissen der nationalen Märkte orientiert. BOL stellt damit die zentrale Plattform für die eCommerce-Aktivitäten der Bertelsmann AG dar. Dank der Medienkompetenz des Unternehmens kann BOL den Kunden maximalen Nutzwert, erstklassigen Service und umfangreiche Inhalte garantieren. Auf der Site finden ganz unterschiedliche Nutzertypen, vom pragmatischen Suchkäufer bis hin zum noch unentschlossenen Erlebniskäufer, jeweils das passende Angebot. So wird der pragmatische Suchkäufer durch effektive Retrieval-Mechanismen bei der *zielgerichteten Titel-Selektion* unterstützt, während der multimedial aufbereitete Katalog dem unentschlossenen Erlebniskäufer das eher *explorative Sichten* der Titelfülle erlaubt. Eine eigene Online-Redaktion leistet dabei mit tagesaktuellen Empfehlungen, interessanten Autorenportraits und spannenden Kritiken professionelle Beratung. Aber auch die Kunden selbst tragen zur Bereicherung der Web-Site bei, können sie doch eigenhändig Titel rezensieren oder sich im Rahmen von Leserzirkeln an Diskussionsrunden mit Autoren und Prominenten beteiligen.

Gänzlich neue Wege beschreitet BOL mit der Personalisierungs-Komponente „My BOL", die dem wachsenden Verlangen nach persönlicher Beratung Rechnung trägt. Wenn der Kunde dies möchte, wird das im Laufe eines interaktiven Dialogs gewonnene Wissen um seine individuellen Interessen und Vorlieben genutzt, um ihm situativ bedarfsgerechte Angebote zu unterbreiten. My BOL verwendet dabei das Technologie-Potential des Internet in Verbindung mit adäquaten Planungs- und Kontrollsystemen zur effizienten Umsetzung des individuellen Kundendialogs im Massenmarkt und realisiert damit eine Marktbearbeitungsstrategie, die gemeinhin als „One-to-One-Marketing" bezeichnet wird.

2   One-to-One-Marketing als Basis-Strategie im eCommerce

Das Konzept des One-to-One-Marketing geht auf Peppers und Rogers (1999) zurück und zielt auf die *einzelfallspezifische Gestaltung der Austauschbeziehungen* zwischen Kunden und Unternehmen. Jeder Kunde soll zu dem für ihn optimalen Zeitpunkt und mit den auf seine jeweiligen Verhältnisse abgestimmten Argumenten umworben werden. Der einzelne Kunde rückt also vollends in den Mittelpunkt der Marketing-Bemühungen. Dieses Vorgehen kommt einem Paradigmenwechsel im Marketing gleich. Denn im Gegensatz zum vorherrschenden Massen-Marketing, das sich an ein anonymes Publikum richtet und in der Regel auf die Neukunden-Akquisition zielt, fokussiert das One-to-One-Marketing auf den einzelnen Kunden und soll dessen Potential realisieren. Dabei stehen die *Kundengewinnung* und die *Kundenbindung* im Mittelpunkt der Betrachtungen. Beide Marketing-Strategien können also als entgegengesetzte Pole eines Kontinuums angesehen werden, die durch ein unterschiedliches Maß an Individualisierung gekennzeichnet sind: gering beim reinen Massen-Marketing, hoch beim reinen One-to-One-Marketing.

3   Vorteile des One-to-One-Marketing für Anbieter und Kunden

Das One-to-One-Marketing erweist sich sowohl für den Kunden als auch für den Anbieter als gleichermaßen vorteilhaft. So lernen sich Kunde und Anbieter durch die Personalisierung („Customizing") im Laufe der Zeit immer besser kennen. Dem Kunden erspart dies, seine Präferenzen und Wünsche stets neu formulieren zu müssen, und der Anbieter kann seine Leistungen immer besser auf die Belange des Kunden zuschneiden. Rogers und Peppers nennen dies eine „Learning Relationship". Sie bildet die Basis für dauerhafte partnerschaftliche Beziehungen, die im Rahmen eines konsequenten Customer Relationship Management (CRM) den *Customer-Lifetime-Value* maximiert. Statt über isolierte Aktionen forciert auf die Generierung von Einzeltransaktionen hinzuwirken, wird hier die gesamte Transaktionshistorie zu Rate gezogen, um das latente Cross- und Upselling-Potential zu aktivieren.

Zugleich erhöht die strikte Kundenorientierung auch die Loyalität und begründet Wechselbarrieren, die die Abwanderung zur Konkurrenz erschweren. Denn einerseits kann der Kunde Leistungskompetenz und Service-Qualität des Anbieters aufgrund der gesammelten Erfahrungswerte genau einschätzen. Andererseits kann der Anbieter dank des erworbenen Wissens über den Kunden gleichsam auf Zuruf reagieren. Bei einem Wechsel zu einem anderen Anbieter würde der Kunde diese Vorteile einbüßen. Der Aufwand, der in das Customizing der bisherigen Beziehung geflossen ist, wäre verloren.

Die Bereitstellung situationsadäquater Anreize zur effektiven Stimulierung der subjektiven Kaufbereitschaft, mithin das Eingehen auf die momentane Interessenlage des Einzelkunden, minimiert schließlich die Streuverluste der Kommunikation und beugt Reaktanzeffekten vor.

Aber nicht nur der Anbieter, auch der Kunde selbst profitiert natürlich vom individuellen Kundendialog. Bei My BOL erhält der Kunde z.B. bereits auf der Homepage fachkundige Beratung durch persönliche Titelvorschläge. Angesichts eines mehrere Millionen Titel zählenden Katalogs reduziert dies den sonst unvermeidlichen Suchaufwand beträchtlich. Der Kunde wird hier nicht mit irrelevanten Werbebotschaften überflutet. Vielmehr erhält er bedarfsgerechte Informationsangebote und eine auf seine persönlichen Belange zugeschnittene Leistung. Außerdem verspricht My BOL auch einen höheren Komfort. Gerade Stammkunden profitieren in besonderem Maße davon, daß sie nicht bei jeder Bestellung ihre Adreß- und Zahlungsdaten erneut eingeben müssen, sondern per „Expresskauf" eine Bestellung mit wenigen Maus-Klicks aufgeben können.

4   Umsetzung des One-to-One-Marketing bei BOL

Das individuelle Eingehen auf jeden Kunden ist gemeinhin ein recht personalintensives und teures Unterfangen. Das Internet ändert dies jedoch grundlegend. Möglich wird dies etwa durch den Einsatz praxistauglicher Techniken der *Künstlichen Intelligenz* im Rahmen der Site-Personalisierung. Zur Zeit sind Web-Sites zumeist recht unflexibel. Sie nehmen keine Rücksicht auf die divergierenden Interessen, Kenntnisse oder Fähigkeiten der einzelnen Nutzer. Bei einer konventionellen Online-Buchhandlung erhält der Nutzer z.B. auf der Homepage beständig Angebote aus dem Bereich Belletristik, obgleich ihn vielleicht nur spezielle Fachbücher interessieren. Die Site-Personalisierung soll dies ändern, indem registrierte Nutzer die Möglichkeit erhalten, den Web-Auftritt ihren persönlichen Vorlieben anzupassen. Inhalte, Funktionalität und Design der Site orientieren sich dann an den jeweiligen individuellen Präferenzen. My BOL verfolgt bei der Site-Personalisierung zwei komplementäre Ansätze (Abb. 1).

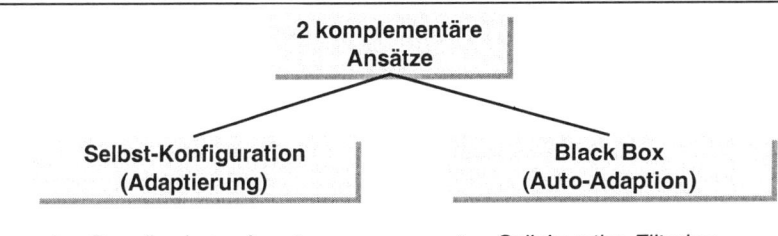

2 komplementäre Ansätze

Selbst-Konfiguration (Adaptierung)

⇨ *»Regelbasierter Ansatz«*
⇨ *Event- oder zeitgetriebene Trigger*
⇨ *Anzeige von Cross- & Upselling-Artikeln*
⇨ *Persönliche Homepage*

Black Box (Auto-Adaption)

⇨ *»Collaborative Filtering«*
⇨ *Verwendung impliziter & expliziter Ratings*
⇨ *Statistischer Vergleich ähnlicher Kundenprofile*
⇨ *Individuelle Empfehlungen auf Basis der Community*

Abb. 1: Ansätze zur Site-Personalisierung

Beim *regelbasierten Ansatz* zur Adaptierung von BOL wurde ein Framework definiert, welches das Systemverhalten determiniert. Bei Eintreten bestimmter Faktoren (daten-, ereignis- oder zeitgetrieben) greift dann eine Regel und initiiert eine passende Folgeaktion. Diese Methodik eignet sich hervorragend, um etwa die Anzeige von *Cross- und Upselling-Angeboten* zu steuern. Dem Kunden könnte z.B. beim Kauf eines Videos auch gleich das Buch zum Film oder ein passendes Merchandising-Produkt angeboten werden. Üblicherweise vermag der Nutzer das Systemverhalten aktiv zu beeinflussen, indem er relevante Parameter selbst spezifiziert. So könnte er etwa interessante Themenbereiche vorgeben (z.B. Reisebücher und Management-Literatur, aber keine Belletristik). Auf diese Weise läßt sich My BOL innerhalb eines vorgegebenen Variationsraums individuell konfigurieren. Diese Informationen werden dann u.a. zur Gestaltung der persönlichen Homepage genutzt.

Neben die regelbasierte Adaptierung tritt als ergänzende Methodik der Site-Personalisierung die Autoadaption via „Collaborative Filtering". Hier agiert das System als *Black-Box*. Sowohl Betreiber als auch Nutzer können das Systemverhalten nur global, nicht aber im Detail steuern, da das System weitgehend autonom arbeitet. Es erkennt bestimmte Verhaltensmuster des Nutzers, bewertet diese und reagiert entsprechend. Konkret wird beim Collaborative Filtering nach Maßgabe sogenannter *impliziter Ratings* (z:B. Bewegungspfad auf der Site) und *expliziter Ratings* (z.B. Bewertung von Büchern) ein eigenes Interessenprofil für jeden Nutzer erstellt. Die Interessenprofile aller Nutzer werden dann miteinander verglichen (*Matching*), um Gemeinsamkeiten zu identifizieren, aus denen Angebotsvorschläge abgeleitet werden können. Haben beispielsweise Kunde A und Kunde B sehr ähnliche Interessen, und hat Kunde A ein Buch mit „sehr gut" bewertet, welches Kunde B noch nicht kennt, so liegt es nahe, daß auch dem Kunden B dieses Buch gefallen könnte. Das Wissen der Gemeinschaft wird hier also für individuelle Empfehlungen genutzt. Im Grunde genommen stellt diese Vorgehensweise eine maschinelle Form der *Mund-zu-Mund-Propaganda* bzw. des *Empfehlungs-Marketing* dar.

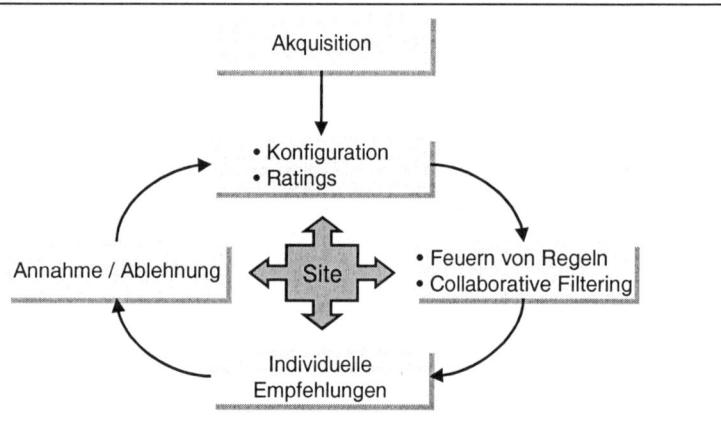

Abb. 2:   *Ansätze zur Site-Personalisierung*

Zielsetzung der Personalisierungstechniken ist es letztlich, die Site *trainierbar* und *lernfähig* zu gestalten, um so die „Learning Relationship" rechnergestützt abzubilden (Abb. 2). Nach Aufruf der Site artikuliert der Nutzer bewußt oder unbewußt durch Konfiguration oder Ratings seine Präferenzen. Diese werden über Regeln oder das Collaborative Filtering nun in individuelle Angebotsempfehlungen transformiert. Die Erfassung der Reaktion – nämlich Ablehnung oder Zustimmung – kann dann wieder als Artikulation der Präferenzen betrachtet werden, die die Feedback-Schleife erneut in Gang setzt. Ungeachtet der komplexen Technologie, die dabei im Hintergrund arbeitet, gestaltet sich die Verwendung von My BOL für den Nutzer einfach.

4.1   Adaptierung von My BOL

Die Adaptierung von My BOL erfolgt in drei einfachen Schritten:

1. Anlegen eines Accounts durch die Angabe von E-Mail und Paßwort (Abb. 3)

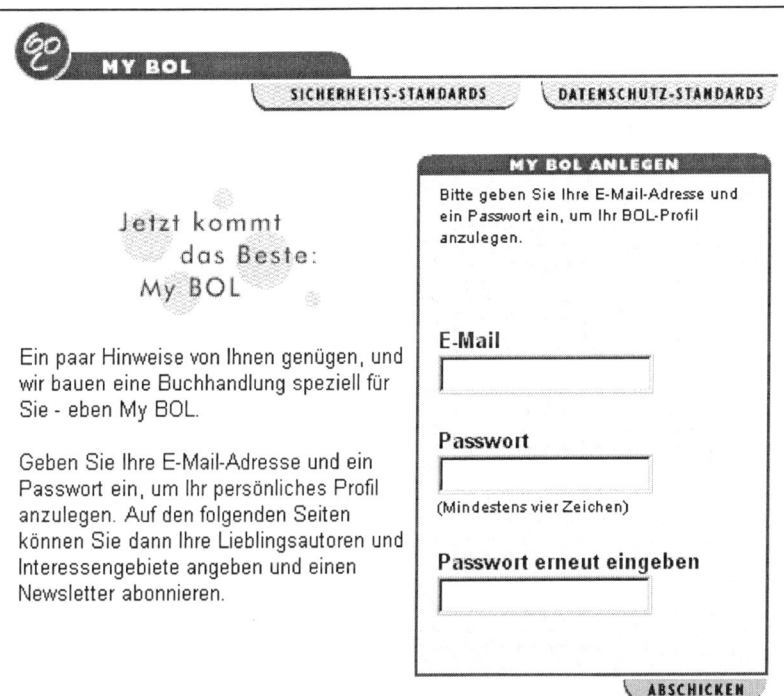

Abb. 3:   Anlegen eines Accounts bei My BOL

2. Auswahl von Interessengebieten (Abb. 4)

Um My BOL Lieblingsthemen zu wählen, klicken Sie zuerst auf ein Thema. Sie bekommen dann entsprechende Unterthemen angezeigt.

Themen wählen	Unterthemen wählen
Belletristik	Krimi Romane
Computer & Internet	Internet & Netzwerke
Kinderbücher	Keine Unterthemen ausgewählt
Kultur & Geschichte	Keine Unterthemen ausgewählt
Nachschlagewerke	Keine Unterthemen ausgewählt
Reise	Keine Unterthemen ausgewählt
Sachbuch & Ratgeber	Keine Unterthemen ausgewählt
Schule & Bildung	Keine Unterthemen ausgewählt
Wirtschaft & Soziales	Medien & Kommunikation Wirtschaft
Wissenschaft & Technik	Keine Unterthemen ausgewählt

HILFE   Lieblingsautoren   Fertig

Abb. 4:   Auswahl von Interessengebieten

3. Angabe von Lieblingsautoren bzw. -interpreten (Abb. 5)

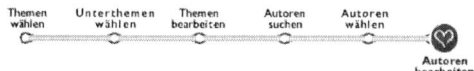

Geben Sie den Namen eines Ihrer Lieblingsautoren in das Suchfeld ein und klicken Sie auf den Button "Suchen".

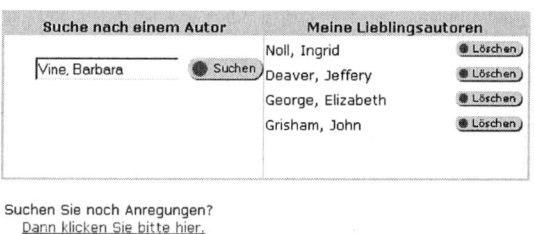

Suchen Sie noch Anregungen?
Dann klicken Sie bitte hier.

HILFE   Lieblings-Themen   Fertig

Abb. 5:   Angabe von Lieblingsautoren bzw. -interpreten

248

Diese Informationen werden genutzt, um dem Kunden seine persönliche Homepage einzurichten (Abb. 6). Die Einhaltung der Belange des Datenschutzes genießt dabei höchste Priorität. So steht es dem Kunden völlig frei, ob er von den Vorteilen von My BOL profitieren möchte. Erst nach seiner expliziten Einwilligung werden die benötigten Informationen erhoben und auch nur im Rahmen der Site-Personalisierung verwendet. My BOL weist den Kunden dann bereits auf der Startseite auf eine ständig aktualisierte Auswahl für ihn potentiell interessanter Neuerscheinungen hin, ohne daß er sich erst durch das Titelrepertoire klicken müßte. Natürlich kann das Interessenprofil vom Kunden jederzeit eingesehen und – falls notwendig – korrigiert oder gelöscht werden.

Abb. 6:   Personalisierte Homepage von BOL

4.2 Autoadaption von My BOL

Eine andere Vorgehensweise verfolgt die Autoadaption mit den „impliziten Ratings". Hier lernt das System durch Interpretation des Nutzerverhaltens selbständig. Verschiedene Faktoren, vor allem das *Bewegungsmuster auf der Site*, die *Aufnahme von Artikeln in den Warenkorb* und natürlich auch die *Bestellungen*, werden erfaßt, bewertet und in ein individuelles Präferenzprofil überführt. Dieses ist dem Account registrierter Nutzer zugeordnet und kann auch unter einem Pseudonym geführt werden. Die impliziten Ratings alleine reichen in der Regel jedoch nicht aus, um eine ausreichende Datenbasis für die valide Einschätzung der Kundeninteressen zu schaffen. Neben die Beobachtung des Nutzerverhaltens tritt daher die ausdrückliche Artikulation von Präferenzen in Form der „expliziten Ratings". Dabei formuliert der Kunde bewußt seine Wertschätzung für einen Titel auf einer Skala von „Sehr gut" bis „Nicht mein Fall" und trainiert mithin das System (Abb. 7).

Unser Vorschlag ...
Ausgehend von Ihren Bestellungen und Bewertungen bei BOL, haben wir folgende Empfehlungen für Sie zusammengestellt:

Auch diese Autoren könnten Ihnen gefallen ...

Ausgehend von Ihren Lieblingsautoren könnten Ihnen auch diese Titel gefallen
Woods, Stuart
King, Stephen
Mankell, Henning

ANDERE AUTOREN

Witwe für ein Jahr
Irving, John (Autor)

sofort lieferbar
Gebunden | DIOGENES | 1999
Preis: 49,90 DM
mehr ...   IN DEN WARENKORB   EXPRESS BESTELLUNG

Was halten Sie davon?

Sehr gut   Interessant   Nicht mein Fall   Weiß nicht
   C   C   C   C

Abb. 7:   Explizites Rating: Bewertung von Titeln

Auf diese Weise wird das Profil nach und nach präzisiert, bis schließlich ein statistischer Abgleich mit Profilen anderer Kunden möglich ist. Das Ergebnis sind persönliche Empfehlungen, die sich auf den Bewertungen und Erfahrungen der Gemeinschaft gründen. Zu Beginn wird es den Empfehlungen sicherlich noch an Treffsicherheit mangeln. Doch indem der Kunde diese Empfehlungen wiederum beurteilt, kann sich das System sukzessive auf dessen Vorlieben einstellen. Implizite und explizite Ratings oder Lernen und Training bilden einen adaptiven Regelkreis, der bereits nach wenigen Iterationen das individuelle Kundeninteresse zuverlässig einschätzen kann. My BOL ist also ein dynamisches System, das sich flexibel dem Kunden anpaßt und von diesem jederzeit modifiziert werden kann.

5   Ausblick

BOL nutzt damit die medienspezifischen Vorteile des Internet in Verbindung mit innovativer State-Of-The-Art-Technologie, um Nutz- und Erlebniswert des Online-Shoppings für den Kunden zu maximieren. BOL lernt dabei täglich hinzu und wird das One-to-One-Marketing künftig konsequent verbessern. Dabei verfolgt BOL keine technikzentrierte Vision. Technik ist hier lediglich ein – wenn auch sehr mächtiges – Mittel zur Realisierung des individuellen Kundendialogs im Massenmarkt. Es kann nicht darum gehen, immer den jüngsten Technologie-Trends nachzulaufen, nur um up to date zu sein. Zielsetzung ist es vielmehr, die Technik in den Dienst des Kunden zu stellen und dadurch neue Potentiale zu erschließen.

Literatur

Peppers, D. und M. Rogers (1997): *The 1:1 Future: Building Relationships One Customer at a Time*, New York.

Glossar

AdClick: AdClick (oder auch Click-Through) beschreibt das Klicken eines Web-Surfers auf einen verlinkten grafischen Werbe-Banner, wodurch er direkt auf die Web-Site des Werbetreibenden gelangt oder aber direkt im Banner (bei Micro-Sites) Eingaben vornimmt.

AdServer: Ein Programm oder ein Server für die Bereitstellung und das Handling von Werbe-Bannern für eine oder mehrere Web-Sites. Diese Programme liefern genaue Statistiken über Besuche und Bewegungen der Nutzer. Sie bieten zudem die Möglichkeit, Werbe-Banner individuell je Nutzer anzuzeigen.

Applet: JavaScript-Programm, das im Browser läuft. Applets werden zumeist für die Darstellung von Animationen verwandt.

Backbone: Fest installiertes (überregionales) Leitungsnetz mit hoher Kapazität, an das kleinere (lokale) Netze angeschlossen sind.

Browser: Allgemeine Bezeichnung für ein Programm zum grafischen Zugriff auf das World Wide Web. Die bekanntesten Browser sind Netscape Navigator und Internet Explorer.

Click Through Rate (CTR): Die CTR fungiert als wichtige Maßzahl für die Effizienz einer Banner-Werbung. Sie bestimmt das Verhältnis der Anzahl der Sichtkontakte (AdView) zur Anzahl der tatsächlich angeklickten Werbe-Banner (Click-Through) und zeigt dadurch an, wieviel Web-Besucher sich den hinterlegten Werbeinhalt eines Banners tatsächlich angesehen haben.

Client/Server: Architektur, um in einem Netzwerk den Abruf von Daten aller Art auf zwei Einheiten zu verteilen. Ein (zentraler) Server nimmt Anfragen eines (lokalen) Clients entgegen und sendet angeforderte Daten über die bestehende Netzverbindung.

Collaborative Filtering: Methode, einem Nutzer rechnergesteuert Vorschläge zur weiteren Vorgehensweise oder Nutzung zu machen. Dabei vergleicht eine Software Informationen oder Verhaltensmuster eines Nutzers automatisch oder auf gezielte Anfrage hin mit den Profilen anderer vorheriger Nutzer des Web-Angebots. Entsprechend den gefundenen ähnlichen Verhaltensmuster wird dem Nutzer ein Vorschlag auf der Basis dessen unterbreitet, was die vorherigen Nutzer mit ähnlichen Profilen getan oder für gut befunden haben.

Cookies: Eine kleine Datei, die den Browser beim Besuch von Web-Angeboten eindeutig identifiziert. So kann vom Versender des Cookies verfolgt werden, welche Web-Seiten ein Nutzer in welchem Ausmaß auf den Web-Sites des Senders besucht.

Digitale Zertifikate: Ein digitales Zertifikat ist eine Bescheinigung, die die Identität einer Person (persönliches Zertifikat) oder die Sicherheit einer Website (Website-Zertifikat) garantiert.

Domain Name System: Benennungsschema für Rechner im Internet. Ein Rechnername ist nach folgendem Prinzip aufgebaut: hostname.subdomain. domain.toplevel_domain. Das gesamte Internet ist in eine Reihe von Bereichen aufgeteilt, die den Namen „Domain" bzw. „Toplevel-Domain" tragen. Beispiele für Toplevel-Domains sind „.com" für kommerzielle Organisationen und Firmen, „.net" für Netzwerkbetreiber und Online-Dienste und standort- bzw. länderorientierte Toplevel-Domains wie „.uk" für Großbritannien oder „.de" für Deutschland.

Electronic Cash: Zahlungssysteme für Geschäfte in Online-Diensten und dem Internet.

FTP: *File Transfer Protocol:* Datei-Übertragungsprotokoll des Internet. Überall auf der Welt gibt es Rechner („FTP-Server") mit frei zugänglichen Bereichen auf der Festplatte, von denen man Informationen aller Art, Public-Domain- und Shareware-Programme für verschiedene Betriebssysteme kostenlos herunterladen kann. Dazu braucht man ein FTP-Programm („Client"), das die Verbindung zum Server herstellt und die Daten überträgt.

Internet-Service-Provider: Anbieter von Internet-Diensten. Unter einem Provider wird meist eine Firma verstanden, die Endkunden den Zugang zum Internet anbietet. Präziser heißt ein solcher Dienstleister eigentlich Internet-Access-Provider (Internet-Zugangs-Anbieter).

Interstitial: Eine dem Fernsehen nachempfundene Werbeform im WWW, in der kurzzeitige, bildschirmfüllende und vom Anwender nicht steuerbare Einblendungen vorgenommen werden. So wird zwischen dem Aufruf der vom Nutzer gewünschten Seiten eine Werbeseite geschaltet.

IP-Adresse: Eine 32-Bit-Adresse, die in dezimaler Notation mit Punkten zwischen den Bytes im Klartext angegeben wird.

JavaScript: Von Sun Microelectronic Inc. ausdrücklich für die Internet-Umgebung entwickelte objektorientierte und plattformunabhängige Programmiersprache.

Micro-Sites: Eine Micro-Site ist eine eigenständige und von der eigentlichen Web-Site abgekapselte kleine Site. Sie dient meist als Anlaufpunkt von Promotion-Aktivitäten Dritter innerhalb einer großen Web-Site (z.B. 10-seitige verlinkte Autowerbung innerhalb eines großen Verlagsangebots im WWW).

MIME-Entitäten: MIME ist eine Technologie, die die Versendung mehrerer Attachments (Anhänge von Dateien) an eine E-Mail im Internet erlaubt. Alle weit verbreiteten Browser und E-Mail-Programme unterstützen diese Technologie direkt (mit Ausnahme der AOL-Software).

MP3: *Moving Pictures Experts Group Layer 3:* MP3 ist ein vom Fraunhofer Institut Erlangen (IIS) entwickelter neuer Kompressionsstandard für Audiodateien. Aufgrund der geringen Dateigröße (nur ca. ein Zwölftel der Originalgröße) und der hohen Tonqualität wird durch MP3 der Versand von Musikstücken über das Internet möglich. Durch die Verbreitung illegaler MP3-Kopien werden allerdings auch weitreichende urheberrechtliche Probleme ausgelöst.

Nano-Site: Eine Nano-Site ist eine Ein-Seiten-Web-Site, die als Werbung in einer anderen Web-Site eingebunden ist (s. Micro-Site). Meist dienen diese Nano-Sites als aktive Bestell- und/oder Informations-Web-Sites.

Newsgroups: Fachliche, wissenschaftliche oder auch unterhaltsame Diskussionsforen nach Themen geordnet. Auch Brett oder Area genannt.

One-to-One-Marketing: Individuelle Ansprache des Kunden durch Anbieter, die durch die rechnerbasierten Angebote im WWW aufgrund des hohen Bedarfs der Informationsverarbeitung erst wirtschaftlich möglich wird. Die individuelle Ansprache oder der individuelle Zuschnitt von Angeboten basiert auf Informationen des Anbieters über die Bedürfnisse oder Verhaltensmuster des jeweiligen Kunden. Neben Selbstauskünften des Kunden basieren diese Aktionen im WWW oft auf dem Einsatz von Collaborative Filtering Systemen in Kombination mit umfangreichen Kundendatenbanken.

Page Impressions: Page Impressions (oder *PageView*) bezeichnen die Anzahl der Sichtkontakte beliebiger Benutzer mit einer (potentiell werbeführenden) HTML-Seite. Sie liefern ein Maß für die Nutzung einzelner Seiten eines Angebotes. Enthält ein Angebot Bildschirmseiten, die sich aus mehreren Frames zusammensetzen (Frame-Set), so gilt jeweils nur der Inhalt eines gesamten Frames als zu zählender Seitenabruf. In Deutschland hat sich für die Ermittlung dieser Kennzahl der allgemein gültige IVW-Standard etabliert.

Peering: Mit Peering wird der direkte Zusammenschluß von Netzwerken bezeichnet. Dabei gehen die Datenpakete aus dem Netz eines Providers direkt über den sogenannten Peering-Point in das Netz des anderen Providers, so daß weitere Zwischenpunkte nicht nötig sind.

Plug-In: Erweiterung für einen Browser, die bestimmte nicht im HTML-Standard vorgesehene Daten darstellen kann, beispielsweise RealAudio für animierte Darstellungen.

Pop-Up-Menüs: Pop-Ups sind überwiegend kleine Fenster, die neben der aufgerufenen Seite plötzlich „auftauchen". Sie besitzen eine ähnliche Funktionalität wie eine Micro-Site (siehe Micro-Site) und verweisen in der Regel auf aktuelle Aktionen oder besondere Angebote.

Portal Site: Unter einer Portal Site versteht man eine Web-Site, die über so hohe Zugriffszahlen verfügt, daß andere Anbieter dort ihre Online-Inhalte präsentieren möchten, um ihre Nutzer „abzuholen". Das ist für den Dritt-Anbieter in der Regel kostenpflichtig. Die voreingestellten Start-Seiten der marktführenden Browser Netscape Navigator und Internet Explorer gehören zu den bekanntesten Portal Sites. Auch die Homepages von Yahoo! oder AOL sind Beispiele für stark frequentierte Portal Sites.

Push-Technologie: Bei der Anwendung der Push-Technologie muß der Nutzer nicht selbst aktiv auf Inhalte zugreifen, sondern bekommt diese nach festgelegten Präferenzen in einem bestimmten Zeitintervall automatisch zugesandt. Ein Beispiel für Push-Dienste ist das Angebot von Pointcast (www.pointcast.com).

QuickTime-Videos: QuickTime ist eine Software der Firma Apple Computer, die das Abspielen von Videos im Internet erlaubt. Sie wird kostenfrei im WWW vertrieben.

Rich-Media-Banner: Banner, die Animationen, Videos oder Audio-Stücke enthalten. Sie sollen die Aufmerksamkeit des Umworbenen fesseln. Zum Darstellen dieser Banner wird entweder ein spezielles Plugin oder ein Javafähiger Browser benötigt.

Screen-Design: Als Screen-Design bezeichnet man die Gestaltung der Oberfläche einer Web-Site, also z.b. das Verwenden von Navigationshilfen, Animationen, Hyperlinks oder Frames.

Server-Logfile-Protokolle: In einer solchen Logdatei werden alle erfaßbaren Daten der Nutzer einer Web-Site mit IP-Adresse, Datum und Uhrzeit des Zugriffs, Browser-Type, Referer-Site, Namen der angeforderten Dateien usw. eingetragen. Vergleichbar mit einem traditionellen Schiffs-Logbuch werden somit alle Bewegungen auf einer Web-Site dokumentiert.

SET: Ein besonderes Internet-Protokoll zur sicheren Übertragung von Daten im WWW, so daß beispielsweise Zahlungsvorgänge vor dem Zugriff unbeteiligter Dritter geschützt werden können.

Shop-Software: Umfaßt die Software, die für den Aufbau und die Abwicklung eines eCommerce-Angebotes notwendig ist. Ein führender Anbieter ist hier z.b. die Intershop AG.

Sitemap: Eine Sitemap zeigt den Aufbau einer Website und dient dem Nutzer als Übersichtskarte für die unterschiedlichen Bereiche und Seiten eines Internet-Angebots.

Skaleneffekte: Als Skaleneffekte bezeichnet man typischerweise Effizienzgewinne aufgrund der Verarbeitung oder Bereitstellung steigender Mengen. In der Umgebung elektronischer und digitaler Medien kommt diesem Effekt eine besonders hohe Bedeutung zu, da die Kosten der Vervielfältigung des Angebots für weitere Nutzer sehr niedrig sind, der Preis jedoch oft gehalten werden kann. Somit steigen die Gewinne mit jedem weiteren Nutzer des Angebots oft überproportional. Dies erklärt zu einem großen Teil auch die Phantasie der Investoren, die in Internet-Aktien steckt.

Software-Agenten: Software, die im Auftrag des Benutzers eine Aufgabe ausführt. Die Aufgabe kann neben einfachen Preisvergleichen auch komplexe Verhandlungen auf einem virtuellen Marktplatz beinhalten.

SSL: *Secure Socket Layer*: Bezeichnung für eine sichere Internetverbindung, die bei der Übertragung sensibler Daten (z.B. bei Bestellvorgängen) zum Schutz des Nutzers verwendet wird.

Switching Cost: Als Switching Cost bezeichnet man die Kosten, die bei einem Systemwechsel entstehen, z.B. beim Wechsel der Browsertechnologie. Typischerweise fallen direkte Kosten, die aus dem Kauf des neuen Systems resultieren, und indirekte Kosten (z.B. durch Einarbeitungszeiten und den Transfer von Web- sowie E-Mail-Adressen) an.

(Unique) Visit: Visit bezeichnet den zusammenhängenden Nutzungsvorgang (Besuch) eines WWW-Angebots. Dazu zählt ein technisch erfolgreicher Seitenzugriff eines WWW-Browsers auf das aktuelle Angebot, der von außerhalb des Angebots erfolgt. Der Nutzungsvorgang zählt erst als beendet und als neuer Nutzungsvorgang, wenn zwischen dem letzten und dem aktuellen externen Seitenabruf eine Pause von 60 Sekunden liegt (nach IVW-Verfahren).

Web-Site: Zusammenhängende Sammlung von Web-Seiten, die üblicherweise mit der Homepage beginnt. Wird auch Web-Präsenz oder Internet-Präsenz genannt.

Werbe-Banner: Ein Werbe-Banner (auch *Banner Ad*) ist eine Werbe-Anzeige in Form einer Grafik, die auf einer Web-Site plaziert ist und einen direkten Hyperlink zur Seite des Werbetreibenden hat. Banner-Grafiken werden in der Regel im Gif-Format erstellt. Sie bestehen oft aus Animationen (siehe Rich-Media-Banner), da bewegte Bilder eine größere Anzahl von Surfern dazu verleiten, auf ein Banner zu klicken. Mögliche Formate wurden von den Zeitungsverleger- und Zeitschriftenverleger-Verbänden festgelegt, große Standard-Werbe-Banner sind 468 Pixel breit und 60 Pixel hoch.

XML: Neue Technologie bzw. Sprache zur Erstellung von Web-Seiten, die wesentlich umfangreichere Möglichkeiten der Darstellung und aktiven Einbindung des Angebots in andere Software-Systeme erlaubt.

Quelle: Eigene Erstellung und www.akademie.de/tours/glossar

Autorendarstellung

Sönke Albers (Prof. Dr.): Seit Oktober 1999 Inhaber des Lehrstuhls für Innovation, Neue Medien und Marketing an der Universität Kiel, nachdem er bereits seit 1990 den Lehrstuhl für Marketing inne hatte und seit 1995 Direktor des Instituts für betriebswirtschaftliche Innovationsforschung ist. Er war auch Sprecher des Graduiertenkollegs „Betriebswirtschaftslehre für Technologie und Innovation" und ist seit dem Oktober 1999 Sprecher des neuen Graduiertenkollegs „Betriebswirtschaftliche Aspekte lose gekoppelter Systeme im Zeitalter elektonischer Medien". Er studierte von 1969 bis 1973 an der Universität Hamburg, wo er auch 1977 promoviert wurde. Nach einem Jahr als Visiting Scholar an der Stanford University (USA) 1980/81 habilitierte er sich 1982 an der Universität Kiel. Danach war er Inhaber der Lehrstühle für Marketing von 1984 bis 1986 an der Wissenschaftlichen Hochschule für Unternehmensführung (WHU) in Koblenz, wo er für ein Jahr auch das Amt des Rektors inne hatte, sowie von 1986 bis 1990 an der Universität Lüneburg. Nach einem Semester als Visiting Professor am INSEAD (Fontainebleau, Frankreich) wechselte er 1990 zurück an die Universität Kiel. Er ist seit 1998 stellvertretender Vorsitzender des Aufsichtsrates der fluxx.com Aktiengesellschaft. Außerdem ist er als Vorsitzender des wissenschaftlichen Beirats der AMCON Analytical Marketing Consulting GmbH aktiv in der Beratung tätig.
Lehrstuhl für Innovation, Neue Medien und Marketing • Universität Kiel • 24098 Kiel • Tel.: 0431-8801541 • Fax.: 0431-8801166 • Email: albers @bwl.uni-kiel.de • www.bwl.uni-kiel.de/bwlinstitute/Marketing

Michel Clement (Dr.): Jg. 1971, studierte BWL in Kiel und wurde 1999 im Rahmen des Graduiertenkollegs „Betriebswirtschaftslehre für Technologie und Innovation" am Lehrstuhl für Marketing bei Professor Albers promoviert. Seine Forschungsschwerpunkte liegen im eCommerce und der Nutzung des Interaktiven Fernsehens. Er ist Autor mehrerer Beiträge zum Marketing mit Interaktiven Medien und hat an IT-Projekten für die verschiedensten Unternehmen mitgewirkt. Er ist seit 1999 bei Bertelsmann mediaSystems als Consultant im Think Tank (mediaTechnologies) tätig. Seine Aufgaben umfassen neben der Evaluierung neuer Technologien und Medien für die Bertelsmann AG auch die Analyse von Internet Start-Ups.

Bertelsmann mediaSystems • An der Autobahn 18 • 33311 Gütersloh • Tel.: 05241-8040163 • Fax.: 05241-80640163 • Email: michel.clement@bertels-mann.de • www.bertelsmann.de

Christian Eggenberger (Dr.): Seit 1996 e-business/IT Strategie Consultant bei IBM. 1997 Veröffentlichung des Titels „Markttransparenz in der Tele-kommunikation: Chancen und Empfehlungen mittels Internet" beim IMK. Verfasser von Artikeln im Telekommunikationsumfeld, die u.a. in der F.A.Z., in der ZfB und im ICCC'95 Proceeding erschienen. 1995/6 maßge-bender Beitrag an einer europäischen Marktanalyse durchgeführt durch Ta-rifica (UK) im Callback-MWD Sektor. 1991-95 Assistent am Institut für Wirtschaftsinformatik. 1990/1 AIESEC Traineeship bei IBM im „OSI Con-formance & Interoperability" Lab in Palo Alto (USA). 1988 Lizenziat der Betriebswirtschaft an der Universität St. Gallen (HSG).
IBM Consulting Group Schweiz • Bändliweg 21 • P.O. 8010 Zürich • Schweiz • Tel.: 0041-1-6436072 • Fax.: 0041-1-6435588 • Email: eggen-berger@ch.ibm.com • www.ch.ibm.com

Ingo Garczorz (Dipl.-Kfm.): Seit 1997 Doktorand im Rahmen des Gradu-iertenkollegs „Betriebswirtschaftslehre für Technologie und Innovation" bei Professor Albers. Forschungsschwerpunkt ist die Akzeptanz von Electronic-Finance (demnächst unter: www.electronic-finance.de).
Lehrstuhl für Innovation, Neue Medien und Marketing • Universität Kiel • 24098 Kiel • Tel.: 0431-8804794 • Fax.: 0431-8801166 • Email: garczorz @bwl.uni-kiel.de • www.bwl.uni-kiel.de/bwlinstitute/Marketing

Stefan Glänzer (Dr.): Jg. 1961, promovierte 1991 am Lehrstuhl für Interna-tionales Management in Hamburg und gründete im gleichen Jahr zusammen mit zwei Partnern den Verlag Companions. Mit Ratgeberbüchern und Ent-wicklungen für namhafte Verlage und Unternehmen – unter anderem kre-ierte Companions die erste Internet-Programmzeitschrift „CU" – machte sich Companions schnell einen Namen als innovative Ideenschmiede. Im Sommer 1998 starteten Glänzer und seine Partner die ricardo.de GmbH.
ricardo.de • Van-der-Smissen-Str. 2 • 22767 Hamburg • Tel.: 040-30635-200 • Fax.: 040 30635-250 • Email: glaenzer@ricardo.de • www.ricardo.de

Kai Göttmann (Dipl.-Kfm.): Kai Göttmann, Jahrgang 1967, ist Diplom-Kaufmann und heute als Produkt Manager für eCommerce bei der

ORACLE Deutschland GmbH in München und Frankfurt tätig. Zu seinen Arbeitsschwerpunkten zählt die strategische Planung von Lösungen für eCommerce. Nach seiner Ausbildung zum Industriekaufmann studierte Göttmann Betriebswirtschaftslehre mit Schwerpunkt Marketing an der Johannes Gutenberg-Universität in Mainz. Göttmann startete 1996 als Trainee bei ORACLE und konzentrierte sich zuletzt im Vertrieb auf eCommerce- und Internet-Lösungen.

ORACLE Deutschland GmbH • Robert-Bosch-Straße 5 • 63303 Dreieich-Sprendlingen • Tel.: 06103-397-160 • Fax.: 06103-397-150 • Email: kgoettma@de.oracle.com • www.oracle.de

Christopher Heinemann (Dr.): Christopher Heinemann promovierte nach seinem betriebswirtschaftlichen Studium bei Prof. Dr. Günter Silberer am Institut für Marketing und Handel der Universität Göttingen zur „Dialogischen Marketing-Kommunikation im interaktiven Fernsehen" und war im Interactive Marketing als freier Berater tätig. Nach Springer & Jacoby wechselte er im Oktober 1997 in das Strategische Marketing der INTERSHOP Communications GmbH, leitete von November 1997 bis Ende 1998 gesamtverantwortlich das europäische Marketing und baute den Bereich Strategische Beratung für Telekommunikationsunternehmen und Internet Services auf. Seit 1999 leitet er den Aufbau in Asien.

INTERSHOP Communications GmbH • Amsinckstrasse 57 • 20097 Hamburg • Tel.: 040-23709-0 • Fax.: 040-23709-111 • Email: C.Heinemann@ intershop.de • www.intershop.de

Rainer Jacken (Dipl.-Designer): Studierte Kommunikationsdesign an der Muthesius-Hochschule in Kiel, Examen 1986. Er gründete 1986 die Werbeagentur Transparent in Kiel und vier Jahre später die Flux Multimedia GmbH mit Sitz in Hamburg. 1997 Gründung der Entertaining Interactive Productions GmbH in Altenholz. Seit Dezember 1998 ist er Vorstandsvorsitzender der fluxx.com AG. Als Berater für Kunden aus dem Einzelhandel und der Dienstleistungsbranche, darunter auch staatlichen Lotteriegesellschaften, setzte er sich von Anfang an für die Integration interaktiver Medien in den Mediamix unternehmerischer Kommunikationsmaßnahmen ein. Diese Erfahrungen waren die Grundlage für die Konzeption und Entwicklung des ersten virtuellen Lottokiosks im Internet: www.jaxx.de.

fluxx.com AG • Eggerstedtstraße 1 • 24103 Kiel • Tel.: 0431-881040 •
Fax.: 0431-88104-40 • E-Mail: jacken@fluxx.com • www.fluxx.com

Peter Kabel (Prof.): Peter Kabel hat nach seinem Studium der Visuellen
Kommunikation die Firmen Büro Hamburg und Trendbüro mitbegründet.
Seit 1993 ist Peter Kabel geschäftsführender Gesellschafter der KABEL
NEW MEDIA GmbH, einer Beratungs- und Entwicklungsagentur für inter-
aktive Kommunikationslösungen mit Sitz in Hamburg. Daneben hat er eine
Professur an der Fachhochschule für Gestaltung in Hamburg und ist Grün-
dungs- und Boardmitglied des dmmv (Deutscher Multimedia Verband
e.V.).

Kabel New Media GmbH • Schulterblatt 58 • 20357 Hamburg • Tel.: 040-
432969-0 • Fax.: 040-432969-90 • Email: info@kabel.de • www.kabel.de

Stefan Klein (Prof. Dr.): Seit 1997 Inhaber des Lehrstuhls für Wirtschaftsinformatik und Interorganisationssysteme und Direktor des Instituts für Wirtschaftsinformatik an der Westfälischen Wilhelms-Universität Münster. Studium und Promotion (1987) an der Universität zu Köln. Forschungstätigkeit
bei der Gesellschaft für Mathematik und Datenverarbeitung, Köln und St.
Augustin bis 1992, und am Center for European Studies der Harvard Universität 1992/93. Forschungs- und Lehrtätigkeit an der Universität St. Gallen von 1992 bis 1996 sowie an der Universität Koblenz-Landau (1996/7).
Habilitation an der Universität St. Gallen im Jahre 1995.

Institut für Wirtschaftsinformatik • Steinfurter Str. 107 • 48149 Münster •
Tel.: 0251-8338110 • Fax.: 0251-8338119 • Email: Stefan.Klein@wi.uni-
muenster.de • www-wi.uni-muenster.de/wi/

Manfred Krafft (Prof. Dr.): Seit April 2000 Inhaber des Otto-Beisheim-
Stiftungslehrstuhls für Marketing an der WHU Koblenz, Vallendar. Von
1990 bis 1998 Mitarbeiter bei Professor Albers am Lehrstuhl für Marketing
der Christian-Albrechts-Universität zu Kiel. Er promovierte 1994 zum
Thema „Außendienstentlohnung". Thema der Habilitationsschrift: „Kundenbindung und Kundenwert". Gleichzeitig Aufbau eines Panels von Ver-
triebsorganisationen im Investgütergeschäft in Kooperation mit dem VDI
(siehe www.vip-monitor.de).

Lehrstuhl für Marketing • WHU Koblenz • Burgplatz 2 • 56179 Vallendar
• Tel.: 0261-6509441 • Fax.: 0261-6509449 • Email: krafft@whu-koblenz.
de • www.whu-koblenz.de/market

Claudius Paul (Dipl.-Kfm): Seit 1997 Doktorand im Rahmen des Graduiertenkollegs "Betriebswirtschaftslehre für Technologie und Innovation". Thema: Automatisierte Erfassung von Kundenvorlieben in Virtuellen Communities. In einem EDV-intensiven Feldversuch im Rahmen von Linxx (www.linxx.de) erfolgt eine Online-Evaluation verschiedener Verfahren des Kundendialogs.
Lehrstuhl für Innovation, Neue Medien und Marketing • Universität Kiel • 24098 Kiel • Tel.: 0431-8801535 • Fax.: 0431-8801166 • Email: paul @bwl.uni-kiel.de • www. bwl.uni-kiel.de/bwlinstitute/Marketing

Kay Peters (Dipl.-Kfm): Seit 1997 Geschäftsführender Gesellschafter der DWH Decision Warehouse GmbH (ehem. TMC The Marketing Company), Hamburg. Er promoviert bei Professor Albers am Lehrstuhl für Marketing an der Universität Kiel über die Diffusion von TK- bzw. Online-Diensten. 1995 bis 1996 arbeitete er als freier Strategy Consultant für die Communications Group von Andersen Consulting auf internationalen TK- und Online-Projekten als Spezialist für Marketing und Wirtschaftlicheitsrechnungen. In dieser Funktion war er von 1992 bis 1994 für die AMCON GmbH tätig. Während seines Studiums war er 1991 bis 1992 für die BASF Venezolana S.A. als Marketing-Controller beschäftigt. Seine Diplomarbeit (1993) als auch sein Dissertations-Proposal (1996) wurden als beste Arbeiten der Fakultät bzw. Europas (im Marketing) ausgezeichnet. Als wissenschaftlicher Berater ist er sowohl für die Online AV als auch im dmmv (auch jeweils i.R. der AGOF/AGOM) tätig.
DWH Decision Warehouse GmbH • Neuer Wall 17-19 • 20354 Hamburg • Tel.: 040-355 192-0 • Fax.: 040-355 192-22 • Email: peters@decision-warehouse.com • www.decision-warehouse.com

Stefan Priess (Dipl.-Kfm.): Dipl.-Kfm. Stefan Priess studierte Wirtschaftswissenschaften mit dem Schwerpunkt Marketing und Logistik an der Universität der Bundeswehr in München. Anschließend arbeitete er als Unternehmensberater für den Einsatz interaktiver Technologien im Marketing und leitete schließlich bis 1997 das europäische Marketing der INTERSHOP Communications GmbH, dem führenden Anbieter von Standardsoftware für den Handel in interaktiven Netzen. Seit 1998 ist er bei der Deutschen Telekom AG als Bereichsleiter Electronic Commerce tätig.

Deutsche Telekom AG • Rabinstraße 8 Block B • 53111 Bonn • Tel.: 0228-629-2000 • Fax.: 0228-629 2199 • Email: stefan.priess@telekom.de

Ute Roßenhövel: seit Mitte 1998 für die Kanzlei Strömer Rechtsanwälte tätig, hat sich bereits während ihrer juristischen Ausbildung intensiv mit Fragen des Online- und Markenrechtes befaßt. Sie hat 1999 ihre juristische Ausbildung mit dem zweiten Staatsexamen abgeschlossen.

Strömer Rechtsanwälte • Duisburger Straße 5 • 40477 Düsseldorf • Tel.: 0211-949229 • Fax.: 0211-949228 • Email: rossenho@uni-duesseldorf.de

Matthias Runte (Dipl.-Wirtsch.-Ing.): Seit 1998 Doktorand im Rahmen des Graduiertenkollegs „Betriebswirtschaftslehre für Technologie und Innovation" bei Professor Albers. Im Rahmen seiner Dissertation beschäftigt er sich mit Individual-Marketing im Umfeld Virtueller Communities und der Individualisierung von Angeboten in Interaktiven Medien (www.linxx.de). Er studierte Wirtschaftsingenieurwesen in Hamburg und Sydney. Seit April 2000 ist er bei Bertelsmann mediaSystems als Consultant im Think Tank (mediaTechnologies) tätig. Seine Aufgaben umfassen neben der Evaluierung neuer Technologien und Medien für die Bertelsmann AG auch die Analyse von Internet Start-Ups.

Bertelsmann mediaSystems • An der Autobahn 18 • 33311 Gütersloh • Tel.: 05241-807723 • Fax.: 05241-8067723 • Email: matthias@runte.de • www.bertelsmann.de

Björn Schäfers (Dipl.-Kfm): Studierte Betriebswirtschaftslehre in Kiel und Brüssel und arbeitet seit Beginn 1999 für das Internet-Auktionshaus ricardo.de im Bereich Business Development. Gleichzeitig promoviert er bei Professor Albers am Lehrstuhl für Innovation, Neue Medien und Marketing an der Universität Kiel.

ricardo.de • Van-der-Smissen-Str. 2 • 22767 Hamburg • Tel.: 040-30635-0 • Fax.: 040 30635-250 • Email: schaefers@ricardo.de • www.ricardo.de

Heiko Schick (Dipl.-Math. oec.): Mitgründer der Firma e-trend Media Consulting GmbH, dort verantwortlich für den Bereich Business Consulting. Zuvor als Consultant und Projektleiter bei Telemedia GmbH & Co. KG, einem Unternehmen der Bertelsmann Gruppe, tätig. Nach Projekten im Bereich Unified Messaging, Internet-Telephonie und Infotainment, Beratertä-

tigkeit für bedeutende Unternehmen im eCommerce-Bereich. Studium der Wirtschaftsmathematik an der Philipps-Universität Marburg.
e-trend Media Consulting GmbH • Herforder Straße 74 • 33602 Bielefeld • Tel.: 0521-96751-0 • Fax.: 0521-96751-99 • Email: Heiko.Schick@e-trend.de • www.e-trend.de

Ulrich Schleith (Dr.): Studium der Germanistik, Linguistik, Literaturwissenschaft und Soziologie in Göttingen, Bremen, Bielefeld und Osnabrück. Mitarbeit am Projekt Modernisme der Universität Antwerpen. Promotion 1996. Seit 1998 Redakteur, seit Februar 1999 verantwortlich für den Bereich Forschung und Entwicklung der Elephant Seven GmbH.
Elephant Seven GmbH • Gänsemarkt 35 • 20354 Hamburg • Tel.: 040 / 35 60 3-548 • Fax.: 040 / 35 60 35 33 • Email: schleith@e-7.com • www.e-7.com

Thomas Schnieders (Dr.): Juli 1998 bis November 1999 Geschäftsführer BOL Deutschland. In der Funktion als Leiter Neue Medien beim Bertelsmann Club war er u.a. für die Entwicklung der ersten eCommerce Anwendungen für den Buchclub und den Aufbau der ersten Internetversandbuchhandlung von Bertelsmann (www.boulevard.de) verantwortlich. Zwischen 1991 und 1995 wissenschaftlicher Mitarbeiter am Lehrstuhl Wirtschaftsinformatik I der Universität Osnabrück. Dissertation zum Thema „Konzeption und Realisierung multimedialer Kataloge" in Kooperation mit der eps Bertelsmann. 1986-1991 Studium der Betriebswirtschaftslehre (Abschluß Dipl.-Kfm.) und Musikwissenschaften.

Detlef Schoder (Dr.): Promotion Freiburg 1995 über „Erfolg und Mißerfolg telematischer Innovationen"; Praktika in den USA und Japan; mehrjährig als Freier Lektor für Computer-Fachverlag beratend tätig. Visiting Scholar University of California (UCLA), Los Angeles 1993, Appointed Lecturer am Kazakhstan Institute of Management, Economics and Strategic Research (KIMEP), Almaty, Republic of Kazakhstan, 1995. Derzeit Habilitation, Forschungsschwerpunkte: Elektronische Märkte/Electronic Commerce, Technologiemarketing, insbesondere Telekommunikation, Systemanalyse.
Institut für Informatik und Gesellschaft, Abt. Telematik • *Universität Freiburg i.Br.* • Friedrichstr. 50 • 79098 Freiburg i.Br. • Tel: 0761/ 203 4928 •

Fax.: 0761/ 203 4929 • Email: schoder@iig.uni-freiburg.de • URL: http://www.iig.uni-freiburg.de/~schoder

Stefan Selchau-Hansen (Dipl.-Sozialökonom): Stùdium der Volkswirtschaftslehre, Politischen Wissenschaften und Soziologie in Kiel und Kopenhagen von 1990 bis 1997. Von 1993 bis 1995 Konzeptionstexter bei Halbfas & Partner, Hamburg. Danach als Freelancer für Werbeagenturen tätig. 1997 war er Redaktionsleiter der Entertaining Interactive Productions GmbH in Altenholz. Seit Dezember 1998 ist er stellvertretender Geschäftsführer der fluxx.com e-commerce GmbH

fluxx.com e-commerce GmbH • Herrenhaus Stift • 24161 Altenholz • Tel.: 0431-881040 • Fax.: 0431-88104-40 • E-Mail: selchau-hansen@fluxx.com • www.fluxx.com

Bernd Skiera (Prof. Dr.): Seit April 1999 Inhaber des ersten Lehrstuhls für Electronic Commerce in Deutschland an der Johann Wolfgang Goethe-Universität Frankfurt am Main. Zielsetzung seiner Tätigkeit am Lehrstuhl ist das Herausarbeiten der im Internet vorliegenden ökonomischen Prinzipien und deren Ausnutzen für erfolgreiche unternehmerische Entscheidungen. Es stehen folglich Probleme wie beispielsweise das erfolgreiche Agieren in Netzwerken und auf virtuellen Marktplätzen, der Aufbau von Kundenbeziehungen und die Individualisierung von Produkten und Preisen im Vordergrund. Verschiedene Beratungsprojekte und seine Aufsichtsratätigkeit in mehreren Unternehmen sowie seine dreijährige Mitarbeit bei der SAP AG haben dazu beigetragen, dass Professor Skiera auch ein guter Kenner der Unternehmenspraxis ist.

Lehrstuhl für Betriebswirtschaftslehre, insbesondere Electronic Commerce • Johann Wolfgang Goethe-Universität Frankfurt am Main • Mertonstr. 17 • 60054 Frankfurt am Main • Tel.: 069/798-22378 • Fax.: 069/798-28973 • E-Mail: skiera@wiwi.uni-frankfurt.de oder skiera@skiera.de • www.ecommerce.wiwi.uni-frankfurt.de oder www.myecommerce.de.

Ralf E. Strauß (Dr.): Seit 1996 bei Gemini Consulting (Senior Consultant) und dort Mitglied des Competence Centers Neue Medien sowie der Global Taskforce on eCommerce und Leiter des deutschen Centers of Excellence zusammen mit Cap Gemini. Hauptarbeitsgebiete und Projekterfahrungen in Fragestellungen des Organizational Learning, der informationstechnischen Unterstützung moderner Organisationsstrukturen, dem Einsatz von Informationstechnik im Medienbereich, neuen Geschäftsfeldern in elektronischen Märkten, der Gründung von Internet-Service-Providern sowie der Planung und Implementierung von Multimedia im Bereich der öffentlichen Verwaltung einschließlich regionaler Feldversuche. 1995 Berufung zum stellvertretenden Mitglied der Multimedia-Enquete-Kommission, 1997 zum Mitglied des Innovationsforums Multimedia-Anwendungen des Landtags von Baden Württemberg. Promotion im Februar 1996 zum Thema „Determinanten und Prozesse des Organizational Learning". Vielfältige Veröffentlichungen zum Thema Organizational Learning und Electronic Commerce. Aktives Mitglied der Academy of Management und des Decision Sciences Institute. 1997 Mit-Initiator der europaweit größten empirischen Untersuchung zum Electronic Commerce aus Unternehmenssicht zusammen mit der Universität Freiburg und der Computer Zeitung, 1998 Projektleiter einer empirischen Untersuchung in Deutschland, Spanien, Frankreich, England und Schweden zu den Einsatzmöglichkeiten von eCommerce im Automobilsektor.

Gemini Consulting GmbH • Du-Pont-Straße 4 • 61352 Bad Homburg • Tel.: 06172-485479 • Fax.: 06172-485240 • Email: Ralf.Strauss@gemcon. com • www.gemcon.com

Tobias H. Strömer (Rechtsanwalt): Tobias H. Strömer, Jahrgang 1960, ist selbständiger Rechtsanwalt und Fachautor in Düsseldorf und befaßt sich nahezu ausschließlich mit Fragen des Online- und Multimediarechts. Von seinen Erfahrungen aus der täglichen Anwaltspraxis berichtet er regelmäßig in Computerzeitschriften (u.a. Business Online, c't, PC Magazin, PC Online, WIN), im Rahmen von Vorträgen, im Rundfunk und im Fernsehen. Im März 1999 erschien die zweite Auflage seines Buchs „Online-Recht".

Strömer Rechtsanwälte • Duisburger Straße 5 • 40477 Düsseldorf • Tel.: 0211-949229 • Fax.: 0211-949228 • Email: stroemer@stroemer.de • www.stroemer.de

Günther Strunk (Dr.): Seit 1995 wissenschaftlicher Assistent am Institut für Ausländisches und Internationales Finanz- und Steuerwesen der Universität Hamburg. Thema der Habilitationsschrift: „Die Besteuerung grenzüberschreitender Geschäftsaktivitäten im Internet". Mitglied des Wissenschaftlichen Beirates der Wirtschaftsprüfungs- und Steuerberatungsgesellschaft Arthur Andersen GmbH. Er ist Autor zahlreicher Bücher und Fachbeiträge,

überwiegend zum Bereich des Internationalen Steuerrechts sowie der Besteuerung im Internet.

IIFS der Universität Hamburg • Sedanstraße 19 • 20146 Hamburg • Tel.:
040 4123 5705 • Fax.: 040 4123 3393 • Email: guenther.strunk@t-online.de

Alexander Thun (Dipl.-Kfm): Studierte Betriebswirtschaftslehre mit dem
Schwerpunkt Wirtschaftsinformatik an der Universität Osnabrück. Er war
für verschiedenen Unternehmen der Bertelsmann AG als freier Mitarbeiter
im Bereich Electronic Commerce tätig. Seit 1999 ist er Manager Marketing
Services bei BOL Deutschland.

BOL Medien GmbH • Langer Kamp 4+6 • 33378 Rheda-Wiedenbrück •
Tel.: 05242-91-88437 • Fax.: 05242-91-88409 • Email: athun@bol.de •
www.bol.de

Horst Wagner: Betriebswirtschaftsstudium und technische Ausbildung im
Bereich Drucktechnik. Zunächst Leiter eines Vorlagenstudios in Hamburg,
ab 1986 Produktionsleiter bei Springer & Jacoby. Im Jahr 1990 – nach Aufbau einer Technik-Support Abteilung – geschäftsführender Gesellschafter
der Springer & Jacoby Produktion GmbH mit Verantwortung für die Bereiche Digital, Multimedia, Print-Produktion, die „Akademie für bessere Werbung" und für Zukunftsforschung. Seit Februar 1996 geschäftsführender
Gesellschafter der Elephant Seven Multimedia GmbH, im Februar 1999
Gründung der Elephant Seven GmbH, Elephant Seven GmbH | Communi-
cations, Elephant Seven GmbH | Systems und Elephant Seven GmbH |
Entertainment.

Elephant Seven GmbH • Gänsemarkt 35 • 20354 Hamburg • Tel.: 040 / 35
60 3-329 • Fax.: 040 / 35 60 3-533 • www.e-7.com

Schlagwortverzeichnis

270